U0528245

中国电影艺术家传记丛书

光影流转

姜云川电影之路

姜云川　著

中国电影出版社
2020·北京

图书在版编目（CIP）数据

光影流转：姜云川电影之路 / 姜云川著. —北京：中国电影出版社，2019.12
（中国电影艺术家传记丛书）
ISBN 978-7-106-05089-4

Ⅰ.①光… Ⅱ.①姜… Ⅲ.①姜云川—自传 Ⅳ.①K825.78

中国版本图书馆CIP数据核字（2019）第299720号

光影流转：姜云川电影之路
姜云川　著

出版发行	中国电影出版社（北京北三环东路22号）　邮编：100013
	电话：64296664（总编室）　　64216278（发行部）
	64296742（读者服务部）　E-mail: cfpbjb@126.com
经　销	新华书店
印　刷	中国电影出版社印刷厂
版　次	2020年4月第1版　2020年4月北京第1次印刷
开　本	710×1000　1/16
印　张	17
插　页	10
字　数	226千字
定　价	89.00元

北京市总工会颐和园工人休养所
第十期全体休养员合影 1952.9.25.

新聞處1950年總結會議勝利閉幕全體同志合影紀念

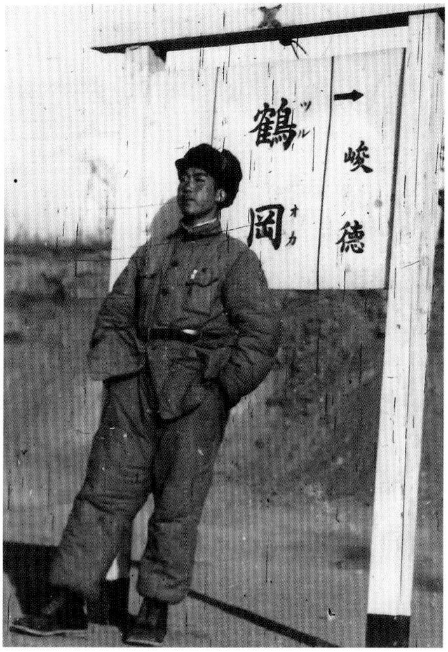
鶴 ツル
岡 オカ
峻德

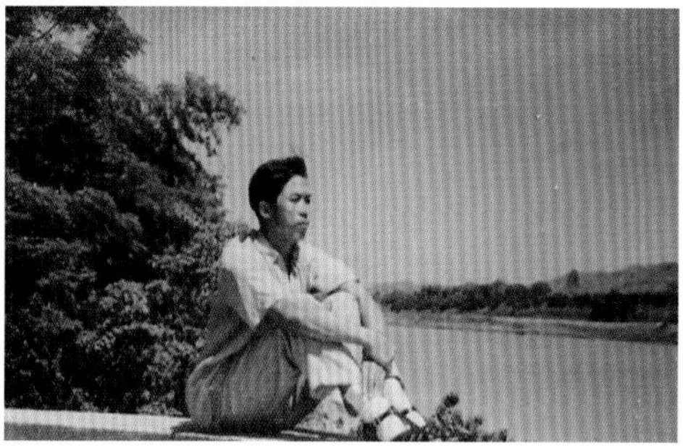

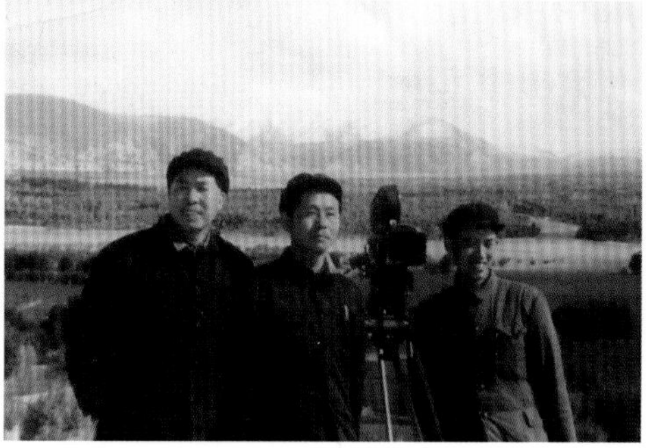

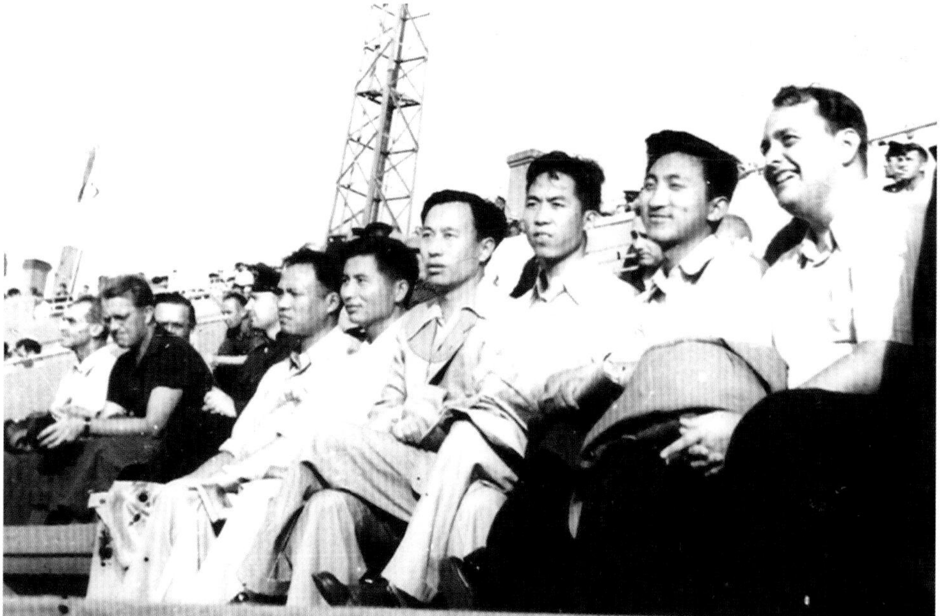

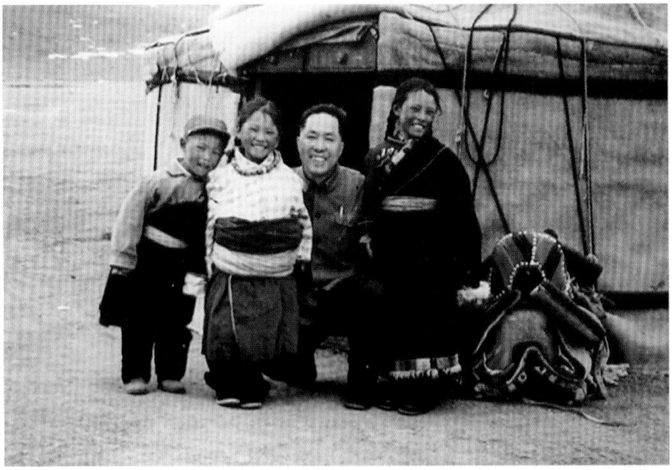

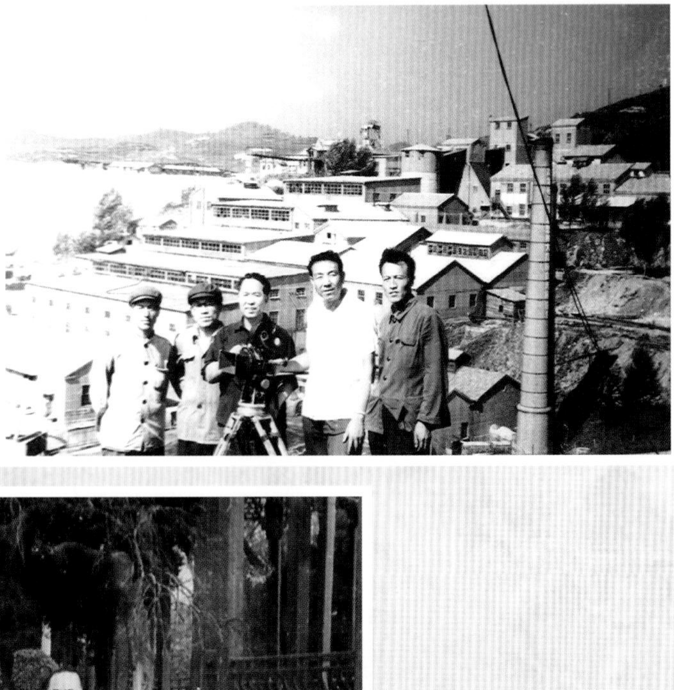

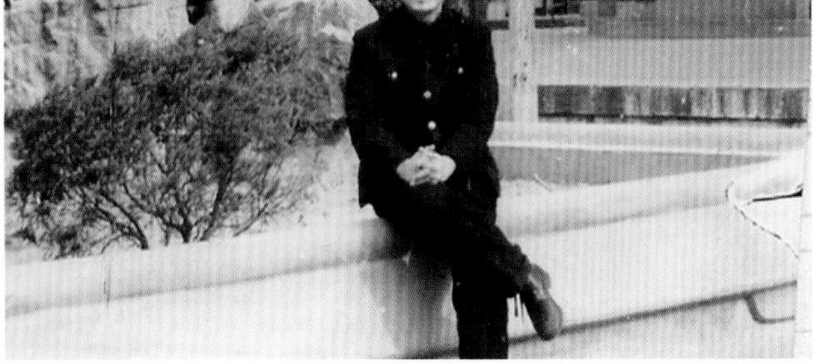

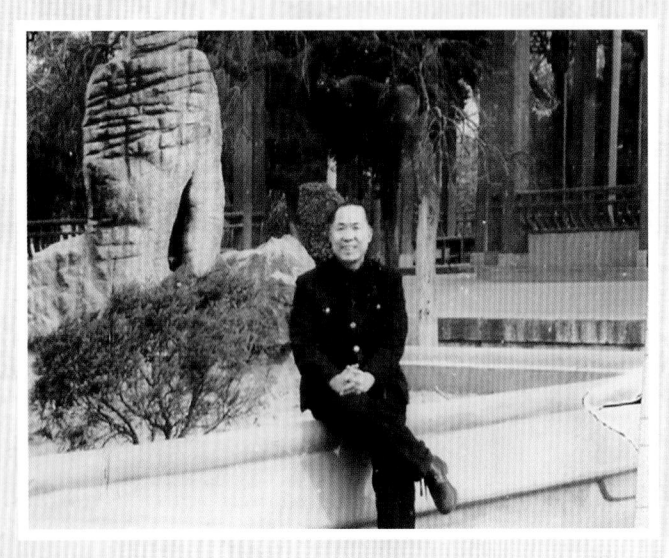

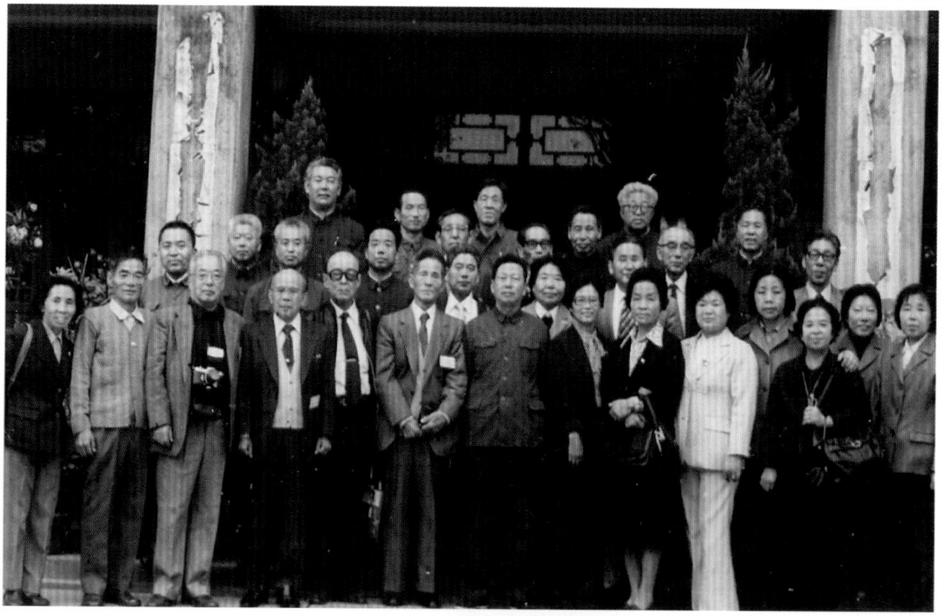

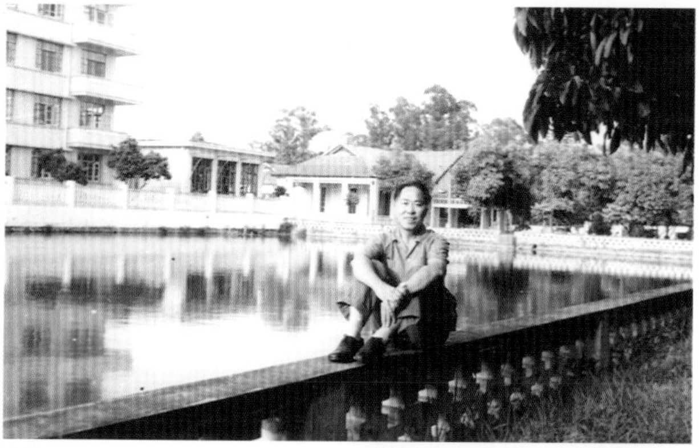

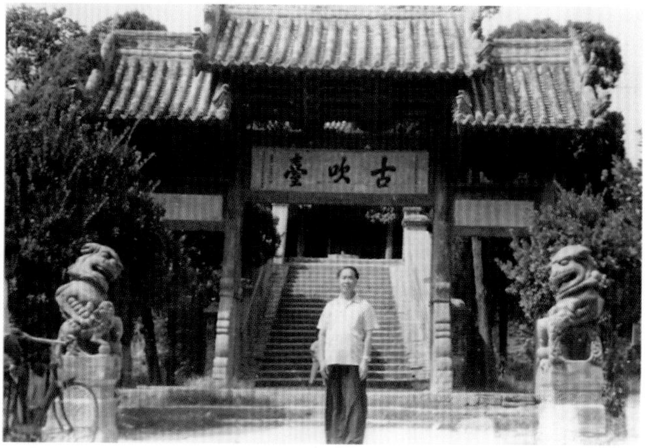
古吹臺

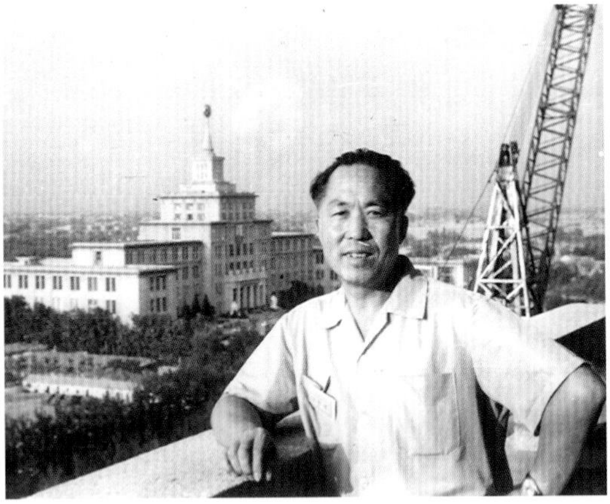
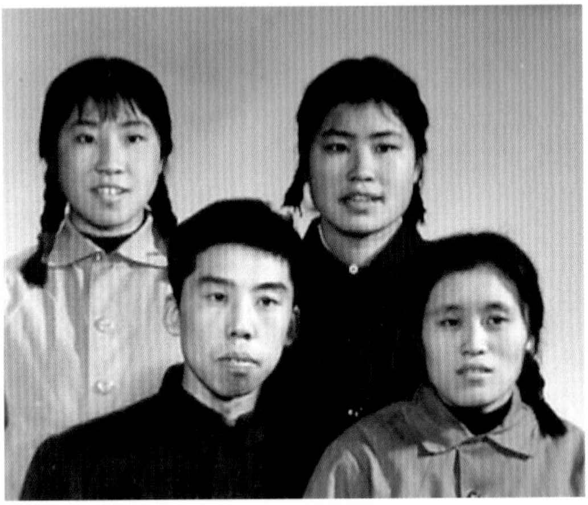
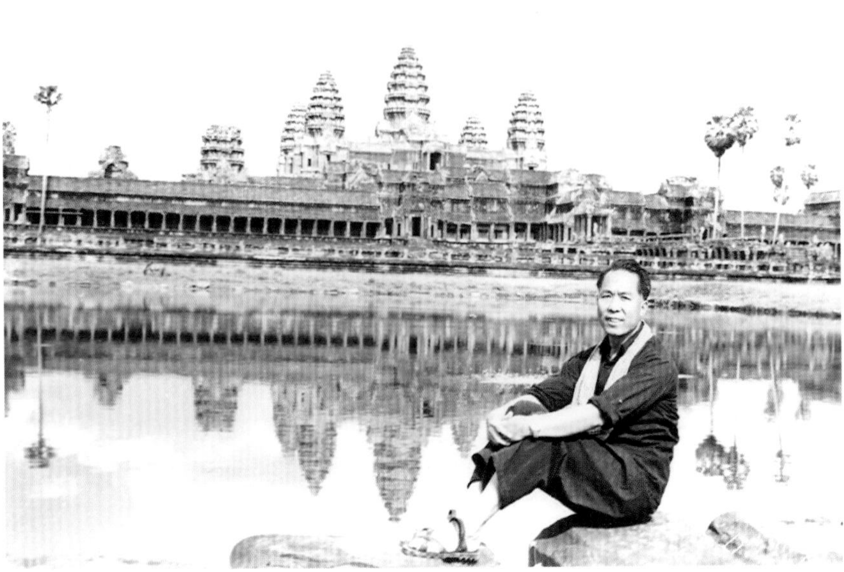

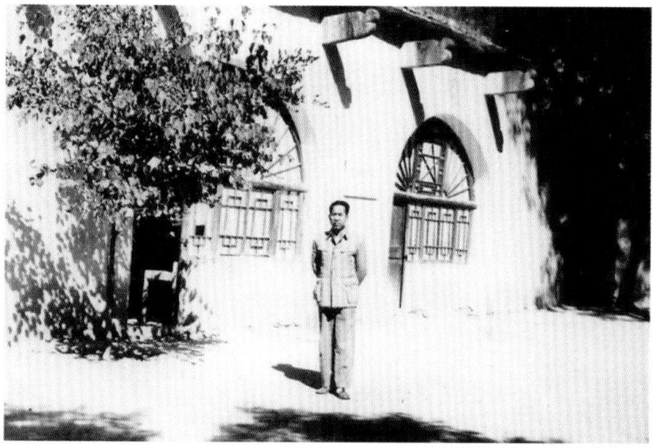

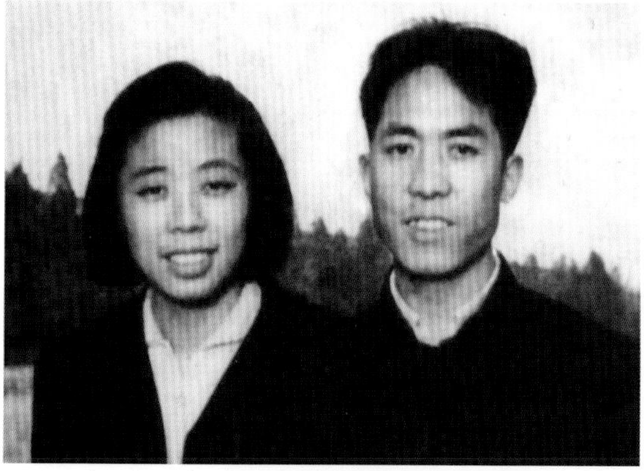

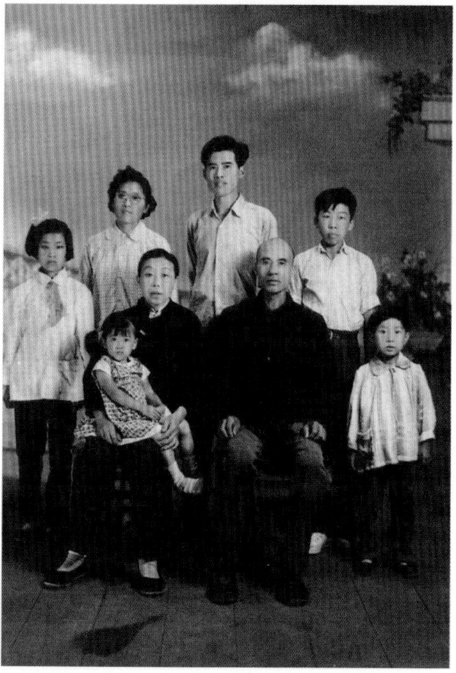

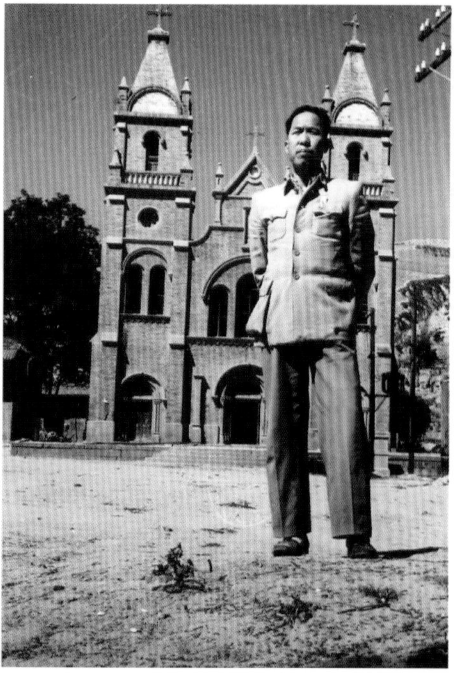

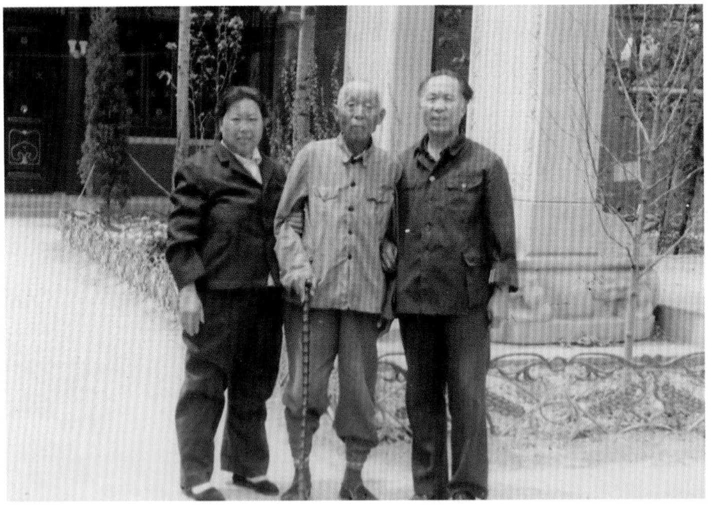

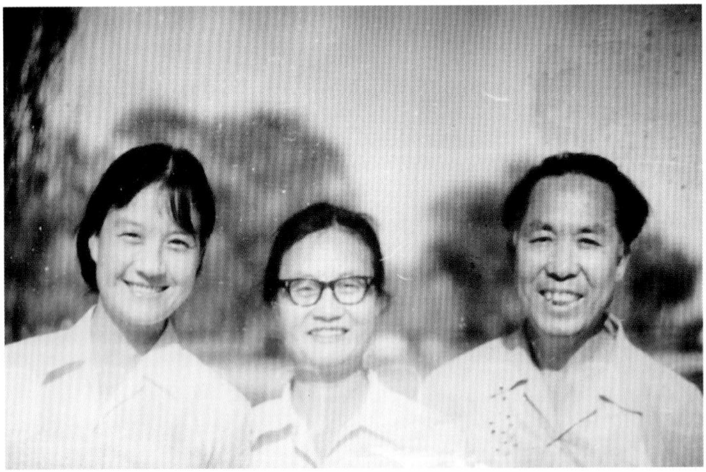

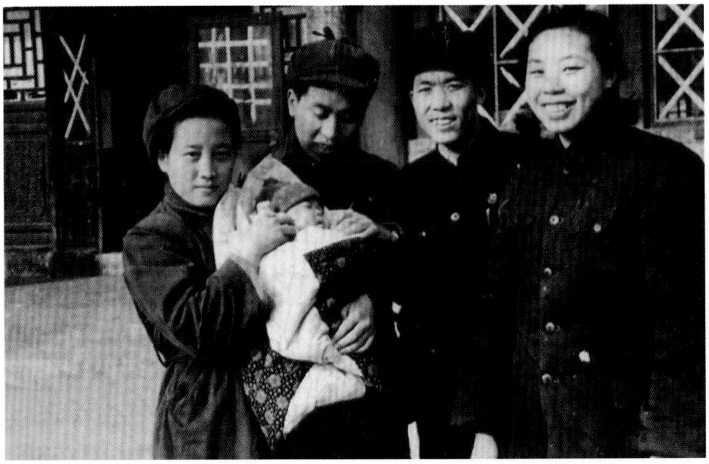

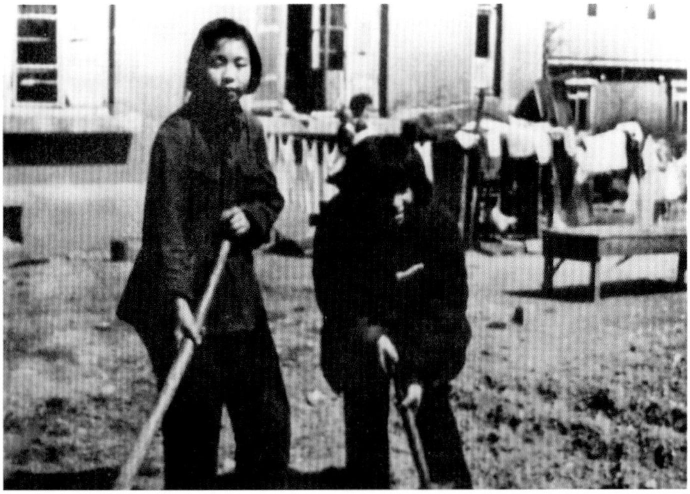

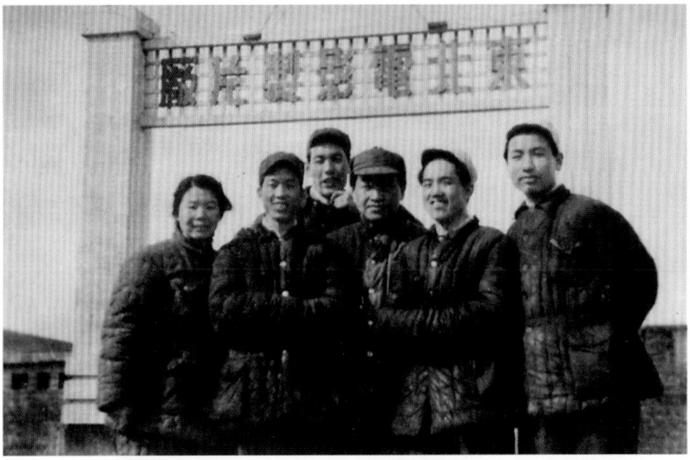
東北電影製片廠

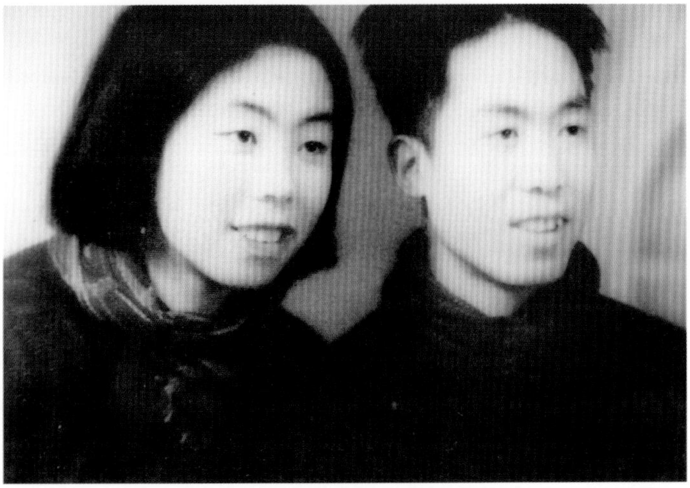

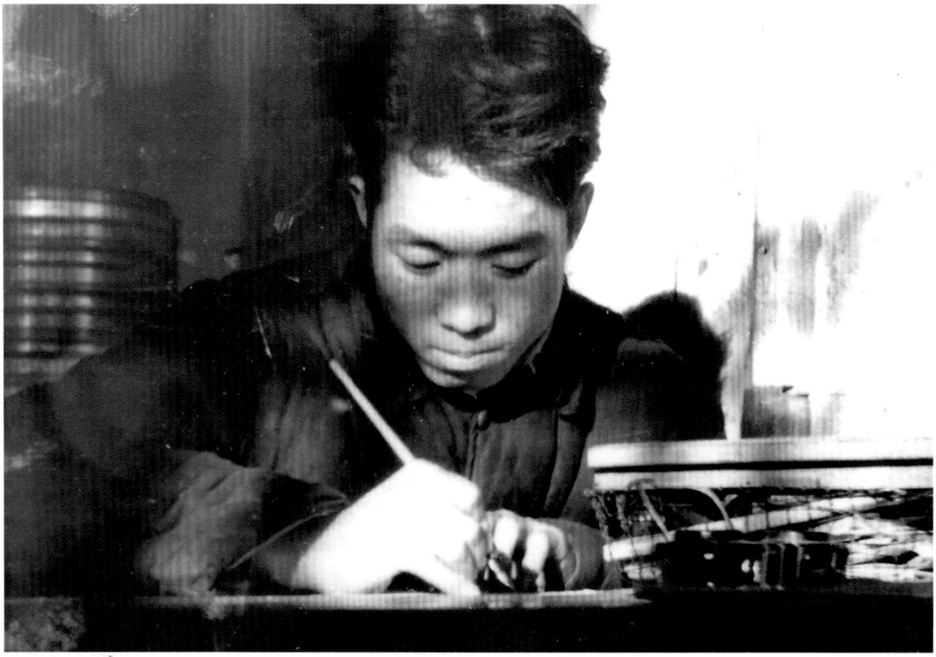
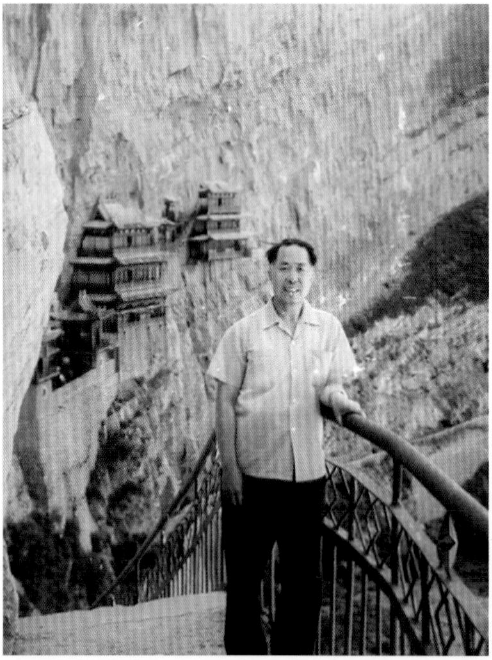
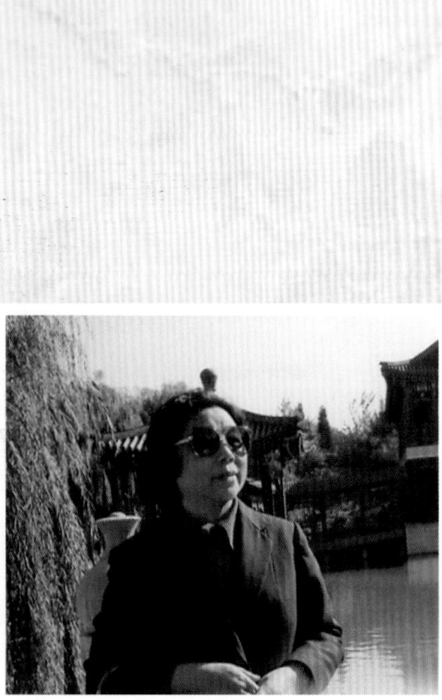

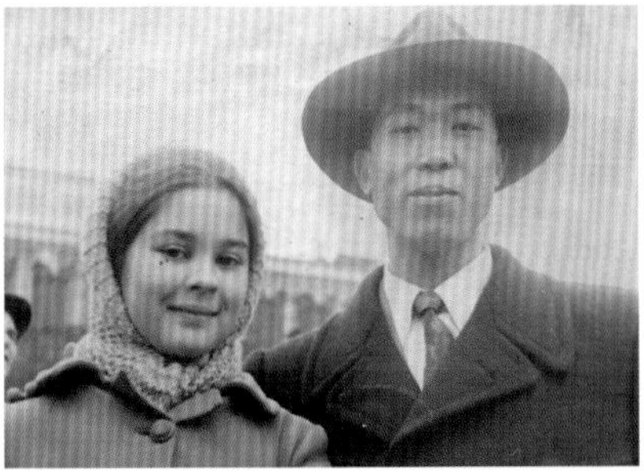

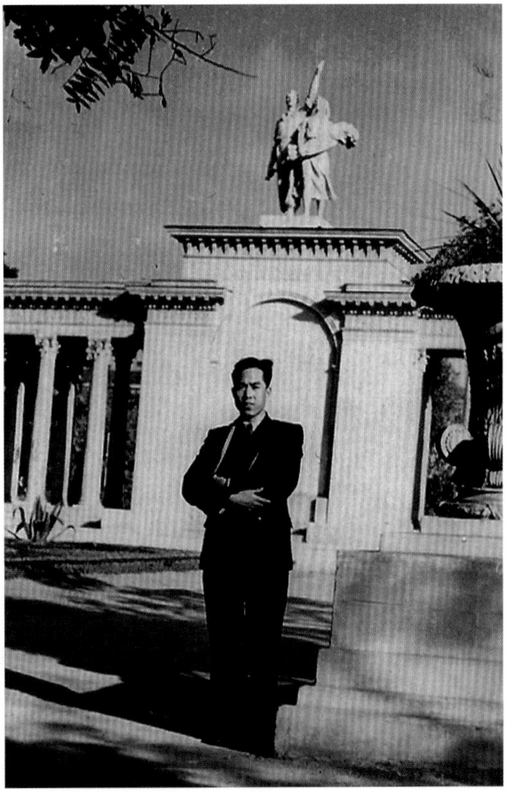

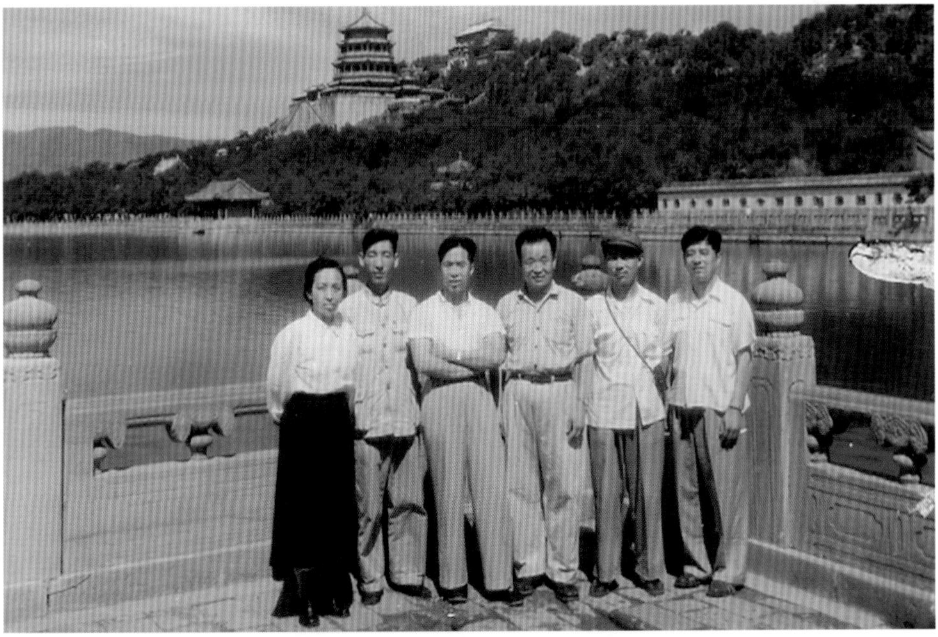

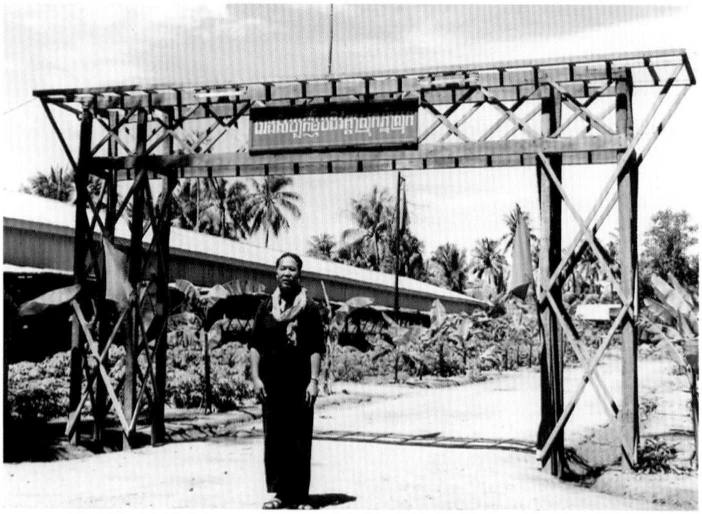

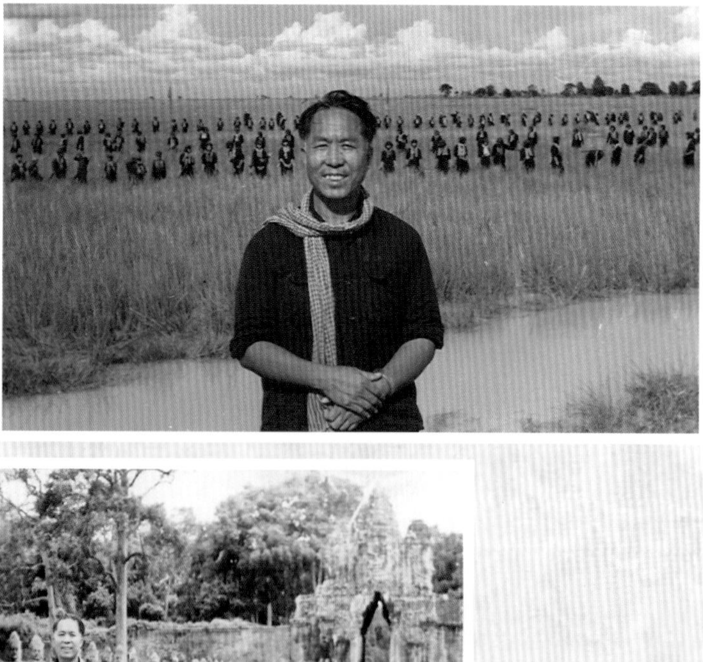

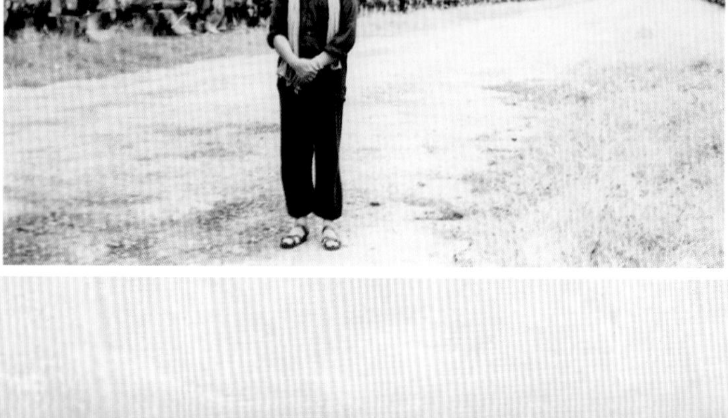

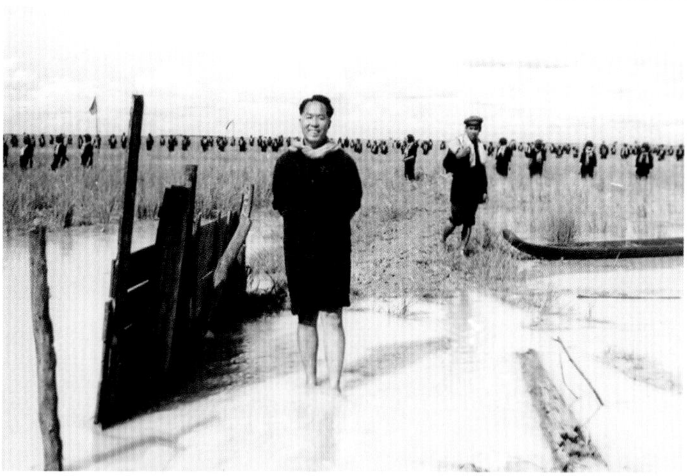

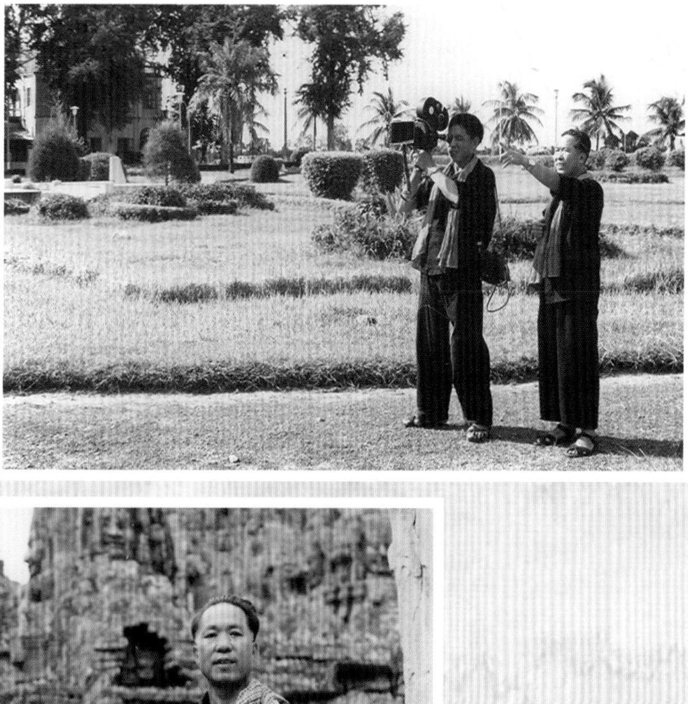

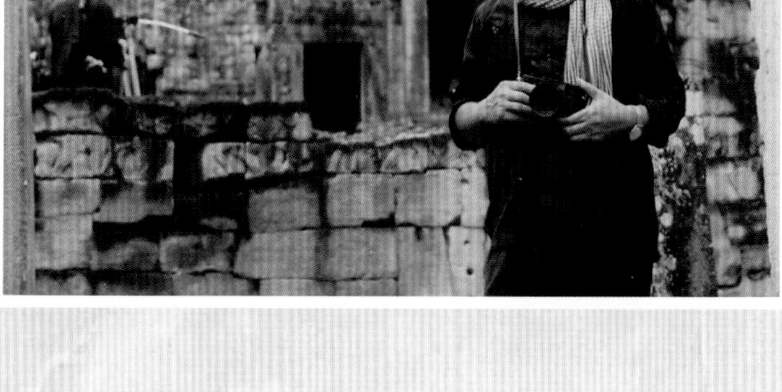

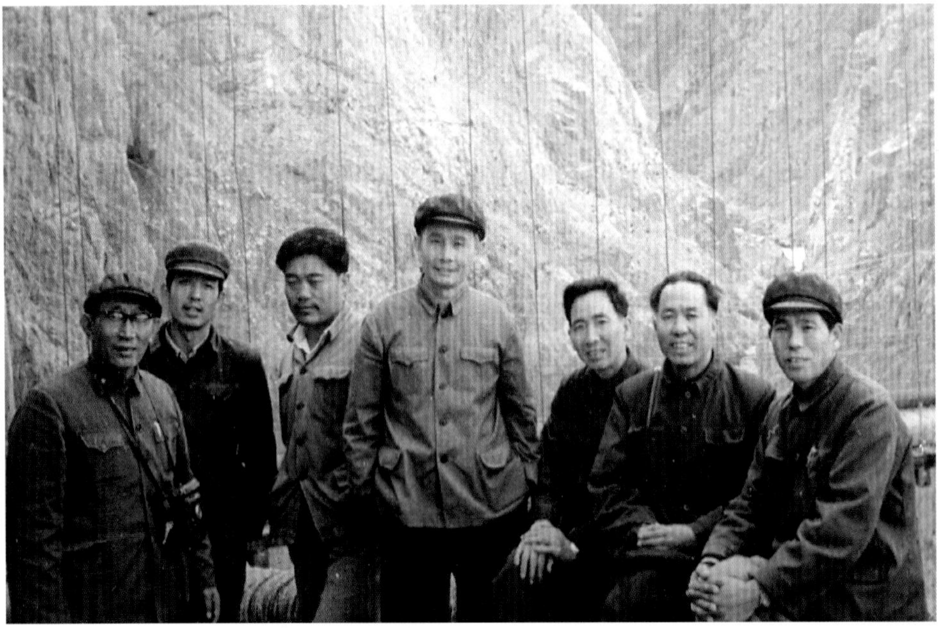
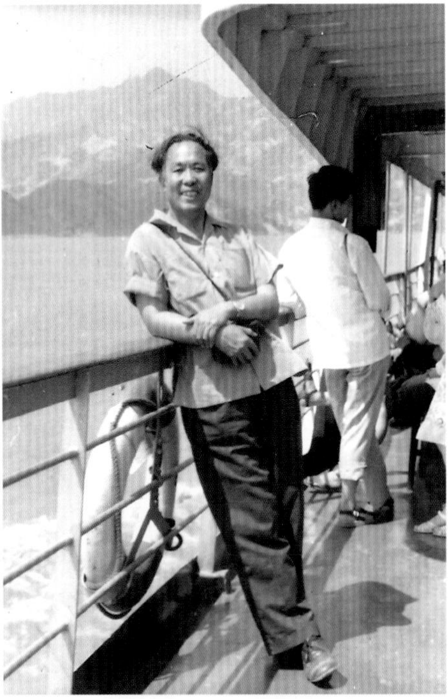
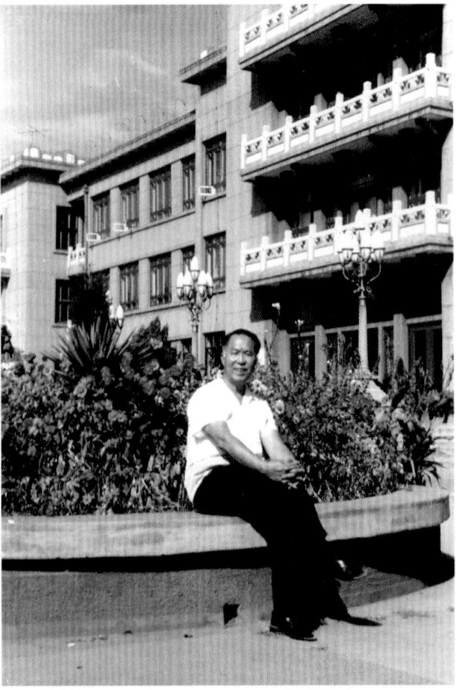

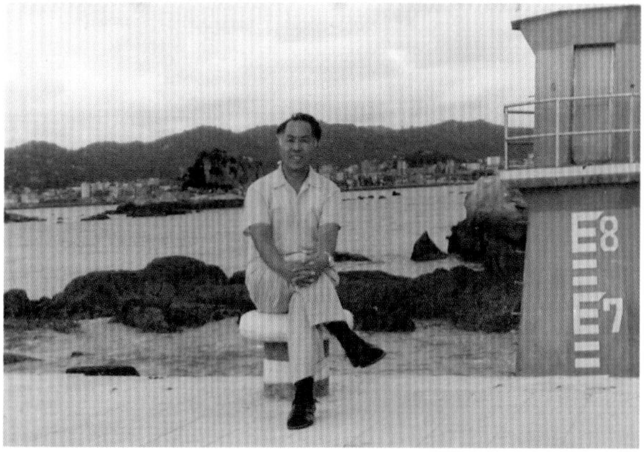
8
7

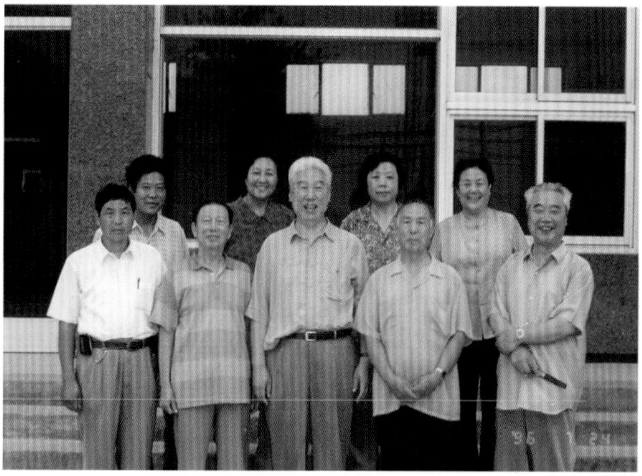

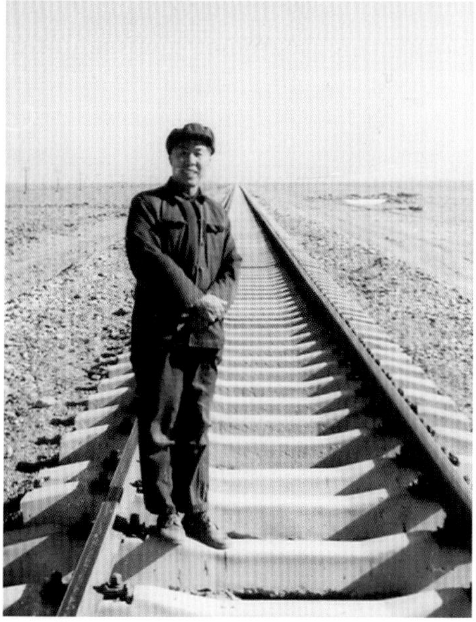

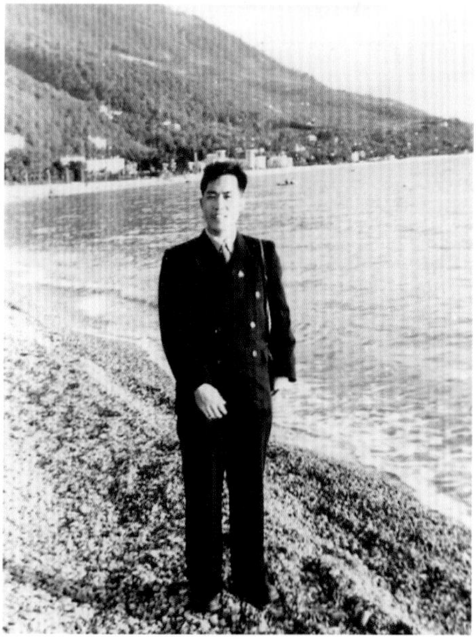

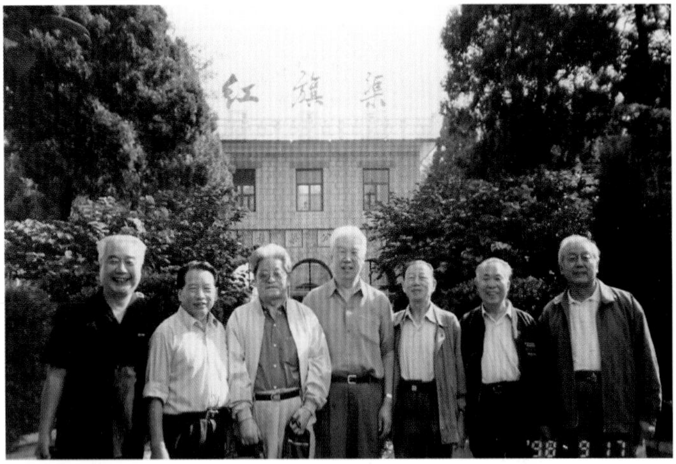
红旗渠
'98 9 17

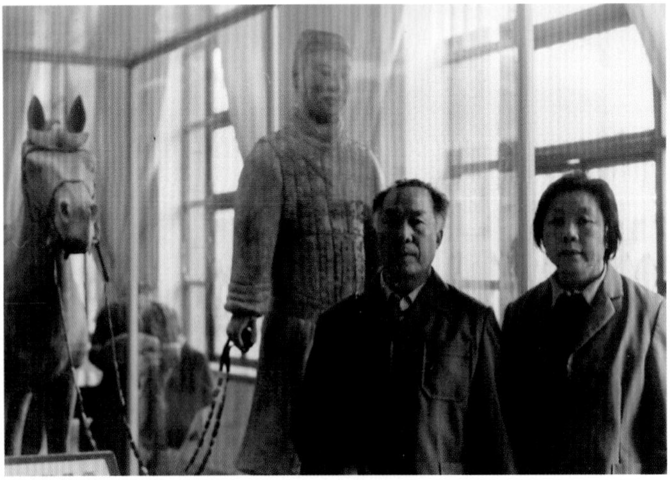

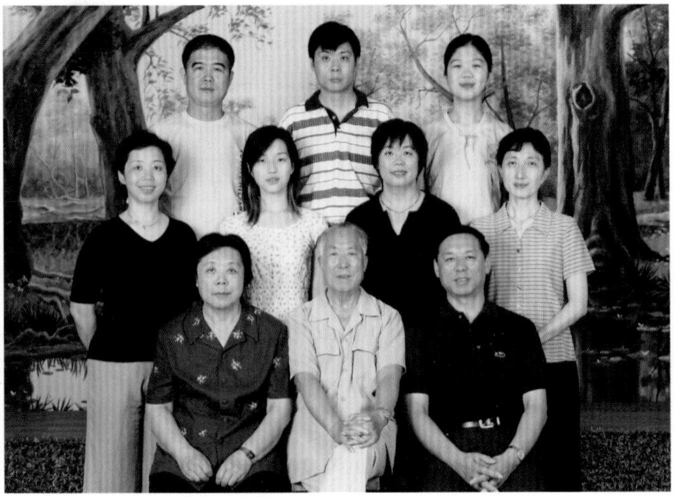

目　录

代　序：在延河深处也能炼成"黄金"
　　——《文汇报》专访姜云川 ················ 001

~上　篇~

我的抗战故事 ································· 013
难忘延安 ····································· 025
回忆延安时期的苦与乐
　　——以在延安发表的三篇文章为记 ············ 028
我和延安电影团的故事 ························· 040
从延安到兴山
　　——电影团搬家日记 ······················ 054
回忆"东影"青年团 ····························· 066
编辑《东北三年解放战争》与调回北京 ············· 068
追忆新闻特号《朝鲜西线大捷》 ··················· 071
参与拍摄《苏联农业机械化》《苏联集体农庄生活》 ··· 075
党校学习 ····································· 105
一部有特殊意义的影片
　　——纪录片《领导和我们同劳动》的摄编经过 ···· 107
拍摄《红旗渠》 ································ 110
《黄河万里行》摄编随笔 ························ 120
巴黎见闻 ····································· 187

参加柏林国际电影节 190
科隆纪行 201

~下　篇~

1981年"新影"创作概况 207
谈"精思"
　　——《老北京的叙说》的成功与不足 216
漫谈纪录片中的人物 219
对"希望"的希望
　　——谈《田野的希望》的成功与不足 222
采自丛林的花朵
　　——简评《为民族生存而战》 226
姑娘们的心 229
为老故事频道叫好 231
老师民野先生 236
不该被遗忘的人
　　——回忆电影教育家白大方同志 239
"十月一日"随想 249
中国境外的"中国" 251

~附　录~

姜云川简介 257
终生难忘的往事
　　——记参加大型军事纪录片《解放东北的最后战役》
　　剪接工作 261

后　记 265

代 序

在延河深处也能炼成"黄金"
——《文汇报》专访姜云川

一切始于延安

20世纪三四十年代,发生在陕西黄土高原中南部一片丘陵沟壑之间的故事,改变了中国命运的走向。这片神奇的土地就是延安。延安吸引了一批批理想青年冲破封锁线冒死投奔。他们在这里生产、生活、学习,保卫政权、发展友谊、建立影响。在延安成长起来的青年人,不久成为建设新中国的脊梁。他们后来虽然大多离开了延安,但终其一生都在呼应着延安精神的感召。

88岁的中央新闻纪录电影制片厂原副总编辑姜云川,就是一位典型的"延安青年"。他从一个大字不识的八路军战士,到成为《解放东北的最后战役》《延安生活散记》《纪念白求恩》《南泥湾》《红旗渠》《黄河万里行》《新的长征》等著名新闻纪录片的编导,其人生的转折点完全发生在延安。

往事从未尘封。老人清晰的回忆,把我们带回到流淌的延水河畔。

一本"红色"笔记本

从1942年春到1946年,姜云川在延安生活了5年。

当记者询问姜老,延安时代留下了什么纪念品时,他想了想,从里屋捧出一本近乎"文物"的簿册。延安生活的艰苦与愉快,都凝结在这本珍藏了70年的笔记本中。

打开扉页,看见一个淡淡的铅笔字"姜"。记者小心地轻翻内页,这本笔记本与一般笔记本的不同之处立刻跳了出来。第一个不同,它特别"挤",每一页都写满了字不说,字还特别小,一点边角都不留,其实这本笔记本的内容早已"超载",为了充分利用空间,有横着记的,有竖着记的,还有夹花儿记的,看起来也要颠来倒去;第二个不同,它特别"讲究",虽然密密麻麻,但看得出来记录者在用管理报纸版面的思维安排每一页的布局,显得满而不乱,时不时还有用圆珠笔画的风景插图,翻阅起来格外美观;第三个不同,它特别"杂",细看内容,不仅抄写着政论文、诗篇,还有代数题、几何题、歌谱,以及姜云川的学习心得、生活日记、自己写的诗文等;第四个不同,它特别"花",钢笔、铅笔、圆珠笔全上阵了,有的段落开头是蓝色笔写的,下一段就变成红色的了;第五个不同,它"保养"得特别好,尽管经过漫长的时间和多次迁徙,笔记本的纸张早已脆若蝉翼,色泽也被岁月侵蚀为黄色,但其规整,清晰,没有一张缺页,没有一处污渍。由此看来,主人是多么珍爱和呵护它。

姜老揭开了这本笔记本背后的故事:党中央为了鼓励识字班甲组的一批学员,派专人到国统区用黄金购回一些白色新闻纸,用这些新闻纸做成了笔记本,给每位学员发一本。在延安,物资的匮乏是今人难以想象的,不仅缺纸少笔,连墨水都常常供应不上。那些"红色"的段落并非红墨水写就,而是红药水。

"一到墨水断了'档',我就跑到医务室去,央求大夫给我的钢笔灌上一点俗称'二百二'的红药水。"姜老笑着说。

为了报答组织的培育,姜云川学文化的决心比别人都要大,下的功夫更深,进步也更显著。早在从"人、工人、农民、八路军、打日本"一笔一画学起时,他就找到了警卫队的指导员武天真,和他结成干部战士"一对红",把他当自己的业余老师。"我们约定:不管刮风下雨,他每天雷打不动教我5个汉字。我保证:不管多忙多累,也要把5个汉字学会。并且做到会写、会认、会用,随时接受测试、检查。"升入"甲组"班后,姜云川成为总政治部黑板报的特邀通讯员,又在总政军报编辑陆地、宋养亮的鼓励帮助下,在全军大报《子弟兵》上发表了三四篇特写文章,得了一个"小文化人"的响亮外号。

由此,姜云川被破格提升为延安电影团(中国共产党建立的第一个电影机构,全名"八路军总政治部电影团")的团员,开启了从影之旅。

一支钢笔点燃记者梦

1923年农历重阳节,姜云川出生在华北明珠——白洋淀边的一个贫苦农家。幼时的姜云川给本村地主家割草放羊,长到十来岁了,没进过学校一步。他渴望读书,可是一墙之隔的世界离他太远。他回忆说:"有一次我放羊回来,趴在学校矮墙上看人家的孩子拍皮球、推铁环,正看得高兴,被学校管事的一把拽下来,狠狠往墙角一摔,让我滚蛋。我只好爬起来,背上打猪草的筐子,赶起羊群走了。"

15岁时,姜云川在八路军冀中军区第五军分区"北上抗日挺进工作团"参军。他珍惜走上革命道路的机会,在团里,有什么他就干什么,既是通讯员,又是勤务员,还是炊事员兼警务员,在白洋淀有过不少智斗鬼子的传奇经历。一年后,他被分配到三十二团的通讯连工作。1940年春天,三十二团参加"百团大战",在平汉铁路上打了大胜仗。当年秋天，该团奉命进山修整，姜云川所在的通讯班留给了冀中军区第五军分区后方留守处，驻守房山县（含房山区）附近。

就在留守处，姜云川"闯祸"了。

当时的北平是日本侵华部队在华北地区最重要的据点，距离房山县很近的南苑机场建有航空学校，鬼子的航空员的飞机几乎每天都到姜云川所在的驻地狂轰滥炸。

"开始我们都在山下躲飞机，常有人被飞机炸伤或扫射致死，后来发现，鬼子的双翼飞机飞不高，我们就往山上跑，可以看到飞机在脚下飞。"有一次，一位八路军战士大胆地往飞机上扔了一颗手榴弹，鬼子飞行员躲避不及，飞机触山而毁。受到启发，年轻的姜云川也想凭自己的步枪打下一架飞机。某次上山躲轰炸，眼看一架飞机在低空向老百姓的村庄扫射，他瞄准飞机的驾驶员就放了一枪。枪响之际，飞机仓皇逃走，众人拍手叫好。可是一下山，姜云川就被叫进锄奸科的办公室，受到了"无组织无纪律乱开枪"的处分决定，并被关了禁闭。

恰在这时，一支"八路军总政记者团"返回延安路过这里，成了他的"救星"。这个团非比寻常，里面有著名作家杨朔、新闻事业家和作家周而复、诗人鲁黎等，团领导是八路军知名记者侯亢。当他们听说一个小八路军战士打跑一架飞机反遭处分，记者的火热天性立刻被激起。他们指名要找禁闭室里的姜云川谈话。

"我把委屈都说了，他们不但同情我的遭遇，而且提出来要我跟他们去延安。说好先在记者团里任通讯员，到延安后送我到学校读书。我从10岁起就极希望能进学校读书，立刻一口答应。"很快，调离手续就办好了，姜云川就跟着神通广大的"记者团"开拔了。一路上随记者们边走边访，有时还帮着记，姜云川渐渐地摸到了一点新闻的入门知识。

1942年二三月间，"记者团"经过千辛万苦到达延安，随后原地解散，有的同志如杨朔去了大后方，有的进了党校，而侯亢奉命赴甘肃开展工作。临走前，他送给小姜一支钢笔，语重心长地对他说："你留在部队好好干吧！是黄土，在昆仑山顶也是黄土；是黄金，在延河深处也是黄金。希望你是黄金，而不是黄土，将来成为一个有作为的新闻记者！"

在延河深处也能炼成"黄金"——这成了姜云川求学的动力。多年后，已是新闻纪录片著名编导的姜云川重逢后来长期担任新疆和甘肃省委领导的侯亢，他大声"报告"："侯团长，现在不仅是我，加上我爱人、儿女，全家一共有5张新闻记者采访证！"

这一切，都源于延安。

光影镜头中的领袖们

在姜云川的珍藏中，还有几十幅中共领袖在延安时期的老照片，这是他在1962年拍《延安生活散记》时搜集到的素材，大多数是当时的延安电影团成员袁牧之、吴印咸、徐肖冰、马似友等拍摄的。

"你看，这是毛主席在1945年赴重庆谈判归来，在延安机场谈笑风生的情景。"

"这张是1942年毛主席给一二〇师干部作报告，那天阳光明媚，微风习习，在窑洞前一块宽敞的土坪上，毛主席在给干部分析时局。他穿着一套洗得很干净的粗灰布制服、布鞋，裤子上还打着两个补丁，面前不过是一张简陋的方凳和一杯开水。"

"你再看这张，这是1943年，毛主席和女儿李讷，右边那个和李讷差不多大的小姑娘是叶子龙的女儿叶燕燕，一大两小在做游戏，这个温馨的时刻被胶片捕捉到了。"

此外，还有延安军民在山中捡木柴烧炭、众人纺纱的照片。照片背后附有姜云川当时的记录：

"延安军民响应毛主席'自己动手，丰衣足食'的伟大号召，陕甘宁军民齐动手，克服一切困难，上山种地，烧木炭过冬。"

"一九四四年在边区参议会大门前召开的陕甘宁边区纺织突击手比

赛，战况空前。"

这些照片的诞生本身就极不容易。在延安，胶片匮乏（常常是已经过期五六年的），照相机稀缺，摄影师少，拍摄条件差（窑洞里照明设备有限）。延安电影团元老吴印咸曾回忆，在他们初到延安时，毛主席就曾接见过电影团的同志并请大家吃过饭。他询问同志们工作的情况，当知道大家的主要困难是器材严重匮乏时，他笑了，说："也许你们现在是英雄无用武之地，但将来总有施展才能的机会。现在要你们拍长征就不可能，但以后就可以了。我们八路军没别的可依赖，一切靠自己奋斗。"这些话给了电影团的同志们巨大的鼓舞和教育。

姜云川记得最清楚的是当他从摄影二期训练班毕业时，毕业考试是每人拍一张一寸胶片。13个学员共用一台照相机，每人拍一次，限用一个胶卷，由旁人记下他拍摄的事件、光线、对象、角度、光圈等要素，待洗出来后一一"对号入座"打分。由此可知，胶卷"金贵"到了什么程度。

因此，1962年，当上级决定拍一批反映延安精神的新闻纪录片，来鼓励困难时期的人民坚定信念渡过难关时，姜云川搜集到的素材无论如何都显得零散、有限。无奈，最后编成的片子也只能命名为《延安生活散记》。"散"归散，无碍于人们窥见整体精神的伟大。当时同批制作的片子还有《中国工农红军生活》、《白求恩大夫》、《南泥湾》（重新制作）等，至今仍然是感人至深的经典。

从工作照到结婚照

在姜云川的照片袋里，有一张这样的黑白照片：一个留着齐耳短发的姑娘坐在剪辑机前操控着机器，从娟秀的侧影可以感觉到她的认真。在下一张照片中，姑娘戴上了红纱巾，旁边多了一个瘦瘦的男青年，两人朝着同一个方向微笑——那不是姜云川吗？不错，这是一张拍摄于

1950年的结婚照。

姜云川和他的妻子张晶波相濡以沫半个多世纪，他们的相识相知是从一部部战争纪录片开始的。

1946年，电影团经过8个多月的艰苦行军到达东北黑龙江省兴山市，建立了"东北电影制片厂"。作为一名新上岗的新闻纪录电影的编辑，姜云川领的第一个任务就是编制长纪录片《解放东北的最后战役》。

该片的背景是：1948年秋冬。我军在东北大地上发起的辽沈战役胜局初定。为了能把这场规模空前的战役完整地记录下来，刚刚成立不久的东北电影制片厂也动用了全部人力和物力，大量极其珍贵的战场即时摄影源源不断地送回厂里。这背后的代价是三位优秀摄影师的牺牲。

起初姜云川并不敢接受任务。东北战役是决定中国历史命运的战役，而姜云川是个新编辑，分配给他的两个助手更是连胶片也没有摸过的新手。在党委书记陈波儿的鼓励和钱筱章、袁牧之等老同志的支持下，三个新人当晚就开始了工作。从前线送回来的胶片堆满了半间屋子，有的片盒注明了拍摄地点、时间与内容，有的根本来不及标注，只能对照着战况报道拉片辨认与细看，确认后再整编。在27个昼夜里，姜云川和助手根本没有出过编剪室，吃饭是轮流吃、相互带，睡觉也是轮流在地板上抽空打个盹。有一个助手走出几步之后就站着睡着了，还有一个助手在暗房中做技巧画面，做着做着就一头倒在池边上睡着了，右手泡在有毒蚀性的赤血盐水里，幸亏被及时发现。这个睡倒在池边的姑娘就是张晶波，后来成为姜云川的妻子。

样片如期制作完毕后，配乐怎么办？——不愧是从延安电影团出来的，这是一个勤奋刻苦又多才多艺的团体。"东影"临时组建了一支"业余乐队"，录音科长吹长号，录音员吹小号，文印员拉小提琴，摄影师弹三弦，音乐助理拉二胡……一时间众人各显其能。

就这样，第一个拷贝完成了。姜云川携带拷贝从兴山赴沈阳，请东北人民解放军总部审查。放映地点是在沈阳的东北电影院。那天晚上，东北局和"四野"的领导几乎悉数到齐,两层楼的影院满是部队官兵及地方各界人士。在整个放映过程中,观众席里时时爆发出掌声、欢呼声。放映后,一片叫好,罗荣桓将军对姜云川说:你们这部片子能顶上十个兵团了!第二年初春,在西柏坡的首长们也看到了这部片子,片子得到一致好评,周恩来总理连连感谢同志们拍出了这样的好影片。

"故事到这还没结束呢。"姜老抖了个包袱,"这片子还被当时的美国总统杜鲁门看到了。"

由于该片在解放区各城市放映时影响巨大,引起了美国情报机构的关注,于是指示国民党的情报组织设法为他们也搞一部拷贝。巧的是,国民党方面派出来的人是中共的一位地下党员,名叫巴宏。经我情报组织的缜密安排,巴宏悄悄来到兴山,领导安排姜云川和他带着拷贝来到佳木斯电影院。

"在影院的一间小屋里,我俩用了一整天时间,把拷贝剪接在了一部老电影《风流寡妇》里,随后拷贝被带出境外。"

中华人民共和国成立后,巴宏告诉姜云川,美国政府的军政要员在观看影片时,对画面中真实记录的国民党的惨败和美国政府支援的大量装备与物资被我军缴获的场面,感到非常失望与震怒。杜鲁门看过影片,拂袖而去。这就是《解放东北的最后战役》流传的一段"外传"。

此后,姜云川和张晶波一起编制了《东北三年解放战争》《普天同庆》《欢乐的新疆》《红旗漫卷西风》《大西南凯歌》《永远年轻》《伟大的土地改革》《中苏友好条约签字》《朝鲜西线大捷》等片,其中《红旗漫卷西风》《大西南凯歌》《东北三年解放战争》均获得捷克斯洛伐克卡罗维发利国际电影节荣誉奖,为中华人民共和国获得了第一批国际电影节的奖励。这期间,这对在工作中十分默契的搭档,步伐从兴山走到长春,又从长春到北京。1950年春天,北京电影制片厂为创作科科长姜云川和剪接工作间第一副主任张晶波举办了婚礼。

从此,一张张家庭照片不断"飞"出,续写着这个新闻之家自己的纪录影像史。与此同时，他和他所领导的同志们也创作出了一批又一批的优秀电影。

1954年，北京电影制片厂一分为二，以拍新闻纪录电影为主的队伍分编成中央新闻纪录电影制片厂（新影厂），从苏联拍摄《苏联农业机械化》和《苏联集体农庄生活》回来的姜云川被任命为总编辑部副总编，主管纪录片创作和新闻纪录片的编辑编导。

姜云川的个人命运跟随着时代的浪潮时疾时缓，时暖时寒。在"大跃进"洪流中，他带领一个摄制组，东奔西走，苦干一年，完成23部长短纪录片，相当于一年完成了三年的任务，"多快好省"地拍出《山区的春天》《沸腾的广西》《领袖和我们同劳动》等一批优秀影片。到苏联专家撤返、我国发展建设遇到困难的时期，新影厂又拍摄了大量克服万难、发扬延安精神的影片，如《大庆油田》《铁人王进喜》《胜利油田》《延安生活散记》《中国工农红军生活》，等等，为鼓舞人民的信心燃起新的激情。《战斗的古巴》《坦赞铁路》《非洲之角》《万隆会议》《亚洲风暴》等一批反映中外友好往来的影片也在同期拍成。

"文化大革命"中，姜云川不可避免地成了"黑帮走资派"。大儿子被送到东北劳改农场；大女儿还不到15岁就被强行送到东北建设兵团；8岁的小女儿和6岁的小儿子被送到托儿所，不管什么节日，都不准回家，更不准父母探视……这比姜云川本人被关牛棚、挨批斗、刷厕所、游厂游街更令他锥心痛楚。

还是纪录片"解救"了这一家。1969年初，经周恩来总理点名，新影厂接到拍摄纪录片《红旗渠》的任务。这不是谁都能拍的，军宣队想到了姜云川，因为他曾参与《人民公社万岁》的拍摄，了解"引漳入林（林县）"的相关资料。久违的"老姜同志"的称呼又响在姜云川耳边，他连夜拿到了久别的编导证、副总编辑证，第二天就来到河南林县，看到已经阔别了近十年的红旗渠，重返钟爱的新闻纪录事业。

在林县，摄制组又花费了近一年的时间，拍完了红旗渠总干渠加宽加厚的工程和三条干渠、支渠、斗渠等全部配套工程。临回北京前，又意外获得乘飞机"航拍"的机会，把太行山上一百多华里的"人造天河"和世代缺水的群众向自己用劳动换来的"江南水乡"欢呼的场面收入镜头。

《红旗渠》制成后，立即轰动大江南北，许多外宾来林县参观。1974年联合国恢复我国常任理事国席位，时任副总理的邓小平带队去联合国大会，带去了十几部反映中国现状的影片，放映的第一部中国影片就是《红旗渠》。

紧接着，姜云川又拍摄了向国庆25周年献礼的《黄河万里行》。影片于1973年完成，却一直无法问世。"我们拍了许多黄河两岸的巨大变化中的新人新事，对一般的政治运动就有些忽视，如'批林批孔'就没有涉及，为此'四人帮'百般刁难，审查未通过。"姜老幽默地说。直到"四人帮"被抓，才准此片发行，此时《黄河万里行》已由新闻片变成为一部历史片。

离休前，姜云川怀着极大的热情，恋恋不舍地拍摄了最后一部影片《新的长征》。"粉碎'四人帮'，拨乱反正，中国重走光辉大道，我知道还有很多重大事件需要宣传，我们厂也会有许多纪录片需要拍摄，但我已经到了离休的年龄，必须让出岗位，为新同志让路。"姜老将精力转向了研究和发表回忆文章。他的许多亲身经历和翔实的回顾，为中国新闻纪录事业的发展，为我国军事、考古、社会发展、对外交流等诸多方面的研究留下了宝贵的记忆。

回顾一生，姜云川自感光荣。"我原是个目不识丁的穷孩子，在党的培养教育下，居然当上了中央新闻纪录电影制片厂的编导和副总编辑，自己拍摄过几十部长短纪录片，和同志们一起拍摄了近千部纪录片，这些影片串联起来，就是新中国的历史画卷。我感谢党给了我一个既艰苦又幸福的工作岗位。"

老兵不老，88岁的他，仍然是一位坚定、乐观、蓬勃的"延安青年"。

上 篇

我的抗战故事

由于我得重病住院，未能参加抗日战争胜利70周年纪念活动，也未能及时看到国家颁发给我的抗日战争胜利70周年纪念章。出院回家之后，看到金灿灿的纪念章，我非常激动，也回忆起抗日战争中许多难忘的故事。

苦涩童年

1923年10月18日，我出生在华北明珠——白洋淀边的一个贫苦农家。由于那天是旧历的九九重阳节，又是出生在夜晚子时，老人都说我是天河水命，肥猪拱门，命相好，是个有福之人。天晓得我的福在哪里。据我的母亲讲：由于家境贫穷，母亲身体不好，我出生后三个月就没了奶吃，是妈妈和奶奶抱着我去全村赶嘴吃。赶嘴，就是去求吃别家孩子吃剩下的奶。据说由于吃不饱，我曾多次昏死在别人怀中。后来稍大一点，就吃用玉米面和红薯面调制成的面糊糊。再大点儿就吃妈妈嚼碎的玉米面、高粱面饼子。什么？问我为什么不喝牛奶？那时候别说牛奶没地方买，就是有地方买，也没有钱呀！由于家里缺吃少穿，六七岁时，我就跟二叔去本村地主刘家的地里干活，给地主拔草间苗，给长工们看管衣物，目的是可以吃几口长工们吃剩下的饭菜。十来岁时，看到别的孩子都去上学，我也想去，可是家里不让。因为我去上学就会没了饭吃，只好去给地主老财割草放羊。有一次放羊回来，路过村小学时，看到别的孩子在学校大院里拍皮球、推铁环，玩得非常高兴，我放下割草的筐子，趴在学校墙上看着人家玩。我正看得高兴，却被学校管事的一把把我从矮墙上拽下来，狠狠摔向墙角，瞪起恶狼似的眼睛说："看什么看，想偷东西咋的？滚！滚！"我只好爬起来，背上筐子，赶起羊群走了。我嘴上没敢说什么，可是心里却恨死了这些地主老财的狗腿子。

其实，我们家并不是房无一间、地无一垄。除了有几间能遮风避雨的茅草房和两三亩地外，家里还有全村最老、长得最好、能遮出半个院子荫凉的一棵老槐树。我听祖爷说："这棵老槐树，是我们家的传家宝，只要咱们有一口气，就要保护它生长壮大！"

万万没想到，就在我们全家为生活苦苦挣扎的时候，日本鬼子发动了全面进攻中国的战争。国民党的政府和军队以抗战为名，把我们的土地连同快要成熟的庄稼一起挖成护城河，并放了深深的河水。不但老槐树被砍掉，甚至连我家大门的门板也一起被拿去修筑碉堡。父亲和爷爷都去找过国民党政府和军队要求给补偿点损失，结果却无功而返。特别是国民党军队的一个麻子营长还恶狠狠地说："要捣乱咋的？抗战期间有钱出钱，有力出力！挖你点儿地，砍棵树算得了什么！快滚！不然，我认得你的老命，可我的鞭子和手枪却不认你这条老命！快滚！"这一阵呵斥，吓得爷爷和父亲只好离开。这些人使我们一家在一夜之间丢掉了生存的命根子，变成了乞丐。

可是，国民党的军政人员真的是为抗战吗？日本鬼子还没有来，只有两架两翼飞机在县城扔了三四颗炸弹，他们就把老百姓的东西抢劫一空、溜之大吉了。幸亏他们在仓皇逃跑时把大量的军用物资，还有大米、白面等丢的到处都是。我们穷苦的老百姓，不甘心被饿死，就壮着胆子把大米白面往家搬。他们的败逃，使我们家足足过了一冬从来没有过的好日子。

参加八路军

事情就是这么奇怪。大敌当前国民党逃跑了，而共产党领导的八路军却迎着敌人的炮火来了。他们人数不多，有男有女，却个个精明能干。对老百姓的态度极好，是老百姓自己的队伍。除宣传抗日救国的道理，还帮助老百姓收秋打场，打扫卫生，不但不向老百姓要粮要钱，还给衣物、粮食，帮助穷苦人家过冬。老百姓开始不太相信：会有不欺负老百姓的队伍？几个月过下来，人们真的感受到共产党领导的八路军确实是和国民党军队大不相同，八路军是真心动员群众保家卫国。于是有不少人响应八路军的号召：首先组织了四十八村的联庄会，把村内的青壮年组织起来，护村保国；然后，又组织进步青年联队，武装培训，并协助八路军的工作团为军队筹粮、筹款，并动员青年人自愿参军，壮大八路军队伍。

当时，我还未满15岁，也想参加部队，但是几次申请都没能如愿。他们回复我："你还没有步枪高，怎么能参加军队？"可我不死心。有一次，有位看样子像个大领导的同志来到我们村考察情况。我立即上前去，再次表达了参军的意愿，他当时摸着我的头和蔼地说："小鬼，你为什么要参加八路军呀？"我说："我不是小鬼子，日本人才是小鬼子呢！国民党军队不抗日还坑害老百姓；八路军不欺负老百姓，和老百姓一起打日本鬼子。是日本鬼子和国民党的军队害苦了我们全家，我要参加八路军，打鬼子报仇！"那位"大领导"听我说得有些道理，似乎被我打动了，就问："你参军能干点什么呀？"我立刻挺起胸脯说："放羊喂马，干什么都行！我还会点武术，身体灵活，当个侦察兵什么的都行！"那个大领导见我说得头头是道，就拍着我的肩膀说："好吧，你跟我来吧！"于是我成了一名八路军的小战士。

后来我才知道，那个带我参军的人是八路军冀中军区专搞地方工作的张凤江同志。他负责给军分区筹粮筹款、发动群众参军，以此支援军分区的抗日工作。他有权吸收青壮年参军。我刚参加时，全团也不过二十几个人。团长张凤江是个从延安来的老干部。他长征时就当过连长，是个能征善战的老红军。副团长叫刘义，原是河间府一个农村地主家的护院长工，为人耿直，好打抱不平。由于地主不相信八路军打日本救百姓的诚意，公开和八路军作对，百般刁难，刘义一气之下离开地主家，参加八路军，投身革命。还有一位担任民联组长的女同志，名叫于秀苓。她身材秀美，胆量过人，原是河间府地主刘老胖的使唤丫头。17岁的一个夜晚，刘老胖偷偷进入她的房间，想强暴她，她极力反抗，并用刘老胖的铜水烟袋，狠狠砸在他的秃头上。趁着刘老胖晕倒，她偷跑出门。正在不知所措的时候，恰逢张凤江等同志执行任务归来，见她实在可怜，就带她回团参了军。于秀苓参军后，在同志们的帮助下进步很快，工作成绩非常突出。其中最有名的，就是她曾一个人就攻克了河间府有名的四十八村联庄会。

联庄会实际上是以地主武装为中心联合起来的农民自卫队，既不属于国民党领导，也不归共产党管辖。加入联庄会的村里都建有围墙、寨门，除联庄会成员，其他人等一律不准进村。于秀苓先是一个人扮成村姑模样，手提装有几件衣服的小包袱，说是难民来投奔姑妈。联庄会的人见她是一个姑娘家，又有姑妈为证，就让她进了村。她进村后不到一个月，就做了很多工作：先是联系青年男女，宣传抗日思想，教会村民绣花纺线和练武防身的招法，后来又教唱抗日歌曲，讲解革命道理。在她稳定下来后，又以表兄弟的名义，把张凤江、刘义等引进村里，组织起部分联庄会的领导。后又帮助训练联庄会自卫队，以他们特有的高超军事技艺，在农民军中建立起威信，使本来不许外人进入的联庄会，变成只允许八路军过境和进驻。再加上八路军无偿赠送了一些枪支弹药，使联庄会无形中变成了八路军的朋友和基地。在联庄会的转变中，于秀苓功不可没，受到了上级领导的嘉奖。

我在团里名义上是通讯员；在通讯联络方面我是通讯员；在给团长等打饭、送水和打扫卫生方面，我是勤务员；替伙房洗菜、烧火干活时，我是炊事员；跟团长出去执行任务，我腰揣短枪紧随左右，又是安保员。一句话，我在团里是有什么就干什么，尽量多干活、少说话，想获得团领导的好评,就怕领导说自己干得不好,被遣送回家。

在工作团工作期间,还有几件事使我终生难忘,那就是巧打包运船、智灭赵拐子、参加百团大战和奔赴延安。

巧打包运船

"包运船"是日本鬼子从天津到保定水上运输的船队。开始日本鬼子很猖狂,他们只派一两艘机帆船、几个鬼子兵和几个汉奸"黑狗子"就大摇大摆地通过白洋淀送物资。只要他们把日本的"膏药旗"一挂,就像进入无人之境。团领导为了提高八路军的威望、打击日本鬼子的嚣张气焰,经上级领导批准,决定打一次"包运船"。

那是7月份一个酷热的下午,经侦察,日本鬼子的一个"包运船"船队——两艘机帆船加四艘帆船,只有七八个鬼子和十来个"黑狗子"押送,从雄县的十里铺进淀送军用物资到安新县。张凤江等同志决定在王克寨附近的大淀中消灭这支船队。因为那里有大片芦苇塘,容易隐蔽,是个打伏击战的好地方。于是先由秀苓姐一人划船出场,诱敌进入苇塘的河汊。河汊内的苇塘中埋伏着张凤江、刘义等,他们在装有"推排枪"的小船上准备接应。"推排枪"是白洋淀渔民用来打野鸭子的土炮。原是上下两枪齐放,下边的枪打水面的野鸭,上面的打飞起来的野鸭,现在是打日本鬼子的"包运船",就改成两枪平放,一齐向船上开火。估计八台土炮式的推排枪一响,船上的鬼子和伪军都得报销,再加上十几支短枪和手榴弹,敌人定是插翅难逃!

机帆船的声音在宽阔的大淀上传出去很远,估计"包运船"队离我们的埋伏区不远了,张凤江下令秀苓姐划船出去。那天的秀苓姐,身穿紧身粉红色短衫,翠绿色的裤子,一条又黑又亮的大辫子甩在身后。她本来就身材秀美,在绿色苇塘和大淀碧水的映衬下,显得格外妖娆。她手划双桨,唱着山歌,刚刚出了苇塘,迎面就碰上鬼子的船队。鬼子们正脱掉外衣用水洗身，突然看到个划船的少女，以为是天仙突降。他们又惊又喜，急忙向秀苓姐打招呼，要她来船队近前。秀苓姐急忙拨转船头后退，表现出很害怕的样子。秀苓姐急退，鬼子船队则猛追。鬼子兵奸笑急喊，秀苓姐就是猛划不回头。眼看要进入我们的伏击圈，秀苓姐放慢了船速，计算着敌船的距离，三十米、二十米、十米，鬼子的笑声和跺脚声都听得清清楚楚的，秀苓姐突然停下船来，回身就是一梭子驳壳枪子弹。接着又是两颗手榴弹在敌船上爆炸。几乎是在秀苓姐开枪的同时，张凤江、刘义等埋伏的八台土炮也响了，无情的火舌，带着夺命的铁砂，撒向"包运船"。敌人还没有弄清怎么一回事时，就"魂归故里"了。等我们登上敌船清查战果时，只见七个鬼子兵，横躺在头船的船板上，被打烂的八个"黑狗子"的尸体在船尾的船板和舱内。四个有经验的老船夫，趴在船底发抖，他们齐声讨饶，说是被抓来的船夫，不是心甘情愿为日本人办事的。我们当然不难为他们，给了他们一条小船，让他们回家，并向他们讲明：伏击战是八路军打的，日本鬼子报复，就让他们来找八路军！

这次伏击战，可谓是打得巧、打得妙。从开始到结束，前后不过半小时，打死敌人十几名，缴获15支"三八大盖"、两支"王八盒子"（日式手枪）和一批米面等物资。当我们带着胜利的喜悦回到驻地后，日本鬼子的救援部队才从雄县和安新县出来救援。可是，当他们气势汹汹地来到白洋淀我们的伏击点时，只看到被我们用土炮打烂的一些芦苇，而大淀上一片平静，连只活的水鸟都没有看到。

智灭赵拐子

赵拐子是雄县城北十里王克营和王克桥两个日本鬼子据点的伪军总队长。他从小就做尽坏事，是十里八村都知名的小流氓。他的两个舅舅——王文宣、王文玉，都是给日本人办事的铁杆汉奸。一个在县里当维持会会长，一个是保长，在这两个据点给日本人抓人抢粮，扩建所谓的"爱护村"。赵拐子就是依靠他的两个舅舅和日本人的势力，耀武扬威，在据点中欺压百姓，强买强卖。尤其是遇见这一带十里八村的漂亮姑娘，他常以"皇军要姑娘当差"为名，给日本人强抢民女。因此，这附近的老百姓都称赵拐子是"坏事端"，对他恨之入骨！我们的"工作团"经上级同意，决定在近期内为民除害，消灭赵拐子。

这天是王克营的大集。王克营地处平保公路和津保公路的交叉点，又是大清河的重要码头，位置显要，村镇繁华。日本人在这里修建了两座巨大的碉堡，妄图以此为据点，控制大清河以北的咽喉要道和许多村镇。

赵拐子仰仗他的两个舅舅是日本鬼子红人，自己也爬到雄县城日本伪军头目的位置，更是胆大妄为、无恶不作。据侦察，每逢集市之日，他必定出来，不是打这个，就是罚那个，拐着个罗圈腿到处抖威风。

为了不引起敌人的注意，我们十几个人化装成赶集的农民，并带有"良民证"分头进入王克营。张凤江扮成烟贩，用一条小榆木扁担，担两个装满烟叶的笸箩；刘义身背褡裢，手提一把刚在集上买的菜刀，扮成个赶集买东西的农民；秀苓姐仍扮作村姑，穿一身半旧的花外衣，提一篮子鸡蛋，装成赶集卖鸡蛋的；姚峰有一手吹糖人的本事，就扮成赶集卖糖人的小贩；我自己拃了个烟卷挎篮，扮成赶集卖烟卷的，实际上就是在集上来回溜达，为同志们通风报信。张凤江等人都把摊子摆在村东头的老爷庙附近。这里地点宽阔，人多热闹，不仅有各种各样的小贩，还有说书的、算卦的、耍把式的。总之，这里是王克营大集的中心地点，是赵拐子每逢大集都要来这里大耍威风、大发横财的地点。上午十点多钟，赵拐子带着两个戴墨镜的卫兵，从南街来到这里。他头戴日本鬼子军帽，上身穿一件皮夹克，脚踩日本军人常穿的长筒黑亮的大皮靴。别看他一走一拐，但看起来身手还算灵活。他一路走，一路用皮鞭子连打带骂，威风得很。我及时通知同志们注意准备。特别是姚峰和刘义，他们的任务是吸引赵拐子来到糖人摊，好重点消灭他。赵拐子一露面，刘义就和姚峰大吵起来，原因是刘义把姚峰的糖人碰坏了几个。姚峰一把抓住刘义的褡裢说："怎么？把我的糖人碰坏了，不赔就想走咋的？"二人越吵气越粗，声越大。赵拐子急忙手提马鞭，挤进围观吵架的人群，大声喊道："混蛋！你吵什么？想找死啊！"他边骂边挤进人群，两个卫兵也想往里挤。这时秀苓姐却大着嗓子喊了声："谁要鸡蛋？"两个见女人就抽筋的坏家伙一听是女孩子的声音，立即止步后退，在秀苓姐的面前挑逗起来。高个子的说："嘿！鸡蛋不小？是谁下的？"小个子把驳壳枪压在左腿上，伸手就要抓秀苓姐白嫩的右手。秀苓姐迅速把手缩回来说："老总，你买什么？"小个子有点恼羞成怒，瞪起三角眼说："老子什么也不买，就想摸摸你的手，你还不让老子摸！真是个不知好歹的东西！"就在这时，姚峰和刘义吵到了高潮，死死抓住刘义的褡裢不放，刘义也假装上了火，把姚峰打了一个趔趄。姚峰大吼一声说："好小子，你还敢打人咋的？"顺手抄起熬着滚烫糖稀的铁锅，向刘义砸来。不过，糖稀锅没有砸着刘义，却狠狠地扣在了挤进来刚要发威的赵拐子头上，给他来了个满脸花！这一下子把赵拐子砸晕啦，他站立不稳，啪的一声倒在地上，还没有等他清醒发作，刘义的菜刀就砍断了他的脖子，让赵拐子连个大气都没有哼出来就死了。两个卫兵见势不妙，想提枪往里挤，但还没等他们站起来，秀苓姐的鸡蛋和张凤江的榆木扁担就狠狠地砸在他们头上，他们想跑也来不及了。小个子栽倒在地时，腿上的驳壳枪掉在地上，说时迟，那时快，我急忙蹿过去抢过手枪，看大个子还站着发愣，顺手就是"叭叭"两枪，把两个"黑狗子""报销"啦。枪一响，集上就大乱起来，张凤江高声嚷道："老乡们不要怕，我们是八路军的游击队，奉命来消灭狗汉奸赵拐子，为民除害！大家从东寨门跑，那边有咱们的人接应。"果然，大批群众都向王克营的东寨门涌去。就在大集上枪响人们纷乱的时候，埋伏在东寨门附近的五个同志迅速抓住门丁、占领寨门，把吊桥放下，让群众迅速撤离。

等炮楼上的鬼子下来抓游击队的时候，工作团的同志们早已带上缴获的两架泛着蓝光的新驳壳枪撤离了。日本鬼子和伪军连八路军的影子都没有看见，只看到零乱的集市和三个人的尸体。

参加百团大战

那是1940年六七月间的一天夜晚，我所在的冀中军区第五分区32团开动员大会。领导说今晚要紧急行军，奔赴敌人位于平汉铁路上的重要据点——高碑店和松林店据点。这次我团和27团联合行动。据侦察，两处据点一共有200多个鬼子和近300个伪军。他们的武器装备虽强些，但我们两个团有将近3000人，机枪、火炮也不少，估计来个突袭，不到一个小时就会把他们全部消灭掉。由于高碑店和松林店据点离鬼子占领的北平太近，所以还要防备鬼子反扑。战斗要速战速决，而且冲进据点后，我们要尽量多搜集敌伪物资，以备后用。不管是枪支弹药，还是医用产品，能拿多少就拿多少。这两个据点是敌伪经营多年的老巢，物资比较充沛。"能拿的尽量多拿，大家听明白了没有？""听明白了！"大家异口同声地回答道。

战斗打了不到一个小时就结束了。因为我们发起突袭的时候，多数敌人还在睡大觉。

这次战斗我们共歼灭敌伪军近500人，缴获敌人大批战备物资。当时我和我们通讯班冲进了敌人卫生队，有些有武器的敌伪医务人员想反抗，当场就被消灭了，其他的病人、护士就没再管。我们尽量搜集医疗药品和医疗器械。别人拿到了些什么我不知道，我除了两口袋针剂和药盒外还拿到一瓶红药水，瓶子比现在喝的可乐瓶还要大些。当我们上交战利品时，领导说这些都是我军急需物资，值得特别表扬，我非常高兴！

在这次战斗中，我们32团还解救了十几个朝鲜女性，她们最大的25

岁，最小的只有17岁，是日本人从朝鲜抓来的慰安妇。她们在日本人强压下，受尽了苦难。经短期教育，她们迅速觉悟，都要求参加八路军抗日。我们把她们送到军区宣传队。这些女孩在八路军宣传队的教育培养下进步飞快，据说有的人勇敢地和军队到战斗前沿向日伪军喊话，号召日本人、朝鲜人放下武器，脱离罪恶的侵华战争；有的当了宣传员，用自己的经历揭发日本鬼子的侵略罪行。她们还学会了很多抗战歌曲，特别是在唱《松花江上》时，非常动情，那真是台上泪流满面，台下哭声一片。

这次战斗虽然时间短暂，但我们的准备工作相当充分，除歼灭敌伪军外，还破坏了几十华里的铁路干线。我们动员了上千人的民兵、民工和我们的工兵连队，用几十辆大车把这些铁轨和车站上的所有钢铁设备，统统运到平西抗日根据地兵工厂内，把它们变成了消灭敌人的武器！

这次战斗打得巧、打得妙！不但惊动了我们冀中军区，还惊动了整个解放区。后来我们才知道，这次战斗被八路军总部定为"百团大战"。

奔向延安

1940年秋季，我团奉命进山休整。结束休整后，我和我们团的一个通讯班，全部留在了冀中军区第五军分区后方留守处。

当时的北京叫北平，是日本鬼子侵略我国华北地区最重要的据点。北平的南苑机场建有航空学校，离我们的驻地房山县（今房山区）很近。这些日本鬼子飞行员，就拿我们的驻地当试验场，几乎每天都有飞机过来轰炸扫射。

开始我们都在山下躲飞机，常有人被飞机炸伤或扫射致死，后来我们接受教训，不再从山下找凹地藏身，而是往山上跑。那时日本鬼子开的都是双翼飞机，飞不高。再加上平西是燕山山脉的高峰区，山高坡陡，鬼子飞机飞高了找不到目标，只能在山沟里低飞，寻找目标狂轰滥炸。在高山上，我们能看到飞机在脚下飞，却不会被飞机看到，所以很安全。况且，日本鬼子非常狂妄，根本就不把武装较差的"土八路"放在眼里。他们在解放区的深山里狂轰滥炸，如入无人之境。不想有一次，一个战士勇敢地由山顶向他眼前低飞扫射的日本飞机扔了一颗手榴弹，手榴弹的爆炸声使飞机驾驶员心慌意乱，最终撞山而毁。后来被全解放区军民传为手榴弹打下飞机的佳话。

我受到启发。有一次日本飞机又来轰炸，我扛了一支马步枪登上了山顶。我看到日本飞机在我的脚下飞，连驾驶员的军装都看得清清楚楚。我想：既然手榴弹能打下飞机，为什么步枪不能？当一架飞机低空向村庄扫射时，我瞄准飞机的驾驶员开了一枪。这一枪是否打中飞机，我不清楚，反正枪响过后，飞机确实是升空逃跑了。有人说我一枪打中了飞行员，还有人说他看到了从飞机上滴下来的血迹，等等，都夸我勇敢，说那枪打得真好！可是才一下山，我就被叫进锄奸科办公室，崔科长要我做深刻检查，检讨无组织无纪律乱开枪的错误。不但没收了我的马步枪，还关了我好几天禁闭。我对上级的处分嘴上没敢说什么，可心里不服。恰巧这时有个"八路军总政记者团"要回延安，路过这里。这个代表团可非比寻常，团里有著名作家杨朔，他写过多篇介绍解放区军民的重点散文和文学报告，后来的小说《三千里江山》更是轰动国内外；有新闻事业家和作家周而复，是我们党文化事业的知名人士。中华人民共和国成立后，任国家对外文委副主任。他写过多部小说，代表作是《上海的早晨》。还有诗人鲁藜，他的诗国内外知名，他也是八路军圣地"延安鲁迅艺术学院"的教授。记者团的领导是侯亢同志，他当时是八路军全军知名的记者，各解放区的领导都知道此人，他的文章常在各解放区报刊上发表。他后来长期担任新疆和甘肃省委的领导。当时这些人指名要找我谈话。事后他们提出来要我跟他们去延安，让我先在团里任通讯员，到延安后送我到学校读书。我从小就希望上学读书，于是就爽快地答应了他们，他们也很快帮我办了调离手续。从此，我走上了去往延安的道路。

我和记者团经过千辛万苦，于1942年二三月间到达延安。到延安后我满腔热情想去上学，可是并没有去成，原因倒不是记者团说话不算话，而是因为我的条件太差，连小学文凭都没有，怎么能去上大学？去文艺学院，不够资格；去技术学院，也不懂得数理化；上小学吧，一想到和七八岁的孩子在一起犹如"鹤立鸡群"，自己都不好意思。思来想去，还得实际一点，不进学校，干脆在八路军这个大熔炉中锻炼吧！当时，"记者团"早已解散，有的同志，如杨朔去了大后方，有的同志进了高级党校。侯亢同志奉命去了甘肃，他临走时送给我一支钢笔和一个精致的笔记本，在笔记本的首页上写了两句诗："无情岁月增中减，有味诗书苦后甜"，并语重心长地对我说："你留在部队好好干吧！是黄土，在昆仑山顶也是黄土；是黄金，在延河深处也是黄金。希望你像黄金而不是黄土。我希望你能好好自学成才，将来成为一个有作为的新闻记者！"

难忘延安

我是1942年二三月间，随延安八路军总政宣传部记者团到延安的。可是，当我们经过千辛万苦到达革命圣地——延安后，我并没有进入学校。这并不是记者团说话不算话，是因我个人的条件太差了。去延安大学，我连小学的水平都没有；去军政大学，又不是干部。去艺术学院，没有文化艺术基础；去小学，自己已17岁，个子太大，和孩子们站在一起如鹤立鸡群。自己都不好意思。想来想去，没有办法，只好被编入八路军总政警卫队当个班长。下决心自学！首先进识字班，从"人、工人、农民、八路军打日本"学起。我又和指导员武天真同志结成干部战士"一对红"，请他当我的业余老师，给我开"小灶"，每天请他再多教我五个字。不管刮风下雨他都教，我保证不管多么劳累辛苦都得学会，会认、会讲、会写……

没有想到，脱离战火纷飞的前方战场，来到延安，本想稳稳当当工作和学习，哪知道陕甘宁边区并不安宁。因为，国民党政府虽然打着全民抗战的旗号，却执行消极抗日、积极反共的反动政策。他一方面把共产党所领导的八路军、新四军调往有强大武装力量的华北、华南各战场，和日本军拼杀，却不发一枪一弹，不给一分钱军饷。妄图以日本人的强大力量，消灭人民的抗日军队。另一方面，又调集胡宗南部几十万大军，把陕甘宁边区包围得像铁桶一般．并扬言不准一斤粮、一尺布及一切生活用品运进边区，妄图把陕甘宁边区150万军民，包括共产党中央和毛主席在内都困死、饿死，达到他彻底消灭共产党的险恶目的！

1942年，我在延安八路军大礼堂听过一次传达毛主席指示的报告。毛主席说：在这残酷、紧急的情况下，我们只有两条路可走，一是我们解散，去当国民党和日本人的顺民！二是我们更紧密地组织起来生产自救，开展大生产、大练兵运动。自己动手，丰衣足食，并壮大自己的抗日力量。把我们自己的军队练成钢铁兵团，粉碎一切敌人的阴谋！

当时坐有一千多人的大礼堂中，立刻沸腾起来！大家异口同声地喊道：

我们不解散，我们要抗日到底！
我们要自力更生，开展大生产运动！
毛主席万岁！中国共产党万岁！

于是，毛主席发出了开展大生产、大练兵运动。在大生产运动中，首先是毛主席、朱德总司令命令王震将军率领的120师三五九旅官兵开赴南泥湾，屯田生产。为大生产运动起到了带头作用！上至毛主席、朱总司令及中央各首长，下至普通干部、战士，都开荒种地，生产粮食、蔬菜。在延安，我当过机要通讯员，亲眼见过毛主席给他的菜地培土浇水，朱总司令收获大萝卜、大南瓜时的喜悦场景！当时还有过这样的规定：正规连每人每年上缴两石五斗粮食和一千斤木炭。从1943年起，延安又增加了纺毛、纺纱任务。有时还像开运动会那样，组织纺纱比赛。我本人就曾获得过1944年陕甘宁地区的纺纱突击手。除得到两件衬衣奖励外，还受到了边区主席林伯渠和伟大领袖毛主席的接见。

伟大领袖毛主席和党中央非常重视大生产的情况，1962年我编辑纪录片《延安生活散记》时，曾搜集到毛主席、朱总司令、董必武等首长和王震将军一起视察南泥湾生产开荒等珍贵照片。这些照片给当时的陕甘宁军民极大的鼓舞！

我们都知道，在农业大生产中，积肥是个大问题，不但自己生产的肥料都细心积累起来，做到肥水不流外人田，就是在延安河边，马路上看到有肥料也都会捡拾回来。我亲眼看到过延安的女大学生，在延安街头用漂亮的手绢和上衣捡拾骆驼粪便，倒在自己的菜地中。再用延河边的一种蒿草当肥皂，在延河中清洗自己的衣物，并边洗边笑闹，非常愉快。其实这些女同志大多是从南京、上海、重庆、昆明等大城市来到延安的。她们多数是有钱人家的孩子，有的还是国民党高级将领的千金。她们为什么放弃大城市的优越生活来延安找苦吃？因为她们看透了国民党政府的反动统治，弃暗投明，来延安参加革命抗击日本鬼子的侵略，推翻国民党政府的反动统治！

毛主席、党中央确实是英明伟大！在那极端艰难危险的紧急时刻，用一个生产自救的大生产运动不仅解决了陕甘宁边区的生活困难之困，而且造就了一支强大的人民军队。为打败一切敌人，创建新中国奠定了坚实的基础！

从我个人来说也是一样，自1942年初春到延安至1946年3月离开延安的近五年中，延安既艰苦又幸福的生活，使我身体健壮了，文化水平提高了，从一个普通战士变成一个从事电影工作的干部！因此，我永远也不会忘记我的第二故乡——延安！

回忆延安时期的苦与乐
——以在延安发表的三篇文章为记

我在延安生活了五年。在这五年中,我经历了许多事情,我深深地感到,在延安的生活是非常艰苦的,同时也是非常愉快的。

我在延安时除了要参加大生产运动,还要坚持文化学习,每天再劳累也要挤出一点时间来学习文化知识。白天有时间就在旧报纸上反复认字、写字,晚上没有灯光就借着月光用木棍在地上写。我还用青石板做了一个小黑板,用石块在上面练习写字。由于刻苦学习,我的文化水平有了很大提高。在武天真同志和其他同志的帮助下,用了近三年的工夫,从"人、工人、农民、八路军打日本"等简单的汉字到粗通文墨,做到经常能给八路军总政治部的墙报上投稿,而且还在八路军总政治部的机关报纸——《子弟兵》上发表了几篇文章。下面是我在延安时期发表的三篇文章,也从一个侧面记录了我们在延安的时期的苦与乐。

小张同志
——记一个小同志的斗争史

我们班内新来了一个小张同志,他年龄虽小,却有着一段不平凡的斗争史。

他诞生在华北明珠——白洋淀边的一个贫苦农家中,从小就给本村财主——刘家放牛牧羊,可是他生性好斗,心眼也多,比他大几岁的孩子一般都斗不过他。他组织一帮孩子和邻村的孩子们打

"土坷垃"仗,连比他大好几岁的孩子都得听他指挥,因为他能调度孩子们分批上阵,有时候还抄"敌方"的后路取胜。他的报复心也很强,有一次他放的牛偷吃了村里另一位姓黄的财主家的菜,姓黄的财主一气之下就打了小张几记耳光。小张当时不哭不叫,也不屈膝求饶。没过几天,黄财主家的几垄大葱,被镰刀砍了个乱七八糟。还有南瓜地里的大南瓜,不但给挖成了大窟窿,有的还拉上了屎。从那些小脚印上看,明显是些孩子们干的,但孩子可多啦,能去找谁呢?只好是王八碰桥桩,暗鳖(憋)气!

1937年爆发了抗日战争,小张的主人刘财主带着大太太、二太太和少爷小姐们随着国民党政府逃命时,把小张亲手培育繁殖的牛羊都贱价出卖,不管小张的死活,一走了之。小张非常气愤,他恨刘财主,更恨日本人。

1938年5月间,小张14岁,被国民党的残余——53军弄去了当兵。当时他非常高兴,虽然他当时还不懂真正抗日的大道理,但当时国民党武装还是打着抗日的旗号,小张不懂什么别的道理,有人管吃管穿,不给日本鬼子干事就行。所以他当时还真是满意,以为找到了一份极好的差事。

小张开始给团长太太当勤务兵,伺候团长的三姨太。三姨太其实比他大不了几岁,大约也就是十八九的样子,深受团长的宠爱。团长告诉小张要好好服侍太太,否则,轻则挨打,重则要了他的小命!

开始小张对国民党的公馆生活很不习惯,一天不准外出,每天不是给人送烟,就是给人家倒茶,有时还得陪三姨太抽那种大斗香烟(大烟)。不过三姨太对他却很好,去了没几天,三姨太就给他定做了一套新军装,穿着很合身。他穿上新军装在院子里走来走去,显得特别精神。团长不在的时候,三姨太还常找小张聊天,有时候,三姨太还特别给他一些好吃的点心。小张对三姨太也很是感激。可是，有一次三姨太见屋里没人，就把小张叫到床边闲谈，谈着谈着，三姨太就像突然喝醉酒一样，不容分说就把小张抱在怀里，还用她的红嘴唇，往小张的脸上、嘴边乱拱。这下可把小张吓坏啦，他虽然不知道三姨太要干什么，但他知道这不是好事情，吓得他使劲往后躲。但三姨太把他用腿和手挟得很紧，使他抽不出身来，想跑都跑不了。幸亏这时窗外传来皮鞋声和刘秘书的叫声："三姨太，团长说他有客人来，请您备酒……"三姨太急忙放开小张回答道："知道啦，刘秘书还有事吗？"刘秘书说："没什么啦，团长说客人马上就到，我得去接。"说着，刘秘书走啦。

小张只在国民党部队干了多半年，时间虽短，但给他幼小的心灵上涂上了不小的阴影。在这期间，他学会了在替三姨太买东西的同时偷偷地赚钱，学会了推牌九、摸纸牌等赌博恶习，学会了怎样偷懒耍滑，学会了怎么给三姨太卷烟泡和烧烟泡不烧手……总之，在国民党军队中的半年时间里，一个像白纸一样的小青年变成了一个军混混儿。然而，他所在的部队在1939年春天，公然投靠了日本人，并几次配合日本鬼子向真正抗日武装八路军发起残酷的进攻。八路军在抗日军民的大力支持下向敌人大举反攻，把敌人打得屁滚尿流，消灭了不少敌人，并解放了一大部分投敌的国民党军队。小张就是在那次大反攻中获得解放的。他先在冀中军区第五军分区地方军通讯连当了一名小战士，后来跟一位军分区首长当勤务员，再后来到延安八路军总政警卫队当战士，他的到来受到了我们的热烈欢迎。

有一次我们班内一位小同志问小张："张矛，你在老家是干什么的？"（注：小张的小名叫小狗子，张矛是小张的大名，这个大名是新中国成立后我军一位团长给他现起的。）

小张见问，脸腾地红了，半天支吾着说不出话来，最后才声音极低地说出："给财主家放牛、放羊……"

我们见他这样羞答答地说出给财主放牛放羊，大家都笑啦。我们班的战士小常说："给财主家放牛放羊有什么可羞的？我就给财主家放过羊。"我们班的小李也站起来大声说："给财主家放牛放羊咋的？我也给财主家放过。"我们班的小陈更是理直气壮地站起来大声说："给地主家干活，受剥削，并不丢人。"当时他理直气壮地说："咱们穷人现在当兵干革命，如果不好好干，不去推翻压迫穷苦人头上的大山才算丢人呢！我们反对那些以穷人为耻的小资产阶级感情！"

最后班长张江敏说："好啦，我们欢迎小张同志，以后我们都是无产阶级好弟兄，在我们这个革命的大家庭中，互相帮助、共同战斗！"

小张在革命的队伍——八路军中，进步飞快，用他自己的话说，就是在八路军中，在首长和同志们的帮助教育下，像突然洗了个热水澡一样，洗掉浑身的恶习，开始学习革命文化，从"工人、农民、八路军、打日本"学起，开始每天学两个字，后来改学五个，再后来开始记日记，把每天看到的、听到的有趣的人和事都记下来，有不会写的字，马上找指导员或别人请教，每礼拜天还写一篇《礼拜感》，总结这个礼拜内重要的学习感想，检查自己的优缺点。到我们警卫队的时候，他已有了一定的学习成绩，在我们警卫队的政治指导员的帮助鼓励下，他不但常给我们总政机关办的壁报投稿，还大着胆子给八路军总政办的面向全军的报刊——《子弟兵》投稿《在八路军中的两年》。在这篇文章中，他用流畅的笔调写出了他在国民党军队沾染的种种恶习，同时也写出了在八路军革命大家庭中，领导和同志如何帮助他生活学习，使他像丢掉破鞋一样丢掉了许多恶习，进入了一个温暖的大家庭，过着扬眉吐气的愉快生活。他在文章最后写道："国民党军队让我变成了无娘的军混混儿，八路军让我投入了再生母亲的怀抱，我一定要在革命的大家庭中，好好学习、努力工作，争取做一位革命的先进战士！"

小张说得好，做得到，在整个延安大生产、大练兵中，他都取得了先进和模范！我有感于他的感人事迹，就写了这篇《小张同志》在总政面向全军的报刊——《子弟兵》上发表。

玉梅

"好，好！再来一个！"

"好，玉梅同志再来一个！"

"赞成。"

"同意！"

"再鼓掌！"

顿时全屋子里又响起热烈的掌声。

看样子，玉梅并没有忸怩，清脆的歌声又从她那温润的喉咙里唱了出来。"虽然为抗战暂时受了伤，不要畏惧也别悲伤……"

我是前天到这休养连来的，真幸运，今天就赶上这样一个娱乐晚会。欢迎新来的伤员，欢送已恢复健康，重上前线的同志。当大家喊出玉梅的名字时，我当时就一震。当她再次唱歌的时候，我又特地站起来看了看她。我简直不敢相信自己的眼睛！真的是她吗？她怎么会来到这里？

会后，我本想找她问个明白，但，总有点不好意思，就没有去。虽然我曾在她家住过几个月，我们也曾不止一次地谈过话，一起谈论抗战形势，一起讨论过年轻人的理想……可这都是两年前的事啦，那时她还是个不满14岁的孩子，而今，竟变成了健康苗条、美丽动人的女战士，说具体点，就是一个不怕苦、不怕累，能救死扶伤的白衣天使。

可是，我终究弄不明白：她爹是河北平山县瓦口川无人不知无人不晓的刘二爷，过去有钱有势，指望吃"硬租"和放高利贷发财，虽然这几年叫民主政府实行"减租、减息"给他不小的压力，灭了他不少的威风，但他在背地里还是少不了吹胡子、鼓肚子，对抗战、对八路军没有好感。他能叫自己唯一的女儿出来当八路军吗？玉梅的母亲虽然是比较开明而慈善的老太太，但她能舍得自己唯一的女儿离开她，给八路军的战士抓屎、端尿，当看护吗？玉梅本人思想虽然进步，也向我说过有一天她会成为革命战士，可是，她那个娇小姐，平时穿衣服都得让别人侍候，能真的离家来八路军冒险吃苦吗？真是奇怪啦！

可是，我却没有勇气去找她谈谈。

巧得很，就在两天之后的一个下午，我到河边去散步，就在那小河边，我看到玉梅和另一位护士同志聚精会神地洗那些沾满脓血的绷带等脏物。我不由得就叫了一声："玉梅！"她回头看了我一眼，可能认出来是我，就立即站起身来，把她那柔美的软发向左边拢了拢，用惊奇的声调说："啊，是你呀，你几时来的？"

"大前天。"我答。

"怎么，负伤了吗？"她关心地问。

我的脸忽觉一热，摇摇头说："没有，是病啦，打摆子（疟疾）。"

"唔，住什么地方？"她又问。

"内科二号，就是那间白色平房。"

我怕耽误她的工作，没再多说，就说："你们忙吧，有空到我那儿去玩。"说完就走啦。

晚上，我正在微弱跳动的煤油灯下看书，玉梅偷偷地站在我背后，突然大声一笑说："狼来啦！"这是我们在她家时常玩的游戏，可这时却把我吓了一跳，差点把书掉在地上。我笑着嗔了她一句："玉梅，都抗战啦，怎么还像个小孩子！"

"哟！你又充大人啦，不知道比人家大几岁？"她也有点不高兴地说。不过，没有多一会儿，她那银铃似的笑声，就从她那刚刚噘起的小嘴里传出来。

"两年不见，你这个娇小姐竟变成女八路啦！哈哈！"我打趣她。

"是呀，你们不是说我当不了兵吗？你看！"她像撒娇，又很傲慢地指指她脖子两边的红领章和胳膊上的红十字袖标对我说。我面前站着的就是一个胜利者似的，她笑着。

"玉梅，你是怎么参军的？你爸爸他那个……"玉梅不等我说完，就打断我的话说："提他干嘛，我是偷跑出来的！"

"怎么？"我更惊奇啦。

"那是前年秋季大扫荡时，日本鬼子把我们的学校给烧啦，我们村被鬼子杀死了一百多人。你知道顺子他妈吧，她肚子里已有八九个月的孩子，被鬼子糟蹋了还不算，还用刺刀把孩子从母亲的肚子里挑出来扔在墙上，全村的房子除我们家外，几乎都烧光啦，那种情形真不忍看！所以我决心参加八路军，一方面保护自己，另一方面也想为乡亲们报仇！这样就是战死在外，也觉着光荣。开始我把想法告诉了妈妈，妈抱着我，'儿啦，肉的'哭了好半天，舍不得我出来，后来我用事实就把妈给说服啦。我说：'妈，你也看到啦，咱们村那些被日本鬼子杀死的人多么惨，特别是那些女的，叫鬼子糟蹋还不算，还被刺刀挑破肚子，下体还给插上苇子，鬼子连肚子里的小孩都不放过。这都是为什么？都是因为她们手里没有枪，无法反抗！你愿你的女儿也遭那个罪吗？我出去当了兵，有军队保护，手里也有了枪可保护自己，不再受鬼子的欺侮！再说，我当的兵是医院的护士，不上前线打仗，也就在附近，我还会常来看望你的。妈，就让我去吧！'我说完，紧紧搂着妈妈，求她答应。妈妈听我说得有理，就答应啦。不想，她把我要出来当兵的事告诉了爸爸。我爸爸气得一跳多高，指着我连说了好几个'你想造反！你想造反'又说：'好，好，我自己的闺女也要共产啦！'开始，我还是平心静气地跟他讲道理。我说：'爸，我不是去共什么产，我是想拿起枪来保护自己，总比在家等死强！何况，这是参加抗战，保卫家乡……''放屁！就你怕死？日本人杀的都是不务正业的捣乱分子，他们怎么不杀我呀？也不烧我的房子……'他不让我说完就打断我的话，气呼呼地说。我也不让他宣传反动，也很生气地说：'你别说这些老顽固话啦。这是鬼子汉奸想拉拢你替他们办事，如果你不替他们办事，看吧，总有一天他们也不会安生让你过日子！现在全中国的人都要参加抗战啦，谁愿真心当亡国奴？'我的这些话可真冲了爸爸的肺管子，他像一头疯牛一样举拳向我扑来，嘴上不住地说：'反啦，反啦，我非打断你的腿不可！'我妈赶紧迎上了说：'有话好好说。'"

"我看情况不妙，就赶快跑了出来……"她带点顽皮地说。

"那么，你就这样跑出来当兵啦？"我笑着问。

"是的，我爸还几次吹胡子瞪眼，说非打断我的腿不可。我妈也劝过我，要我回心转意，但我没有动摇，就和翠芬姐一起参加了晋察冀四分区后方留守处的卫生队。"

"你这个娇小姐，不想妈妈？"我想打趣她。

这时我看到她那对黑溜溜的大眼睛里，在微弱的灯光下已涌出泪花，但还是非常刚毅地说："想，有几次还哭过呢！可是，这种脆弱的小资产阶级感情迅速在工作和学习中克服啦。我想：八路军中这么多年轻人，谁没有妈妈和姐妹，谁不想安安稳稳地生活在妈妈的身边尽孝，可是，现在不行啊。日本鬼子不让我们中国人过安稳生活，他们用飞机大炮和阴森的刺刀来杀害我们。他们在我们的家乡烧杀抢掠，制造所谓的无人区！我们还能在妈妈的身边尽孝吗？不能，只好拿起武器，抗击强敌，只有把日本鬼子赶出中国，我们才有可能过太平日子。"她滔滔不绝的这一大段话，使我非常惊奇，两年不见,她真的长大啦,变了样,由一个娇滴滴的财主小姐变成一个能宣传革命大道理的勇敢战士。

我们又谈了些别的闲话,她站起来把她那自己绣有红十字的帽子按了按说:"天不早啦,您休息吧,我还得去接班呢!"

我把她送到门口,她礼貌地说了声"明天见"就消失在黑暗的胡同里。我惊奇地看着她那娇美轻盈在黑暗中跳动消失的身影,使我再次想到了她的过去。我清楚地记得她在两年前说,她一个人在点着灯的房间里待着害怕,总得找个人和她就伴才能睡着,她柔弱得连个蚂蚁都不碰。可是她今天,腰挎短枪,来往于黑暗中,从这间病房到那间病房,给呻吟的病人喂饭,给伤员换药,像只小白鸽飞来飞去,一点儿也没有了柔弱的痕迹。

几天以后,我又和其他护士们闲谈才知道:玉梅,现在不但是个优秀的护士班长,还是全留守处的学习模范和模范的医务工作者,谁都知道她是个能吃苦耐劳的好同志,可谁也不知道,她曾是个娇生惯养的娇小姐!

这个故事,在我们革命队伍中,只是一个很平常的故事。

1943年8月12日

我发表的第三篇文章是我随八路军"记者团"在河北省平山县西回舍村采访时所听到的一个极为动人的军民关系故事。我也见到了故事的主人公张桂英同志。她和"记者团"谈起她的英雄事迹时,几乎害羞得脸都红到了脖子根,难以启齿。可是她在敌人的刺刀对准她的胸膛时,却极为勇敢干脆地回答了她那难以启齿的问题。对一个未婚的姑娘,当众承认:"她是我的男人!"这对一个农村大姑娘来说,该是鼓足了多么大的勇气。但为了救一位八路军的同志,她丝毫没有犹豫!全文如下。

他是我男人

——记一个敌后军民关系的故事

1941年的7月,太阳是那样无情地烘烤着大地,地里的庄稼大多由绿变黄啦,有的已耷拉了脑袋。特别是晒在张桂英家前院的麦草,不时发出"咔吧咔吧"的响声,好像是要烧着似的。

西回舍村的女自卫队员,年轻的姑娘——张桂英,弯着腰在锅台边搓面,水灵灵的大眼睛不时注视着她那本刚买来的《识字课本》。课本上那位手拿红缨枪放哨的大姑娘,好像也在不时看她。张桂英想努力念书识字、站岗放哨……灶坑里的火烧到了外边,她都不知道,直到火舌快要舔到她的脚啦,她才觉察,把柴往灶坑里踢了踢。

砰!砰!突然在她家不远的地方响了两枪,她一怔。急忙用她那带着面的手把心爱的《识字课本》藏在风箱底下。

一个年轻的小伙子满头汗水闯进了院子,张桂英吓得差点叫出声来。但是,当小伙子把盖有大红章子的边区通行证和手枪交给她的时候,她一切都明白了。她一把就把小伙子拉进了自己的睡房。让小伙子脱掉外衣,躺在姑娘的炕上。又把两条姑娘准备结婚用的新被子给小伙子盖上,让小伙子在炕上装病,她又迅速把枪和通行证放在风箱里边,然后,又镇静地搓起面来。

两个恶狼似的日本鬼子端着阴森的刺刀,和一个"黑狗子"(伪军)气势汹汹地冲进了姑娘的房间。

"八路的有?"鬼子操着生硬的中国话用刺刀对着姑娘的心口问。

"没有,太君,良民大大的。"姑娘也学着鬼子的口语,镇静地回答。

"屋里看看！"鬼子给"黑狗子"下了命令。

"屋里病人的有，正在出汗……"姑娘伸开双臂阻挡鬼子和伪军，脸上装出哀求的样子。可是，还没等姑娘把话说完，鬼子和汉奸已窜进了姑娘的睡房。

鬼子用刺刀把两条棉被一掀。哟！"病人"真是在出汗，汗水都快把枕头湿透啦。

"他的，什么人？"鬼子指着躺在炕上看样子有些昏迷不醒的"病人"问姑娘。

两朵红晕慢慢从姑娘的双颊升起，她微低着头，有些羞涩的样子，但还是很清脆地回答道："他是我的男人！"

鬼子们被骗走啦。

小伙子从炕上爬起来，桂英把枪和通行证还给他，并把他领到能通村外的后门上。当小伙子就要离开姑娘的时候，小伙子涨红着脸向姑娘说："同志，我一定多杀鬼子报答你……"

"这算什么！快走吧，路上小心！"姑娘没等小伙子说完，就打断了小伙子的客气话，催促小伙子快走。

小伙子在高粱地里消失了。

桂英看着消失在高粱深处年轻战士的背影，忘记了天上似火的骄阳，忘记了还未做熟的饭菜，忘记了就要回家吃饭的爸爸。她润红的嘴角边，浮动着难以抑制的愉快而骄傲的微笑……

这三篇文章在全军报刊上连续发表后，在八路军总政治部引发了不小的波动，我立即在总政治部获得了"小文化人"的称号。

1945年8月15日，日本鬼子宣布无条件投降。中国人民的抗日战争取得了伟大的胜利！中国共产党领导的革命事业要大发展，各方面都需要培养干部人才。这其中就有人民的电影事业。在抗日期间，延安有个"电影团"，当时只有七八个人，主要是给抗日军民放放电影，拍拍照片。现在也要扩展自己的队伍，于是从各个单位调有点儿文化的干部充实电影团。我当时是有些小名气的年轻人，虽然当时还不是干部，但也被破格吸收进了电影团。

当时的延安电影团，别看只有七八个人，但受到党中央、毛主席的高度重视。它组建于1938年，是著名的电影艺术家袁牧之、吴印咸等同志带头建立的。电影团成立的初期，由于客观条件的限制，当时确实是没有什么重大工作可做。延安的党中央和八路军总部经过多次精兵简政，不少机构都被裁掉啦，是毛主席指示：延安整编，什么机关都可以砍，千万别把延安电影团砍掉！延安电影团在党中央毛主席的关怀下，保留了建制，保留了干部。在抗日战争胜利后，它就像旺盛的火种一样，一有机会就燃起了燎原大火。在解放战争中和中华人民共和国建立之后，中国的电影事业迎来了大发展，起到了不可替代的巨大作用！由此可见在极端困难时期，党中央、毛主席坚决保留了电影事业的萌芽，该是多么英明伟大、多么有远见！

我和延安电影团的故事

延安电影团是"八路军总政宣传部电影团"的简称。它是由著名演员、导演袁牧之，摄影艺术大师吴印咸及其得力助手徐肖冰等同志于1938年8月在陕北名城延安建立的。从它诞生的第一天起，它就像一棵细小的幼苗，在党的阳光雨露滋润下茁壮成长，在延安老一辈无产阶级革命家毛泽东、朱德、周恩来等领导的亲切关怀培育下茁壮长。虽然在1946年10月1日在东北兴山市成立解放区第一个电影基地东北电影制片厂时，由袁牧之亲自宣布延安电影团解散，所有延安电影团成员都能融入东北电影制片厂和所有的东北电影制片厂职工一样，团结互助，全力建设我们的第一个电影制片基地。延安电影团从名义上淡出了电影界，可实际上它并没有消亡，而是借用东北电影制片厂、长春电影制片厂、北京电影制片厂、八一电影制片厂及中央新闻纪录电影制片厂、北京科学教育电影制片厂和后来一切的电影电视机构的躯壳，更加茁壮成长。今天她已成长成为一棵参天巨树。我敢说：目前新中国的一切影视机构都有着延安电影团的根须和枝条。延安电影团的名声，早已传遍了全世界。

很荣幸，我也是这棵参天巨树的一根细小的枝条。其实远在我参加延安电影团之前，就有着一些有趣的故事，在庆祝延安电影团80大寿的今天，我把它写出来供同志们分享。

向往电影团

1942年2月我被编入八路军总政治部警卫队工作。那时的警卫队和延安电影团同住一个大院儿，只有一墙之隔，因此当延安电影团工作忙不过来时，常到我们警卫队借人帮忙。特别是放映队出外放映电影时，就要我们这儿的棒小伙去帮他们抬机器、搬桌椅、挂银幕、摇马达、维持秩序等。我本人就曾多次参与他们的工作，留下了深刻的印象。

当时在延安看电影是件大事，每次放电影都会引起全延安的轰动。不用通知，就会有十里八村的群众扛着板凳，夹着马扎，扶老携幼，从四面八方赶来，每场电影都不下千人，场面非常壮观。

有一次在我们总政大院放电影，原定晚七点开演，可不到四点大院广场就挤满了人，到开演前，大院墙上、屋顶，连大院的几棵树上都爬满了人，那时延安没有电，放电影全靠小马达手摇发电，单机放映，一场电影下来足有四五个小时，看电影非常劳累，可没有人退场，可见延安人是多么渴望看到电影。

电影团的同志也深深懂得广大群众的需求，他们会千方百计地满足广大群众要求，在放电影之前，他们都用大喇叭先讲解国内外的大好形势，如：苏联红军的大反攻，我八路军、新四军又在敌后打了几个大胜仗等。电影未演就先引来了观众一阵又一阵的欢呼和热烈鼓掌声。

电影团的同志们为了满足广大群众渴望看电影的愿望，产生了许多天才的创造。比如：在没有电的情况下，创造条件放电影，照明用煤气灯，驱动放映机用手摇小马达。还把无声片放成有声片，如：电影团自己拍摄制作的《生产与战斗结合起来》就是一部无声片，可在放映的时候却成了有声片，为什么呢？因为电影团同志在放映此片时，在银幕旁边用一台留声机放音乐，再由一个人手拿麦克风，看银幕画面的内容、节奏，朗诵解说词。声音和画面结合起来，把无声片放成了有声片，获得群众的好评。

有时候一场电影放完，天都快亮了，观众都还不走，要求放映同志再放一场。电影团的同志这时也不烦不躁，非常耐心地向群众反复解释，说：机器过热片子断了多处，实在不能再放了。直到观众满意离去，自己才收拾机械物品，不顾自己几小时放电影的疲劳。

我们帮电影团放电影，有时也会遇到难忘的事情，比如：有一次我们到八路军总部所在地延安市王家坪去放电影，就看到总司令朱德同志正挥汗如雨地和一群小伙子打篮球，总司令和战士一起拼抢上篮，有时战士把总司令撞个满怀，差点儿把总司令撞倒，总司令不但不急不躁，还开怀大笑。放电影时，总司令和夫人康克清同普通战士一样席地而坐，谈笑风生，一点儿总司令的架子也没有，就像一个慈爱的长者和他的孩子们一起看电影。康克清同志据说在长征时就是一位有名的年轻将领，今天和战士们坐在地上看电影，不像是总司令的夫人，倒像是个慈祥的妈妈。

还有一次，我们到毛主席的住地杨家岭广场放电影，毛主席和好几位中央首长都和战士群众席地而坐一起看电影。天气很热，毛主席拿一把大蒲扇自己扇扇，有时还给身旁的群众扇扇，样子十分和蔼可亲。特别是毛主席看到他在写"自己动手，丰衣足食"的镜头时，微笑着用扇子捅捅身边的战士说了几句话，好像是在问战士你们单位生产情况怎么样。战士轻声汇报，主席听后竟笑了起来，非常和蔼可亲。当时我很感动，我想如果没有放映队来放电影，我怎么能看到这么多延安群众如饥似渴地看电影？如果没有放映队，我怎么能看到总司令和普通战士一起打篮球？如果没有放映队，我怎么能这么近距离地看到我军中的传奇女将，朱德司令的夫人——康克清？如果没有放映队，我怎么能看到这么多中央首长和战士们席地而坐？如果没有放映队，我更没有机会这么近距离看到我们伟大领袖毛主席！

从那时起，我就向往去"延安电影团工作"。

从那时起，我就成为"延安电影团"的普通一兵！

想打退堂鼓

1945年9月10日早晨，我们警卫队出完早操，刚要解散去吃早饭，指导员武天贞同志说:"先别解散,我有话说。"他大声叫我和其他两位同志的名字:"向前一步走!"我们应声出列,他大声说:"你们三位准备一下,去电影团报到。"他说组织决定,要我们三人去电影团工作,去学习拍电影。这可把我吓了一跳。我原来想去电影团工作,是去做勤杂工。我没有文化,也没有特殊的工作技能。我怎么能去拍电影呢?我立即找到指导员,说明我可不能去电影团工作,更不能去学拍电影,因为我条件太差,连看电影都是很少的几次,怎么能去拍电影呢!指导员听了我的话,沉下脸来,很严肃地对我说:"姜云川,你怎么变得这样没有出息?这是党为了电影事业大发展才要你去学拍电影。不去可不行!你说没有文化,没有特殊技能学不成摄影技术!这是你怕困难,你不想想,在大练兵开始时你投手榴弹,一投只有十四五米,还找不着弹着点。后来你练得一出手就是四五十米,还颗颗打中靶心,你开始学文化,在识字班丙组每天学两个字,后来你努力改学七个字,几年下来,你学得不但能看书、读报,还给总政黑板报写通讯。最近你还在全军大报——《子弟兵》上发表了三四篇文章。这不都是你刻苦学习的成果吗?人没有一生下来就会拍电影的,只要你去刻苦学习,就能学会。不怕苦,不怕累地去学吧。我相信你会成为优秀摄影师。我还等着你学成摄影师回来给我们拍几张照片呢!好同志去吧!这是党的任务,去努力完成吧!"

指导员一番既批评又鼓励的话,说得我无言以对,只好背起背包到延安电影团报到。

可是没有几天,我又产生了一次不小的波动,原因是我们电影团又来了二十几个新战友,是抗大七分校来的,他们是一批大学生,个个精明强干,和我一比,显然比我高出一大截!我想我能和他们在电影工作岗位上共同学习工作吗?我怎么能跟上他们呢?我想:与其将来跟不上被淘汰,还不如自己早点儿下马去做勤杂工!可是又一想:警卫队是回不去了,当勤杂工,电影团也不一定要,再说电影还没有开学,自己先趴下，我也是不甘心，思来想去，还得拼一下。怎么拼呢？老办法，"笨鸟先飞"！

"笨鸟先飞"，就是在大家还没有开课之前，我利用对电影团的熟识，先找马似友、吴本立等老师搞关系，拉家常，先让他们传授我些电影照相知识，以补充我在课堂上的文化知识不足，理解能力不够等。这个办法证明有效；后来证实，在整个业务学习中，我的文化水平是最低的，可我的学习笔记是最好的，受到了同志们的好评，得到了老师们的表扬！

为了更好地让我们学习，电影团领导给我们每人发了半支铅笔和一张白纸，让我们写笔记和学习心得。我非常高兴，你可不能小看这半支铅笔和一张白纸，这在当时的延安可是最珍贵的东西。普通人别说用，就是看也是很难看到的呀！据说这些东西是电影团为培养我们这些未来的电影人，用黄金从国统区偷偷买来的。因此，我们特别珍视这半支铅笔和那张白纸。铅笔用时，不敢用刀削，先在砂石上蹭，再用小刀削尖，写字时尽量轻轻地写，不能折断造成浪费。白纸，我们先把大张裁成小块儿，用线缝成小本子，写字时先找一块桦树皮垫在下面，避免弄破。字要写的小小的，尽量把这张白纸充分利用。电影团领导言明：这半支铅笔和一张白纸来之不易，所以一定要好好爱护，要用到摄影学习毕业。

我极为珍视这张白纸制作的小本子，直到今天我还珍藏着它。

我们的摄影毕业实习也是终生难忘的，电影团领导说明，你们学习是电影摄影，可是由于胶片困难，摄影机就不用了，你们可以用照相机每人拍一张毕业作品，拍一张就是每人可拍一寸胶片，这一寸胶片也不能随便拍，为了充分发挥这一寸胶片的作用。电影团把我们分成三个小队，每个小队十三个人，一队带一架照相机，由老师带领去轮流拍摄，在拍摄过程中，轮到谁持机，谁先找拍摄对象，要用笔记清楚，被摄物体是什么，什么样的光源，多少距离，用的什么光圈、速度，估计将来效果如何，不但持机者记，十三个人都要按照自己的估计记，以便将来照片成果出来大家研究，看谁的估计最正确，把这一寸胶片的效果，变成大家的经验财富！

这一寸胶片留给我们大家的印象极为深刻。不少同志至今还保留着这一寸胶片拍的毕业成果。我们很多的著名摄影师都是从这一寸胶片开始的！

电影团搬家

1945年11月9日，延安电影团正式宣布要搬家，党中央决定延安电影团要全体搬家到东北去，到东北解放区，去接收日本人在我国东北建立的伪满映电影制片厂。开辟新的电影事业，我们都非常高兴。

经过几次动员准备，电影团于1945年11月16日正式离开延安，迈开了奔向东北的第一步。队伍浩浩荡荡地离开我们曾生活战斗了四五年的总政大院。我真有点儿恋恋不舍，可是又没有办法。这是抗战胜利后，党中央要我们迎接新的战斗！这是党中央要我们去发展全新的电影事业。我们只好含着眼泪一步一回头地离开我们的第二故乡——延安。

我们电影团这支队伍，在整个"延安东挺干部纵队"中也是非常突出的。因为我们人数不多，只有五十来人，可是有8个妇女，其中2个孕妇，还有一个三岁、一个两岁的孩子，另外，还有极为宝贵的摄影器材和珍贵的电影、照片资料。除有八九匹骡马外，还有一座全纵队最突出的"驾窝子"。"驾窝子"就是用芦苇席扎成的小房间似的席棚，专为孕妇、孩子坐的，用两匹骡子一前一后驮着走，所以，我们这支队伍行军时很壮观，有步行的，有骑马的，有坐"驾窝子"的，有驮资材和孩子的，一路上有谈笑的，有唱歌的，有哼小曲的，有逗孩子的……那真是：大人闹，孩子叫，牲口撒欢儿，妇女说笑……这哪是行军？简直是欢乐家庭大游行。一天也走不了几十里，这要何时才能到达东北？我们年轻人真有点儿犯愁。

我们这个"东挺干部纵队"是党中央毛主席指定去东北支援东北解放军的，这支队伍是名副其实的干部队、种子队，这个队伍一到东北，会极大地增加东北解放军的力量。因此，蒋介石非常重视这支队伍，他老早就探知了我们的行踪，千方百计地阻挠这支队伍顺利前进，想尽办法阻挡我们前进，阻挡我们去和东北解放军会师！

我们向东北开拔的时候，正是内战刚开始的时候。狡猾的国民党军队表面上为争取和平和毛主席谈判：战况对他有利时，他就向我解放军猛攻；战况对他不利时，他就拉着毛主席谈判。因此，前线是战战停停，我们这个队伍也是走走停停。直到1946年4月27日，这个队伍才刚到山西，准备过阎锡山管辖下的同蒲路时，蒋介石下死命令给阎老西，绝对不能让这支队伍通过同蒲路封锁线！阎老西也吹大话给蒋介石，胡说什么用他亲手培育的十九军和一些地方军，死守同蒲路，别说是大部队，就是一匹马、一头驴也过不了同蒲路。让蒋介石放一百个心！

我们当然不会轻视阎老西的封锁线，做了充分准备，首先是实行详细分工，让一些棒小伙保护电影团，用骡子驮着的机械和宝贵的电影资料，然后分配棒小伙分头保护妇女，特别是孕妇，特殊情况，骡马不能骑时，小伙子背着架着也把孕妇们带过封锁线，最后分配我和张振富负责护送电影团的两个"活宝贝"——团长吴印咸的三岁女儿闹闹和摄影师徐有冰的两岁儿子小炎。电影团领导严正声明：凡是负责护送电影团宝贵资料的同志都要下决心与资料共存亡，绝对不能让资料遭受损失！护送孩子的同志要加上一个更字，孩子是我们电影团的宝贝，是我们的第二代，是我们电影团的希望，你们护送孩子，要下更大的决心，人在孩子在，不管多么紧急的情况，也不能丢掉孩子！为防万一，我和张振富每人都准备了一条五尺长短的棉布袋子，准备万一牲口不能过封锁线时，我们把孩子背在身上，用布带捆紧，背着孩子跑，也得平安通过同蒲铁路。

妇女，特别是孕妇，她们改"驾窝子"为骑马，每人两个棒小伙护送，必要时两个人架一个，也要平安通过，护送器材的同志，更是反复检查骡驮子，以防过铁路时有任何闪失。

其实，我们通过路封锁线，并没有什么难题的出现。我们过路时，太岳军区的两个团和一些民兵大队，已占领了一大段铁路，由他们掩护我们平平安安地就通过了封锁线。不过由于我们过路时并不知道有队伍占领铁路，只是一个劲儿地猛跑，再加上老天爷捣乱，在我们通过封锁线紧急时刻，竟下起了瓢泼大雨，使我们衣湿路滑地过铁路。幸亏我们在通过封锁线前已做了充分准备，领导准备了大批防雨油布，不然后果不堪设想！

我们通过了同蒲路封锁线好久，阎锡山才发现，派兵追赶，可是我们已经到了太岳解放区，他的部队哪还敢前进一步！

不过我们这一夜跑得也很狼狈，心情紧张，雨天路滑，有不少人连鞋子、上衣都跑掉了，光着脚跑了一夜，个个泥头土脸，大口大口地喘气。大概这一辈子再也没有度过这样的夜晚，这可能是我们最难忘怀的一夜！

大运河遇险

整个"东挺干部纵队"，虽然总共只有一千多人，可是，由于有许多高级干部和老人、妇女，随队行走的骡子、马匹就有七八百匹，再加上还有驮孕妇和孩子的"驾窝子"，走起路来浩浩荡荡，队长足有数公里。我们电影团被编为第四中队，正走在纵队的中间，因此不管你是向前看还是向后看，都是看不到头的队伍，非常壮观！

我们这个队伍在突破阎锡山的同蒲铁路封锁后，又翻过了巍巍的太行山，进入了一望无际的华北大平原。此时正值春夏之交，柳绿花红，万里飘香的大好季节。一路走来都是麦浪滚滚，高粱、玉米茁壮成长，绿叶滴翠的景色。尤其是那路边的桃林，更是鲜花吐艳，香气袭人，我们行进在这片醉人的美景中，真是心旷神怡。不少人边走边唱出《我们的祖国好风光》等动人歌曲。有年轻的妇女边走边嬉笑着摘些路边的野花、野草，就是我们护送的两个两三岁孩子也不时喊"叔叔""阿姨"……争着要些野花玩耍，特别是我们给孩子们捉了几只蚂蚱、蜻蜓给孩子们玩时，孩子们那红润的小脸上会闪现出桃花般的璀璨光泽。尤其是从他那稚嫩的小嘴中吐出"谢谢叔叔"的声音时，我们就会立刻感到浑身轻松，心情愉快，会忘记行军的疲劳。

也许是由于我们在这如画大地中行军，也许是由于我们这几天的行军太过于顺利，也许是我们贪玩了，竟放松了警惕，在横跨大运河的木板桥时，差一点遭遇塌天大祸！事情是这样的：1946年6月的一天，我们来到闻名南北的大运河，我们要横跨大运河，横跨大运河的木板桥年久失修，人们又贪恋大运河的景色，有的蹦蹦跳跳的过河，有的在桥上唱起小曲，有的拿起画笔在桥板上留字。和我一起护送孩子的张振富站在桥上把两手比画成取景框状，好像要拍张大运河的照片留作纪念。就在我们兴高采烈要通过大运河时，一块木板突然断裂，桥板一歪，我们驮资材和驮孩子的骡子一下子都掉进了河中。这下子可把我们吓坏了，顿时乱了阵营，人们纷纷跳下河抢捞我们电影团的宝贝。我都不知道是怎么下水的，在水中就只见张振富，人高马大，一把抱过小炎，几步就登上岸去。我站的地方水深过胸，动弹困难，只好双手把闹闹举过头顶，大声叫喊："快救孩子，快救孩子"，也不知是谁的一双大手从我手中抢过孩子就向岸边奔去，我也随之上岸，只听吴本立同志大声叫喊，"快送医院，快送医院"。

也不知道我们哪来的力量，抱着孩子一口气跑到了山东省武城医院，经过几个大夫仔细检查，证实孩子只是受了点儿惊吓，并无大碍，我们才松了口气。

可是护送资材的同志们可就没有那么幸运啊，以马似友同志为首的十几个同志在七手八脚地捞上电影资材时，由于不管是摄像机械还是照片资料都是最怕水的，他们不敢耽误时间，立即铺上棉被，脱下外衣，在运河大堤晾晒，在大堤上整整晾晒了三个日日夜夜。还得感谢老天爷帮忙，在这三个日夜中，白天都是艳阳高照，无雨无风，要是有风有雨，结果就是不堪设想。当他们赶上我们大部队，知道资料都无损失时，我们都高兴得流下了眼泪。

夜闯渤海

我们经过半年多的步行，终于到达了山东省蓬莱县（今蓬莱市）的海边——北王绪村，准备跨海北上去东北了。这几个月来，我们用两条腿走了上千里路，终于有了坐船的机会，大家都十分高兴。

上级决定，今天就要上船过海。大家都高兴得不得了。不过有件事大家异常紧张，这次过海有极大危险：国民党为了堵截这支队伍去东北，不但派了几艘军舰在海上巡逻，而且还请了美国的军舰帮他们封锁渤海海域。为了避免海上危险，领导决定让我们分批化装成难民过海到大连地区。

我们这帮从延安出来的"土八路"突然脱下了灰军装，女同志穿上了旗袍、高跟鞋，连路都不会走了。男同志有的穿上西装、丝绸裤子、牛皮鞋，走路摇摇晃晃的，样子十分可笑。但也没有办法，这是斗争的需要。晚上八九点钟，我们乘两艘渔船出发了。在船上领导再次声明，如果在海上被敌人截住了，都不要惊慌，首先把有明显标志的东西扔掉，再耐心等待领导和他们交涉。大家异口同声地说是回家的难民，要特别注意保护女同志和孩子们的安全，千万别在敌人面前哭闹，如果真的是当了俘虏，也抱定必死的决心，不向敌人泄露机密。大家也表了决心：死也不当俘虏。

在漆黑的夜里，船沿着长山列岛前进。我们大家都是旱鸭子。在海上行进时，海浪大船颠簸得厉害，有不少人都呕吐不止，恨不得一下子飞过海去，总觉得船航行得太慢。半夜里，海上突然起雾，大家都很高兴，以为船在浓雾掩护下可以高速航行，但不知为什么，船却停止不动了。一打听，前方发现有敌人的军舰。我们船上的灯火熄灭了，甲板上睡觉和呕吐的人一律进舱躲避，不准再有人在甲板上活动。大家在这一刻是既紧张又闷热，有人几乎是透不过气来，有人想往海里扔东西，让领导给制止了，说是再等一等。一个小时以后，船的发动机又响了，说明敌舰已过，大家才松了一口气！

我们终于踏上了东北大地。由辽宁省的庄河县（今庄河市）向辽宁省的安东（今丹东市）出发。因为国民党占领了从山海关至沈阳的大片地区，我们要想到东北哈尔滨等解放区，必须通过朝鲜才行。所以我们开始了陆路行军，幸好，现在行军不必再用两条腿跑了，而是坐汽车了。可是谁也没有想到，当离安东还有四十里地时，汽车突然坏啦。需要大家下来推车前进，这下子可麻烦了。天下着大雨，路很滑，大家虽然都是棒小伙儿，但推着这么个大家伙冒雨前进，速度很慢，这时头上还有敌人的飞机扫射，确实是很危险，幸亏碰到了两位好心的军队司机，停车帮我们修好了车，否则真不知道有什么样的后果。

兴山会师——建厂、建团

我们延安电影团同志，到达兴山市曾和前来接收伪满映的同志会师建厂之后，最紧要的任务就是：第一，继续完成建立制片基地的任务；第二，稳定情绪，特别是要稳定那些伪满映留用的中国职员和日本、朝鲜工作技术人员的情绪，让他们发挥主人翁的精神，真心跟中国共产党和他所领导的东北民主联军，参加革命，推翻蒋家王朝，创建新中国！

稳定情绪的最好办法，就是建立青年组织，争取大多数青年跟共产党走，并迅速建成电影制片厂，迅速出片，让广大职工有工作可做！经厂领导研究决定：在东北电影制片厂建立东影青年团，也许是由于我在延安曾经做过青年团的工作，领导决定由我出面组建。我接受任务后，先找到郝凤格、于洋、杨荫萱、傅玉成等同志商议，他们都表示愿意带头参加。后来我们又联系到贡晓飞、张泽英等几十位青年同志，他们都表示要申请参加青年团。同志们积极性很高。于是在1946年冬季，"东影"的第一个青年组织——"东影民主青年联盟"宣告成立。姜云川任书记，郝凤格任组织委员，于洋任宣传委员。后来"东影"又连续举办了第一、第二、第三期电影工作者训练班，青年人迅速增加。青年联盟也逐渐扩大，后又进一步和当时负责合江省青年团的书记——路金栋同志联系。在路金栋同志的主持下，把"东影"的青年联盟改名成为合江省毛泽东青年团东影总支部，由姜云川任书记，郝凤格任副书记，于洋、张书琴、钱仲选、杨凤英、李捷任委员，并由东影团总支、矿务局及医科大学等单位的团总支，组成兴山市全市性青年团的领导机构。路金栋任市委书记，我和其他几个单位团总支负责人任副书记，形成了全市性青年人的组织机构。

"东影"青年团组织诞生后，立即动员全厂青年人积极参加建厂的艰苦劳动。建设厂房，安装机器，建设当时全解放区，甚至是全国最大的电影制作基地！当时，建设这个电影制作基地的任务可不轻松，工程大、时间紧、困难很多。最大的困难就是缺乏建筑材料。这么大的建筑工程，上级没有能力供给建材。再说，在那个战火纷飞的年代，就是有钱也没地方买呀，一切都要靠自己"自力更生"去解决。

幸亏，兴山市离中苏边境不远，当年日本关东军为了防止苏联红军的进攻，曾在兴山市附近修建了不少战备工事。后来日本鬼子一投降，有不少工程没有修完他们就跑了。工地上留有不少建筑材料，我们就组织青年团员、青年工人和年轻的工程技术人员，到边境工事工地去找材料，挖材料，搬材料。找寻材料的工作也是很危险的，因为日本鬼子修的这些工事原是防止苏联红军进攻的。因此，他们在修建工事的同时，建立了好多个地雷爆炸区。弄不好踩响地雷，众多人的生命就有危险。

另外，这里大多数是森林荒地，还常有老虎、狼及熊瞎子等猛兽出没。这增加了搬运建筑材料的危险。我作为一位青年人的领导，又是一个青年共产党员，如果畏缩不前，就会影响别的青年工人勇敢前进。如果蛮干发生大事，也难向厂里交代，更可怕的是耽误了建厂工程。于是，我们一边请部队帮我们扫雷，一边我身先士卒，带头苦干，并团结更多的青年人，带领和鼓动全体年轻人埋头苦干，奋勇前进！为了尽快建好我们电影制片基地——我们要尽一切可能大干、苦干，在紧急建厂的劳动中，有时要冒着大雨搬迁和施工，在东北深秋的大雨中抬石头、扛木料……不管男女老少齐上阵。在雨中干活，每个人都是雨水和汗水流在一起。真是：外面大雨淋湿，里面热汗湿透，西北风一刮，个个都冻得发抖。可是，人们都知道这是为自己干活，再艰苦也没有人退场，也没有人发牢骚，更没有人有任何怨言。

经过将近一年的日日夜夜苦干，我们终于在战火纷飞的年代，在一个偏僻的矿区里，用自己的双手把一大片东倒西歪的矿工宿舍区，改造成整洁一新的职工宿舍区，把污秽不堪的马厩建成明亮的大礼堂，供职工看电影和其他演出娱乐，把一个残垣断壁的日本小学校彻底翻新，改建成电影制片厂的技术厂房和创作基地。一句话，经过广大职工一年的努力，经过数不尽的艰苦劳动，在这荒凉的穷山沟中，建成了一个规模不小的电影制片厂，建成了一座发展人民电影事业的可靠基地！

结　语

我在前言中说过，我是"延安电影团"这棵参天巨树上的一根细小的枝条。不过，我可是一根非常幸运的枝条，"延安电影团"的老前辈把我一个普通的战士培养成了一个能够独立工作的编导：我为国家编导了很有意义的几十部长短纪录片，有些影片还得了国内外的奖励。他们还长时间把我放在能接触群众、亲近群众的行政岗位上：从老"东影"的团委书记、电影训练班的指导员、长春电影制片厂的剪辑科长、北京电影制片厂的创作科长，直到中央新闻纪录电影厂的主编和副总编辑。我除做了一些工作外，最重要的是结交了许多朋友，有些朋友真是情深义浓。几十年来，虽身隔千里，还是常有来往！

特别是在任中央新闻纪录片主编和副总编期间，我更是和新老朋友，摸爬滚打几十年，拍摄了长短纪录片不下千部。把这些纪录片串联起来看，简直就是党中央国务院创建新中国的历史画卷。此外，还为国家留下了不少的电影资料，这些资料，不管您从哪个角度看，都是无价之宝！

当然，我说这些历史，不是想说我个人如何如何，是想说明：我非常感谢延安电影团老前辈对我精心培养，感谢所有培养帮助过我的人，因此我永远也不会忘记延安电影团的老前辈，永远也不会忘记我的电影摇篮——延安电影团。

从延安到兴山
——电影团搬家日记

也就是在中国电影正规大发展的前期。1945年的9月20日左右,我被调入"延安电影团"工作。从此,我走上了电影大发展的道路。我成了中国电影战线的一名新兵!

我从事电影工作的道路,也不是一帆风顺的。这里从我写的几篇日记,就可以看出个大概!

第一篇

1945年　10月1日　星期一　晴

我来到电影团已经十几天了,情绪还一直没有平复下来。因为,听说电影团要"大搬家",也要大发展,领导要我们尽快到东北去。去准备接收"伪满映"[①]。听说日本人在东北地区建成的"满洲映画制片公司"是亚洲最大的电影制片厂。如果接收归我们所有,真是天大的财富、天大的喜事。

第二篇

1945年　10月10日　星期三　阴

今天电影团又迎来了一大批抗大七分校的同志,有二十多位。他们都是有文化的年轻同志,是我们电影事业发展的主力。一方面增加了新生力量,我很高兴;另一方面想想我和他们的差距,又有些忧虑。搞电

---

① 伪满时期株式会社满洲映画协会,简称"伪满映"。

影艺术需要有丰富的知识底蕴，若不想被历史淘汰，就需要我加倍地努力才行！可是……

第三篇

1945年　11月9日　星期五　晴

今天电影团召开全体大会，正式宣布了"大搬家"开赴东北的决定。大家都异常兴奋，好像看到了光明的前程！

第四篇

1945年　11月16日　星期五　晴

今天我们终于迈开了从延安到东北的第一步。队伍浩浩荡荡地离开了我曾生活战斗了四五年的总政大院。我真有点儿不舍。可是没有办法，这是去迎接新的战斗，这是我们去发展全新的电影事业！我只好含着眼泪离开我第二个故乡——延安。

第五篇

1945年　11月22日　星期四　阴

我们这个队伍已在路上走了五六天了，可并没有走多远。一打听才走了不到二百里路。原因是我们这个队伍很特别，不但有好几匹驮有物资的马，而且还有驮着孩子和孕妇的"驾窝子"。队伍很壮观。一路上有人唱小曲，有人逗孩子。一路上喊声、笑声，有时还有孩子的哭声。这哪里像军队的行军？简直就是欢乐家庭的大游行！行军速度很慢，一天也走不了几十里路。

第六篇

1945年　11月23日　星期五　小雨

今天不简单，我们这个队伍，冒着小雨竟然走了约五十里路。到达了我们行军路上的第一个大站——绥德城。绥德是陕甘宁地区的较大城镇，是个很有历史意义的古城。秦始皇的大儿子扶苏就死在这里。至今绥德还有个景点扶苏墓。绥德的街道很整齐，大青石板铺路，商家也不少，是个繁华的城镇。领导决定在这里休息几天再走。我很高兴，这给我提供了极好的学习机会。

第七篇

1945年　12月7日　星期五　阴

到绥德已有半个月了！大部队还没有向前走的意思。原因是国民党部队占领了我们的必经之路——河北省的重镇山海关。据说我们要在绥德待命。好，待命。我们能有更好的学习机会……

第八篇

1945年　12月25日　星期二　晴

快过年了，部队还没有行动的消息。同志们都等得不耐烦了。也有的同志讲起了怪话，说："前方打仗那么需要人，我们这么个上千人的干部大部队，却坐在这里干吃不动了！真不好意思！"——可就是没有办法，军人嘛，就得听命令。

第九篇

1945年　12月28日　星期五　阴天大风

快过年了，我们还没有要走的意思，领导让组织秧歌宣传队。一方面活跃过年的欢乐气氛，另一方面也可以紧密军民关系。这是件大好事。我们都积极参加活动，争取做出更大贡献。

第十篇

1946年　1月12日　星期六　晴

我们的秧歌队在绥德街头进行了多次表演,也进过绥德地委大院。跳的秧歌和演的小戏《军民互助》都受到了热烈欢迎。老乡们端出了花生、大枣慰问我们,我们也很感动。绥德老乡和领导对我们真好!

第十一篇

1946年 2月18日 星期一 天阴有风

前方的战事很复杂,领导估计大部队近期行动的可能性不大,于是决定开展业务学习。这是我们老早就向往的,干什么就得学什么呀!

业务学习就是开始学习"电影知识"和"照相技术"。电影团团长吴印咸同志给我们上电影知识课。吴印咸同志是我国有名的摄影师。他在上海明星影片公司工作时就拍摄过好几部进步电影,如《八百壮士》和《马路天使》等。团里的另一位摄影师吴本立给我们讲"拍照片的技术",我们都很高兴。

使我更高兴的是,今天团里给我们每个人发了半支铅笔和一张油光纸,让大家写笔记和学习心得。

可别小看这半支铅笔和一张油光纸,这在陕甘宁边区及延安,可是极宝贵的东西。别说使用了,就连看见也是难得的。据说这些东西是领导为了培养我们这些未来的电影人才,特意用黄金从国统区偷偷买来的。我们非常爱惜它。铅笔不敢用刀削,用时先在石头上磨。纸是裁成小块用线缝成小本子,有的还要加个布封面。写字时先用桦树皮垫在底下才敢写字。写的字是小小的,一张纸要用到整个学习班结束。我们每个人像爱惜眼睛一样,爱护着这半支铅笔和那一张纸做成的小本子。

第十二篇

1946年 2月20日 星期三 天阴小雨

今天正式开学,上午吴印咸团长给我们讲了"电影发展概况",让我们对电影有了个初步的认识。下午吴本立摄影师给我们上技术课,台上摆了一台摄影机和两架照相机，言明：只准看，不许摸。因为，这都是电影团极宝贵的家底，是全解放军仅有的几件珍贵电影资财。

第十三篇

1946年　3月1日　星期五　晴

从今天起，领导让我们去实习，讲明：由于获得胶片极为困难，摄影机不能使用。每个人只能用照相机拍摄一格，作为毕业作品。我们共分成三个小组，每组十几个人带一架照相机，限三天实习完毕。慎重起见，每个人可自选拍摄物体。大家讨论和做笔记：什么是被摄物？什么时间？光线如何？自己是根据什么选择光圈、速度、采光等。拍完后洗出照片，再集体评定：看谁的估计最准确，再把个人的感受变成大家的财富。

第十四篇

1946年　3月20日　星期三　晴

我们终于盼到了向东北开拔的日期。领导决定：四月三日出发，各单位都要做好准备。这次行军，非比寻常，这次要经过敌人的封锁线，很可能要发生战斗。我们必须轻装前进！

第十五篇

1946年　4月26日　星期五　天阴有雨

今天，我们真的要通过敌人的封锁线了，我们这支浩浩荡荡的队伍，据说从延安一出发就让敌人知道了。蒋介石下死命令给当地的军阀阎锡山，让他一定想办法把这支队伍堵在同蒲铁路西边，不能让我们到东北去。因为这支队伍中有半个党中央的领导，而且是个名副其实的"干部支队"。这支队伍到了东北，会极大增加东北人民解放军对抗蒋介石掠夺东北胜利果实的有生力量。因此阎锡山调动了好几个旅的力量死守同蒲铁路，但他们就是不知道我们从什么地方过。

我们在过封锁线前，做了极周密的准备，把电影团的资财装在铁箱内，由人抬改为马驮。孩子和孕妇，也由坐"驾窝子"改为乘骡子或骑马，并派几个棒小伙子协助他们过铁路，保证他们的安全。我们是冒雨从山西平遥古城下通过的，用急行军的速度从阎锡山大部队的眼皮子底下通过。这大出阎锡山的部队所料。因为他们怎么也想不到：这支部队敢在他们的心脏地区通过。我们冒雨一口气跑了将近一百多里路。等敌人发现并派兵追赶时，我们已经到了自己的安全地带——解放区。

不过，我们这一夜也跑得相当狼狈。冒着雨穿行在敌人的探照灯下，个个都被淋成了落汤鸡。有的人跑掉了鞋子，光着脚跑了几十里，有的人丢掉了上衣，泥头土脸地追赶队伍，有的人恐怕这一辈子都没有这样的经历，值得大家牢记！

第十六篇

1946年　7月17日　星期三　晴

我们经过半年多的步行，终于到达了山东省蓬莱县（今蓬莱市）的海边——北王绪村，准备跨海北上去东北。这几个月来，我们用两条腿走了上千里路，终于有了坐船北上的机会，大家都十分高兴。

第十七篇

1946年　7月19日　星期五　阴

上级决定，今天就要上船过海，大家都兴奋得不得了，不过有件事也使大家异常紧张。那就是这次过海有极大危险：国民党蒋介石为了堵截这支队伍去东北，不但派了几艘军舰在海面巡逻，而且还请了美国的军舰帮助他们封锁渤海海域。为了躲避海上危险，领导决定让我们分批化装成难民过海到大连地区。

我们这帮从延安出来的"土八路"突然脱下了灰军装，女同志穿上了旗袍、高跟鞋，连路都不会走了；男同志有的穿上西装、丝绸褂子、牛皮鞋，走路摇摇晃晃的，样子十分可笑。但也没有办法，这是斗争的需要。晚上八九点钟，我们乘的两艘渔船出发了。在船上领导再次声明，如果在海上被敌人截住了，都不要惊慌，首先把有明显标志的东西扔掉，再耐心等待领导和他们交涉。大家要异口同声地说是回家的难民；要特别注意保护女同志和孩子们的安全，千万别在敌人面前哭闹；如果真的当了俘虏，也要抱定必死的决心，不向敌人泄露机密。大家也表了决心：死也不当俘虏。

在漆黑的夜里，船沿着长山列岛前进。我们大家都是旱鸭子，秀才兵。在海上行进时，海浪大，船颠簸得厉害，有不少人都呕吐不止，恨不得一下子飞过海去，总觉得船航行得太慢。半夜里，海上突现浓雾，大家都很高兴，以为船在浓雾掩护下可以高速航行，但不知为什么，船却停止不动了。一打听，前方发现有敌人的军舰。我们的船上的灯火熄灭了，甲板上睡觉和呕吐的人一律进舱躲避。不准再有人在甲板上活动。大家在这一刻是既紧张，又闷热。有人几乎是透不过气来，有人想往海里扔东西，让领导给制止了，说是再等一等。一个小时以后，船的发动机又响了，说明敌舰已过，大家才松了一口气！

第十八篇

1946年　7月25日　星期四　天阴有雨

我们终于踏上了东北大地。由辽宁省的庄河县（今庄河市）向辽宁省的安东（现称丹东）市出发。因为国民党占领了从山海关至沈阳的大片地区，我们要想到东北哈尔滨等解放区，必须绕道朝鲜才行。所以我们又开始了陆路行军。幸好，现在行军不必再用两条腿跑啦，而是坐汽车了。可是咋也没有想到，当离安东还有四十里地时，汽车突然坏啦。要大家下来推车前进，这下子可麻烦了。天下着大雨，路很泥泞，大家虽然都是棒小伙儿，但推着这么个大家伙冒雨前进，速度很慢，这时头上还有敌人的飞机扫射，确实很是危险，幸亏碰到了两位好心的军队司机，停车帮我们修好了车，否则真不知有什么样的后果。

第十九篇

1946年　8月24日　星期六　晴

经过千辛万苦，我们终于到达了东北解放区的首府——哈尔滨市，受到了东北解放军的最高领导——彭真、林彪、罗荣桓等首长的热烈欢迎。我们除瞻仰了市容之外，还在这里观看了伪满映拍摄的故事片《百花亭》，大家都很高兴。

第二十篇

1946年　8月27日　星期二　阴

又坐了三天三夜的火车，我们到达了这次行军的目的地——合江省兴山市，结束了近九个月的长征。我们一下火车，就看到了先期到达并接受了伪满映大批资材的舒群、袁牧之、陈波儿、田方、钱筱璋等同志。这些同志是从日本人手中接收大批电影资材，又冲破国民党的严密封锁把它们运到了兴山市的功臣。我们受到了他们的欢迎，我们也从心底感谢他们！

第二十一篇

1946年　8月28日　星期三　阴

从哈尔滨来兴山的路上，听说兴山是个偏僻的边境小城，地处山沟，人口很少，开始大家很不明白，为什么把电影基地建立在这个偏僻荒凉的地方。可是到了兴山一看，大家都明白了领导上的用意。第一，这里背靠苏联，是个很安全的地方；第二，这里是矿区，有煤、有电、有水、有住房、有场地，环境好，有资材，再有了大批革命干部，确实是个有发展的好地方。

第二十二篇

1946年　10月1日　星期二　晴

今天召开了全体人员的联欢大会，宣布了东北电影公司的成立。原伪满映的日本员工、朝鲜员工、中国员工以及从各个解放区来的人，分别站成两排，由临时领导舒群同志简短介绍，并互相行礼，鼓掌握手。晚上会餐后还演了不少的节目。解放区来的代表——郝凤格同志演唱了陕北民歌。电影团的老领导袁牧之同志唱了"拉洋片"。还有不少人都表演了民族歌舞节目。大家唱京剧、讲笑话，欢乐气氛很浓。我感到这是一次国际情感融洽交流的大会，也是一次我们解放军电影工作者的誓师大会。

从我的这些日记片段中，可以看出我们走向革命电影事业的道路是艰辛的，同时也是愉快的。多少艰难险阻，都被我们以勇敢的精神和付出过多的努力所突破。

在建厂的同时，经领导批准，我们还招考了大批进步青年人进厂，大大充实了发展电影事业的基础。

我们的制片厂建成啦，创作队伍也得到了很大充实。正当人民电影制片工作就要开始，正当大家鼓足干劲摩拳擦掌，准备大干一场的时候，发生了一件事情，差一点儿使发展电影事业的愿望遭受挫折，险些使人们发展人民电影事业的愿望付之东流！

事情是这样的：当我们厂房建成，队伍也得到了充实，可人们的思想还没有完全稳定的时候，有一大帮土匪，号称有两千多人，来到了兴山市的郊区，并正式送信给制片厂和兴山市，扬言已包围了兴山，限五天内东影厂送三百套棉衣、五千斤粮食给他们（向兴山政府要得更多），否则就血洗兴山，一切后果要"东影"和兴山市领导负责！

当时，兴山市的正规武装只有一百多人，连兴山市、"东影"、医科大学、矿务局等的警卫队全部加起来也只有五百多人。而且，这个队伍中，真正上前线打过仗的人更少。情况紧急，当时曾有不少人主张和平解决。甚至有人主张脱裤子给土匪送去，说是省得这些土匪冲进城来滥杀无辜！

我和我们厂的一些年轻同志都说：我们无论如何也咽不下这口气。堂堂的解放军战士和革命青年，怎么能让一帮土匪吓住！于是我们当天晚上就把巡逻东影厂的青年团员二三百人武装起来，进行自保。然后联络医科大学和矿务局的青年组织组成兴山市青年联合民兵组织。在市委和市公安局的领导下，仅两天就组成了两千多人的武装队伍。我们一方面武装自保，一方面紧急汇报给合江省委和军区，请求组织上派部队支援。经了解：土匪只有五六百人，且大多是一些老猎户，用的是打狼和抓熊瞎子的土枪、土炮，没有什么战斗力，料他们也不敢贸然进攻。于是，我们在市委和市公安局的领导下，组织了一次兴山青年武装抗匪大游行，我当时是兴山市的团委副书记，兴山青年总队的副总指挥。近两千多人的青年队伍，排着整齐队形，喊着雄壮的口号，迈着坚定的步伐，雄赳赳、气昂昂地勇猛前进。我当时是这次武装抗匪大游行的副总指挥，负责带领群众行进和喊口号、壮军威！我一路高喊："坚决保卫兴山！""坚决粉碎土匪的围攻！""彻底消灭土匪！""打倒蒋介石！""毛主席万岁！"。雄壮的口号声震荡着兴山市的大街小巷，不少市民看到这支雄壮而年轻的队伍，心情非常激动。不少年轻的市民，也都自愿地加入了我们的游行队伍。

参加这次抗匪大游行的队伍中，还有不少女同志，她们大多是十七八岁，她们有苗条的身材、健壮的体魄、俊美的脸庞、白皙而红润的皮肤，再加上得体的绿军装，腰挎手榴弹，手端马步枪，雄赳赳、气昂昂地和雄壮的男孩们一起迈着坚定的步伐前进。

这次大游行后的第二天，解放军的大队人马就来到了兴山，大约有两三千人，全部是现代化武装。有战车、有大炮，这些解放军一到，兴山市民的军心更加稳定，土匪不但不敢再来骚扰市民，再想找他们都找不到啦。到此，我们保卫兴山、稳定市民民心的任务也胜利完成了。兴山市领导和解放军召开了盛大的联欢晚会。在会上我们互相祝贺，互祝胜利！

1947年下半年，我们东北解放区已开始大举反击国民党军，形势已开始了逆转。我们解放军已开始全力反击国民党军，我军向敌占区猛进，国民党军则步步败退！我军和国民党军的战斗越打越大，胜利接着胜利！报道胜利的标题，越登越大，人们想看到胜利场景的愿望也越来越迫切。可是，我们电影制片厂在兴山聚集了好几百人的队伍，还是拿不出影片来，群众对电影厂很不满意。有的写信向上级反映，要求把电影厂改成几个文工团，上前线或土改后方，去为战争服务。有的干脆在制片厂的大门前示威大喊："制片厂不出片，不能光在后方吃干饭！"有的说得更难听，说什么："制片厂不出片，不去前方就滚蛋！"

战争形势发展得越快，广大群众看不到电影的报道，就对电影制片厂越来越不满意，甚至还发生了伤病员大闹东影礼堂，阻止东影厂职工看电影的事情。

电影厂领导也深知在大好形势下的艰辛任务，早早地就抽调了大批摄制人员，不管是中国人、日本人、朝鲜人，也不管是老区的、新来的，还是新近参加的，凡是能拿摄影机的，都上前线和后方抢拍前方的胜利、后方土改和我军剿匪的巨大成果。不久，就有大批电影素材，寄回厂里。厂决定先用《民主东北》新闻简报形式，先行报道和观众见面，然后再出小型和大型纪录片，集中报道一个或几个伟大胜利的战况。我编辑的东北电影制片厂第一个长纪录片《解放东北的最后战役》，就是东影厂甚至是全解放军的第一部大型军事纪录片。这部纪录片，集中介绍了以伟大的辽沈战役为中心的我东北解放区内最后一个巨大战役。这个战役，全歼了蒋介石在东北地区的上百万的武装力量，宣布了我东北解放军的全区解放，吹响了我东北解放向关内进军的号角！

这部影片的意义是巨大的。但它对我们"东影"来说，损失也是不小。为拍此片，我们有三位优秀的摄影师牺牲在战场上。还有几位同志为此片把鲜血流在战斗的岗位上。在编辑此片的过程中，我的心情是沉重的，我们的工作条件也是极端艰苦的，当时担任剪接工作的张晶波同志写的一篇回忆当年剪接此片的文章，就可见当时工作情况的一般。(详见本书附录部分。)

回忆"东影"青年团

前几天北影厂的于洋同志来电话说，中国电影资料馆向他询问当年东北电影制片厂建立青年团的情况。因为我是当年东北电影制片厂青年团的总支书记，也知道当年的青年团确实是起到了党的助手作用。后来我们（新影）厂里许多业务骨干，几乎全是通过青年团的推荐介绍而成为党的骨干人才的。东北电影制片厂青年团，不仅是东北电影制片厂的第一个青年组织，也是专业电影、电视系统的第一个青年组织。

几十年过去了，"东影"青年团的往事仍记忆犹新。

"东影"到兴山以后，由于所处战争环境，各方面条件都非常艰苦。再加上人员来自四面八方，思想问题也就暴露了出来。当时有人不安心在那里工作，有人惧怕那里的艰苦，有人为在国民党统治区的家属而担心，有人感到在那个山沟里无用武之地。所以，有的说怪话，有的发牢骚，有的散布消极情绪。"东影"党总支领导袁牧之、田方、陈波儿等同志分析了这些情况后，认为要加强全体职工的思想工作，首先要加强青年人的思想工作，因此，决定组建"东影"青年团。

也许因为我在延安八路军总政治部当过青年队长的缘故，领导便把建立"东影"青年团的任务交给了我。我接受任务后，先找到郝凤格、于延江（即于洋）、杨荫萱、傅玉成等同志商量。他们积极性很高，表示要坚决加入青年团。我们又联系了贡晓飞、张泽英等同志，于1946年冬建立了"东影"第一个青年组织——东影民主青年联盟，由我任书记，郝凤格任组织委员，于延江任宣教委员。后来由于"东影"第一、第二期训练班学员结业，"东影"民主青年联盟的成员也逐渐增加。到1947年下半年，在当时合江省团委书记路金栋同志主持下，东影民主青年联盟改名为毛泽东思想青年团东影总支部。我任总支部书记，郝凤格任副书记，于延江、张书琴、钱仲选、杨凤英、李捷任委员，"东影"团总支联合矿务局、东北医科大学等单位的团总支，组成兴山市团委。

"东影"团组织诞生后，就积极动员和带领全厂青年参加建设厂房的艰苦劳动。修建厂房缺乏钢管水泥，"东影"青年团就组织带领团员和青年，冒风雨，越雷区，到边境日本人遗留的工事或仓库里寻找和搬运这些建筑材料。一次，在往厂内运送钢管水泥时，汽车陷入泥潭，大家立即跳下车，顶着风雨，一起把车推了上来。大家虽然弄得满身满脸泥水，心里却无比愉快。这个场面，至今我还记得很清楚。

"东影"青年团进行的第二项工作，就是动员"东影"的青年组织起来，建立"东影"警卫队。由于当时驻在厂内的警卫战士不多，有些该有警卫的地方不能派岗，如修理科、仓库等地方，都由青年警卫队担任警卫。郝凤格、于延江、钱仲选等许多同志都参加了这项工作。

"东影"青年团开展的第三项工作，是为活跃职工生活组织俱乐部。当时的俱乐部是分片组织的，如我所在的艺术处，就有一个独立的俱乐部，由我、赵双、隋凤英、张书琴、李志等人组成。俱乐部的主要工作是定期组织文娱晚会、体育比赛、郊游和出版墙报。墙报是职工思想的园地，当时有人说墙报是职工政治生活的眼睛，有人说它是思想"争鸣园地"。总之，它在指导职工思想工作方面起到了积极的作用。

六十多年过去了，这些都使我很难忘怀，故简要记之。

编辑《东北三年解放战争》与调回北京

由于《解放东北的最后战役》获得了巨大成功，东北电影制片厂的领导，立即决定由我任编辑，在这部片子的基础上，用最短的时间再编辑一部更加全面，政治性、艺术性更强的长纪录片，片名是《东北三年解放战争》。在这部片子里，要特别强调：我东北军民，如何在党的领导下，高举正义战争的红旗，以精湛的战斗艺术，紧紧依靠广大人民，逐渐由弱变强，最后全歼了由美帝国主义直接武装起来的百万国民党军，解放了东北全境。要突出展现：东北全境解放，国民党军在东北的彻底垮台，与蒋家王朝覆灭敲响了丧钟，为中国人民彻底解放吹响了胜利进军的号角！

由于当时战争形势发展很快，1948年下半年到1949年的上半年，华北地区的大城市——天津、太原、济南、张家口，相继解放，孤城北平也在和平谈判。中国的电影事业发展极快，"东影"的领导——袁牧之、田方、钱筱璋等也先后进关开始领导全国电影事业，他们来时几乎把在东北培训的干部全部调入了关内。编辑《东北三年解放战争》的任务，就落在了我和张晶波同志的身上，后来因为"东北电影制片厂"又由兴山搬回长春，耽误了一些时间。可编辑《东北三年解放战争》影片的任务，不能延长，于是，领导决定我们用最短的时间、最快的速度，突击编辑此片。而且，要求此片在政论上、艺术性、技术性等方面还要达到最好程度！我们没有别的办法，只好用突击任务的办法来完成此片，突击任务就是全厂各部分都动员起来，一切工作都给此片让路。我和张晶波同志则全身心地编辑此片，不分昼夜地苦干，先是找敌伪拍摄的影片资料，因为我们知道，在解放战争的关键时刻，美帝国主义给了蒋介石最精良的武器，而且，还从空中、海上帮蒋介石运送校将军队到东北，蒋介石也曾几次来东北督战、换将，宋美龄也几次来东北劳军打气，无奈这些都没有挽回国民党军全部灭亡的命运！

我们为找寻这些极有说服力的敌伪材料，前后费了一个多月的时间。在找寻材料的过程中，我们还创作了"快速找料法"，这个"快速找料法"真是既简单又实用。办法是：我们先在放映机旁安一个铃，再拉一条线给看片室，我们如发现可用材料就马上按铃，放映同志就在铃响部分加一张纸条，这样在我再找材料时就用不着找整本片子了，只在加纸条的部分找即可，这样就省去了我们不少时间，加快了工作速度！

突击任务的办法，确实发生了实效，我们用了不到三个月的时间，就完成了《东北三年解放战争》的编辑任务，而且，获得了厂内外一致好评！

《东北三年解放战争》完成后，我和张晶波同志接到了北平的调令：命我们带着《东北三年解放战争》的影片拷贝，及全部有关影片资料于1949年9月前到北平。我们为对今后电影事业大发展有利，又用了将近十天的时间，从原来东影的资料库中，精选了很多有用的资料，足足装满了一辆四轮大卡车，运回了北京。从后来出的影片看，这些资料起到了不小的作用。我和张晶波同志于1949年9月26日到了北平，我被任命为老"北影"的创作科长兼纪录片的编辑编导，张晶波被任命剪辑工作间第一副主任兼剪辑技师。从那以后，我们又合作编辑，编导了长纪录片《普天同庆》《红旗漫卷西风》《大西南凯歌》《欢乐的新疆》《永远年轻》《伟大的土地改革》，以及重点短片《朝鲜西线大捷》和《中苏友好条约签字》等。

我和张晶波同志长期合作，日久天长，产生了生活感情，获领导批准，我们于1950年2月16日在北京结婚，厂领导还为我们举办了隆重的婚礼！

也许是因为我拍摄了大型纪录片《伟大的土地改革》的缘故，1954年厂决定和苏联合作拍摄两部大型纪录片《苏联农业机械化》和《苏联集体农庄生活》为中国农业大发展做借鉴。厂决定由我任编导，去和苏联编导合作拍摄此片，同去的还有老摄影师程默、诗人郭小川、农学家丁景才和湖北省农林厅长梅白同志等。

追忆新闻特号《朝鲜西线大捷》

看了我厂出版的《纪录影视》2005年第4期发表的鲁明同志的《一部被忽略的影片〈朝鲜西线大捷〉》文章后，使我非常震撼！我震惊的不是鲁明同志的文章写得多么精练巧妙，也不是他对影片评论的深刻细腻，而是他对新闻纪录电影事业的一贯忠贞执着的情感。

鲁明同志是我厂新闻纪录电影队伍中的一位老战友。他为新闻纪录电影事业，曾穿枪林冒弹雨，拍过不少珍贵的电影和素材。他对新闻纪录电影事业有深厚感情是可以理解的。但他早已离开了我们这支队伍，并已成为科教电影制片厂的一位主要负责人。按常理说：他已是年近八旬的老同志，早该把主要精力运用到自身保健及对中国科学教育电影事业上。可是，鲁明同志依然把不少的精力用在了关心新闻纪录电影事业上，可见他对新闻纪录电影情有独钟。我不但经常看到他为我厂的新作写文章评论推荐，而且，他还把已尘封多年，连我这个编辑都已淡忘的纪录短片《朝鲜西线大捷》翻箱倒柜地折腾出来。他像发现珍珠一样，拂去它表面的灰尘，让它重新放射出璀璨的光辉。为了重新认识此片的价值，他不辞辛劳地找根据、翻资料，甚至连老电影家孙明经先生的临终遗言都能找来，用孙老先生临终对《朝鲜西线大捷》的评价，衬托出《朝鲜西线大捷》的动人事迹。在这里我对鲁明同志为推荐一部已被人淡忘的影片而下的苦功、耗费的精力，表示非常感动和深深的感谢。

是的，《朝鲜西线大捷》确实是一部不平凡的纪录短片。在鲁明同志文章的震撼下，我重新追忆了这部短片的编辑经过，并把当年我的记事本翻腾出来，发现不仅我编辑了《朝鲜西线大捷》特一号，而且还有一部《朝鲜西线大捷》的特二号。这两部纪录短片,为什么会有如此强大的震撼力?因为当时我们中国人民志愿军和朝鲜人民军对抗的不是普通的侵略者,而是在美国有常胜将军之称的麦克阿瑟和他所率领的包括有无敌之称的美国最强力的骑兵一师、二师在内的所谓联合国几十万武装到牙齿的侵略军。他们气势汹汹,迅速地占领了朝鲜的大片领土。美国倚仗着有现代化武装,耀武扬威,简直不可一世,他们还把战火烧到了鸭绿江边——我们的大门口。麦克阿瑟还扬言:"中国那些土八路,不堪一击。如果他们胆敢过江来援助朝鲜,那我就领着我的孩子们到中国的沈阳去过圣诞节!"真是狂妄至极。

当年美国总统杜鲁门怕麦克阿瑟招来大祸,急电召麦克阿瑟回国,换上对中国多少有些了解的李奇微将军来坐镇朝鲜。这个李奇微,在抗日战争时期曾当过蒋介石的军事顾问,他曾派军事观察组常驻过延安,并曾建议蒋介石武装八路军和新四军,使他们成为坚强的抗战力量。蒋介石一心想消灭中国共产党和它所领导的军队,对李奇微的建议不但不接受,还解除了李奇微将军的顾问职务。可以说李奇微将军对我们中国军队还是多少有些了解的。他一到朝鲜就发现了麦克阿瑟的轻敌冒进,立即下令全军后撤,可是已经来不及了。中国人民志愿军在彭德怀总司令的指挥下,早已把侵朝的敌军五六万人装进了他所设置的口袋阵。美军稍有行动,彭总就一声令下,万炮齐鸣。炮弹以排山倒海之势落在了敌军的头上。一下子就把所谓的联合国军,包括美军的无敌骑兵一师、二师打傻啦。他们乱了阵脚,不知所措。我军接着穿插包围,分片歼灭。敌人被打得傻到了什么程度?说来可笑,他们当了俘虏后,还不相信中朝军队会有如此猛烈的炮火。

我军有一位卫生员,想去一个土洞中方便一下,听洞内有讲英语的声音。他随身只带有两颗手榴弹,他把一颗手榴弹扔进洞中,然后用英语喊话,让敌军出来投降。七个美国兵乖乖地双手举着武器当了俘虏。经清点,七个美国兵中,居然还有一个是美国王牌军的上校。

我们还有一个班长带四个战士，俘虏一个美军连的故事。那是在战争尾声时刻，有一个美军的连队一百多人，想依山抵抗。我军班长和战士先向他们扔了几个爆破筒。敌军不知道这是什么武器，大概把爆破筒想象成了原子武器，可把他们吓坏了。当我们的班长一个人跳进他们的阵地，高举爆破筒命令他们投降时，他们一百多人的连队，竟在连长的指挥下全部放下武器，排着整齐的队列，当了我们的俘虏。

还有一个阵地，大概是美军师一级的指挥部，防务比较坚固。我军从正面攻了一下，没有攻上去，就迂回到敌人后方包围，把机枪、火炮都架在了敌人的脖子上。敌军没有了顽抗的勇气，派出个神父与我军交涉，要求让他们做完祈祷后再投降。我军的干部战士，根本就不相信美国的上帝，连神父一起都押进了我们的俘虏营。

这一仗打下来，我们不但消灭了包括美国王牌军号称天下无敌的美国骑兵师在内的三万六千多人，解放了朝鲜的全部领土。把敌人一下子就赶过了"三八线"，而且俘虏了大批敌人，缴获了无数美国的、英国的、土耳其的、澳大利亚的先进武器。从摄影师们拍摄的画面上看，有两个"看不到头"。第一是美国及其联合国军丢弃在公路上、田地里的火炮、坦克及各种车辆，一眼看不到头。第二个是俘虏的敌人不管是白人或是黑人，高级军官或是普通战士，排着整齐的队列走在公路上的队伍也是一眼看不到头！总之，这一仗下来，使美国军队不可战胜的神话彻底破灭。

以上内容，绝大部分都被我们的摄影师刘德源、石益民、牟森等同志摄入了镜头，给全中国和全世界被欺压的人民留下了扬眉吐气的真实记录。

为了把这个振奋人心的重大新闻生动地告诉世界，厂领导决定用最快的速度，突击出《朝鲜西线大捷》的特一号和特二号，并把编辑的任务，落在了我的肩上。开始我曾建议采用《中苏友好条约签字》一片的做法，先用底片编辑，然后再印样片录音制作，那样估计有五天的时间就可出片。厂领导坚决反对我的建议，说《中苏友好条约签字》只有短短的一本，而那个资料出品后不知何年何月才会再用；而《朝鲜西线大捷》不同，特辑编完后要立即制作《抗美援朝》长片，一旦底片剪断或擦伤，那将是无法弥补的损失。我们服从了领导，便以突击精神按正常工序完成了此片。就是洗印部门把冲洗出的底片一干就接着印样片，样片一到剪接科，我们就不分白天黑夜地进行编辑工作。在编辑样片的同时，音乐、效果、录音等也全部启动，各自做好准备，流水作业。连厂领导也都及时赶到放映室审查，绝对不会耽误时间。就这样大约经过十天左右，《朝鲜西线大捷》特一号制作完成。大约是五天之后，《朝鲜西线大捷》特二号也和观众见面了。这两部纪录短片上映之后，正像鲁明同志所说的，引起了国内外的极大轰动！中朝人民到处欢呼歌舞。

参与拍摄《苏联农业机械化》《苏联集体农庄生活》

1954年8月，我奉命去苏联，和莫斯科新闻文献电影制片厂的同志合拍《苏联农业机械化》和《苏联集体农庄生活》两部影片。准备给中国农业集体化发展做借鉴。和我同去的有老摄影师程默、著名诗人郭小川、农业学家丁景才和湖北农林厅副厅长梅白同志。

我们在苏联将近半年，这半年多的时间内，我们碰到的事情很多，不能一一记述，现摘录几篇日记，如下：

8月1日　星期日　晴　北京火车站

站台上的铃声响过，列车已发出怒吼，好像向人们宣告："再见吧，祖国的首都！"

人们握手，挥手，拥吻。

儿子哭啦，他搂着我的脖子不放，哭着要我也带他去莫斯科。晶波转过脸去，但很快又转过脸来，刚毅地说："儿子，放开爸爸，爸爸是出差工作，爸爸回来给买个小汽车玩。好孩子，让爸爸走。"她说得坚决，可我内心知道她也很苦……她非常刚毅地对我说："好，走吧，注意身体。多学点儿东西回来，我们等你！"其实，最近几天，她已多次说过这样的话。鼓励我勇敢地去工作、去学习。初次出国，国外无小事，靠自己管自己，学习好、工作好、身体好地回来！我对她也一样："放心吧！我会胜利回来的。"

其他人也在难舍难离地告别……

列车在长笛声中开始挪动它那巨大的身躯。我们忙推开亲人，跳上列车，向亲人们挥手示意："再见吧，亲爱的，再见吧，北京！"

8月2日　星期一　晴　火车上

列车狂奔着，像个不可阻挡的勇士，一往无前。山岭、树林、村庄、河流迅速向身后逝去……乘客的心慢慢稳定下来。有的看书，有的看报，我想到前天熊复同志的指示。

1. 在国外不同在国内，与人合作，必须要小心、耐心、用心对待每件事情。不能简单化，不能影响团结，要努力工作，虚心学习。
2. 有原则问题，也不要急着去个人处理，要通过组织，通过使馆。遇到困难就要请使馆同志帮助。
3. 在合作拍摄影片工作中，要时刻想到我们的国情，要坚持国家的需要，有把握就坚决干，无把握时就请示上级决定。
4. 在国外要随时注意自己的形象，言谈举止都不是个人的小事，首先要想到你是个中国人。因此，一定要时时注意中国人的形象。

想着想着，就有睡意，内心自语：领导，放心吧，我们会给中国人争气的。

8月3日　星期二　阴　奥德堡尔

在这里，我们既受到了严格的检查，也受到了亲切的接待。虽然听不懂他们的语言，但从苏联同志们的表情来看，都是极为友好而真挚的，这是我第一次接触苏联人的感觉。

8月4日　星期三　晴　有风　火车上

美丽的西伯利亚

列车，前进着，

西伯利亚真是幅员辽阔。

碧绿的草原，一望无际。

条条的溪水，汇成了蓝色的贝加尔湖。

乳白色的海燕，在湖面上点点飞翔。

拖拉机的响声，惊飞了湖边的群雁。

爱好和平的人们，

在沃野，在黑油油的土地上，

在劳动，在歌唱。

我们初见的苏联人，

女人美丽，男人健壮，不管老少，都闪烁着幸福的红光。

啊，苏联人，中国人民的榜样！

8月8日　星期日　阴有雨　火车上

列车前进着……森林的尽头，

大地托出清新的城市：

高耸入云的烟囱，

黑色的烟带污染着橙色的霞光。

起重机，列着队，

伸开坚硬的臂膀，

吊起巨大的钢梁。

它似乎向人们傲慢地宣示：

我有无穷的力量！

虽然，我们初见苏联，

但，苏联的美丽和建设，

已给了我相当深刻的印象!

8月9日　星期一下午　西行的列车上

列车奔驰着,沿贝加尔湖风驰电掣。贝加尔湖像个顽皮的孩子,一会儿被列车抛在身后,一会儿又现身在列车的前方。蓝色的贝加尔湖,闪着温柔的光。晚霞倒映在湖水中,贝加尔湖呈现着极为美丽的、跳动着的颜色。啊,美丽的贝加尔湖,几乎成了我们的好旅伴。

8月10日　星期二　晴　微风　列车上

虽然离莫斯科还有百多公里,

列车员傲慢地告诉我们已到首都的郊区。

有轨电车已穿梭于林间,

一幢幢小洋房,

已和莫斯科连在一起,

要问这些别墅式的洋房主人是谁?

列车员马上会告诉你:

那是工人们的住宅、俱乐部和休养所!

那是集体农庄的办公室和供应站。

那是大学生的野外活动基地和教职工的家啊!

林立的高压线,在面前闪过,

那是电气化程度高的标志。

从劳动到生活,

从理发机到电车头,

都是机械,

都是电器。

我们第一眼看到莫斯科,

印象新颖、深刻、惊奇！

莫斯科美丽，

是世界劳动人民的心脏，

是苏联人的光荣城市！

8月11日　星期三　晴　微风

在苏联同志的安排下，我们住进了莫斯科有名的萨沃夷大饭店。这个饭店之所以有名气，是因为它很古老，是18世纪初期的建筑物，但它又很年轻。因为，它原在莫斯科红场附近，因红场扩建，它被整个儿移到这大街上来的。这栋饭店整体搬家工程，曾在30年代轰动一时。饭店共五层，是大理石基座建筑。饭店不大，但异常安全舒适，离红场很近，是个居住、活动的好场所。我们住在这里，很满意。

8月12日　星期四　小雨　清风拂面

今天苏联同志安排我们去逛莫斯科的地铁。

我们来自北京的一群，

在莫斯科地铁，变成了初进城市的农民。

在地铁车站被卡在车厢门外，

我们急促喘息，

引起一群少女的哄笑。

电车急驰时，

我们都回头望去，

好像丢了什么。

下车仍然紧张，

差点和别人相撞。

虽然去了一趟，

但，那些豪华的建筑，

并没有给我们留下深刻印象。

自动电梯把我们送出地铁外，

梅白走出站台就要呕吐。

在整洁的莫斯科街头，出了洋相。

莫斯科呀，莫斯科！

您的今天，就是我们明天的榜样。

在莫斯科休息了几天之后，我们在莫斯科中央文献电影厂的安排下，开始了工作。苏联方面的导演是著名的纪录片导演——克里斯基。制片人是个经验丰富的老制片——库兹涅佐夫，他50来岁，精神饱满，双目有神，身体健壮。另外还有一个年轻的小翻译——阿列格，他年轻体壮，但翻译水平不高。第一天，他就把去饭馆吃饭，说成了"去，去饭馆，饭吃！"弄得我们哭笑不得。他是莫斯科汉学院毕业生。可见，没有实际锻炼，读书再多也白费！

我们在苏方安排下，连续看了好几天片子，都是有关农业的老片子，有纪录片，也有故事片，有有声的，也有无声的，加上翻译的不顺畅，弄得我们很累。不过，我用上了拍《东北三年解放战争》时的找片方法——用电铃通知放映员在可用部分加纸条。苏联同志非常满意，他们称这是有创造性的找片法，值得发扬。

9月2日　星期四　晴　大风

按苏联方面的安排，我们今天去克里木大运河边参观了全苏联最重要的地方——克里姆林宫。它是一座很大的城堡，周围有像中国城墙似的砖围子，四边都有巨大的宫门，宫门外站立着表情庄重、荷枪实弹的红军卫兵。

克里姆林宫的建筑规模很宏伟，由几个办公大厅和几座大教堂组成。尤其是那些教堂，宏伟而华丽，看上去非常威严。

在克里姆林宫内，有几件展品给我留下了深刻印象：一进克里姆林宫的大门，就可看见一尊巨炮。据说，它有一千四百吨重，射程能达几十里远，是古代攻防兼备的重型武器。第二件是一口大钟，体积特大，据说重达二百多吨。确实，在我国也有着各种各样的大钟，可是我没有看到过有如此巨大的铁钟。巨钟上还刻有精致的花纹，这显示了苏联劳动人民的天才创造。

这里还有好几个巨大的展厅：在武器展厅中，有各种各样的武器陈列，有古代的，也有现代的；有皇族专用的，也有平民百姓。从各种各样的武器中，可以看到苏联的党和政府如何领导苏联人民用自己创造的武器打败了法西斯，取得巨大胜利，也可以看到沙皇时代穷苦人们用简陋的武器和强敌坚持了斗争。

这里还有个沙皇后妃奢靡生活的展馆，其中陈列着不少皇后、公主们的衣物。有些衣物价值连城，有几件衣服，全部用金丝、银丝制成的。光一位公主的衣服就有一万五千件，各种鞋子就有好几百双。由此可见，不管是中国还是外国，统治阶级生活都是一样腐朽奢靡，都是一样挥霍劳动人民的血汗，同时他们的后果也是一样——走向失败，走向灭亡！

9月3日　星期五　晴　微风

经两天休息参观后，苏方向我们提出，要我们交出书面的对将要拍摄影片的要求和基本梗概。经过我们几位简单商量，由我先交出两部影片的梗概。

我抽了一整天的时间，写出了大片的如下梗概。

第一部《苏联农业机械化》(大片)

一、苏联最初时的农业概况。

二、苏联农业怎样走上集体化道路。

三、苏联农业集体化过程中斗争的实例。

四、苏联工业怎样支援农业？

五、苏联农业集体化后农业发展中的困难。

六、苏联初期的机械化概况。

七、苏联农业的大发展，大农业的机械化实例。

八、今日的苏联农业机械化现状实例。

九、苏联农业的飞跃发展，大地一片繁荣。

这是大片的安排，小片《苏联集体农庄生活》，等下去参观几个集体农庄后再定。

9月4日　星期六　阴有小雨

我写的影片梗概，又由小川润色后，交给了苏方导演克里斯基。他们经过研究，很满意。决定：我们再看些有关影片后，就可下集体农庄进一步采访，我们听从了苏方安排。

晚上，我围绕克里姆林宫跑步，不少莫斯科的孩子也和我一起跑。他们边跑，边嬉闹。我心情很愉快，比闷在房间内的心情要好多啦！

9月5日　星期日　阴有小雨

今天，我们又看了几部苏联初期的影片。其中有一部是《1928年全苏联的青年代表大会》，这部片子反映了世界各国青年奋勇反抗统治阶级斗争的情况，关于中国的事件也有报道。此片有关苏联青年的是积极参加苏联初期的革命建设。影片有很重要的材料，影片表现得也很动人。

又看了一部片子，是《伟大转折的一年》，影片介绍的是1930年苏联的事情。从这部片子里，可以清楚地看到：年轻的苏联，是如何一方面抵御外敌和内乱者的斗争，另一方面发动年轻的苏联人，艰苦劳动，建立巨型的工业基地和集体农庄。工厂用铁锤钢锯，制造工具武装。集体农庄的农民则是白手起家，先用集体力量，耕种大批土地，然后在农业科学家及工人兄弟帮助下，慢慢走向高度的集体化和机械化，以达到今天的集体农庄的高度集体化和高度的机械化的过程。

这部片子使人有极强烈的感觉，对我很有启发：无论干什么事情，都有个从低级到高级的发展过程，幸福的生活，是用艰苦奋斗换来的！

我将建议克里斯基大片中采用这部片子的资料。要他讲明：发展农业机械化，也要有个发展过程。心急是不行的，一口吃不成胖子。

9月6日　星期一　阴有雨

夜深啦，克里姆林宫的钟声都已经消失，窗外下着淅淅沥沥的秋雨。雨点打在窗上，发出静寂单调的响声。房间的壁灯，闪着微弱的光。我合上书本感到莫明其妙的惆怅和沉闷，真想推开窗子大喊几声。

电话铃响了，我想可能是小川，他经常大发诗兴，睡不着时就拿起电话，找个人聊聊突发而来的诗句。电话是阿列格打来的，他兴奋地告诉我：提纲已顺利通过，克里斯基已把该片的任务交给了剪接导演福尔莲娜。据说，明天和后天，我们就可去南方边疆区参观几个集体农庄，其中就有拍摄《幸福生活》影片的斯大林集体农庄。总之，我们将进入具体的拍摄了，我也很兴奋，立即打电话通知了郭小川、程默、丁景才和梅白，要他们也高兴高兴。

这个消息，令我难以入睡，直瞪双眼到天明！

9月9日　星期四　晴有风

不知什么原因，苏方并没有安排我们去集体农庄访问，而是安排我们在莫斯科再参观几天。这不，今天安排我们来莫斯科大学参观。

莫斯科大学真是一片宏伟的建筑，主楼高达四十八层。据说能容纳两万五千多名学生和教职员工居住和学习。而且，每个学生都有一间带独立卫生间的宿舍。

主楼的电梯比较特别，它上行时比飞机升空都要快。我们乘坐的速度就极快，一下子就把我们送上第二十四层，梅白腿软得几乎下不了电梯啦，郭小川也要吐，我还算好，但也有点头晕。我和老丁把梅白搀扶下电梯后看到一个非常秀丽的平台，平台有玉石栏杆，虽然有点强风吹拂，但这里还是俯瞰莫斯科全境的最佳处。莫斯科大学的主楼本身已很高，它又建在莫斯科的最高点列宁山上，因此，尽管我们站立的是二十四层，但在这里看莫斯科，也是一览无余。只见，莫斯科的大街小巷，高高低低的建筑，古老的教堂显得特别宏伟。克里姆林宫像积木搭成的一圈灰蓝色的场院，克里木河像一条白色的带子，穿城而过。街头的小汽车，像一群甲壳虫一样的爬动。至于说那些人行道上的行人，更像蚂蚁一样有的在动，有的则不动。看得出，莫斯科是一座繁忙而又宁静的幸福城市。

莫斯科大学的主楼走廊里，两边都挂着世界文化名人的画像。除苏联的著名人物外，还有世界各国的名人。我们中国的名人，古代的是孔子、李时珍和郭守敬，现代的有孙中山和李大钊等。我们看到这些中国的名人，虽然不算多，但也感到非常骄傲。

莫斯科大学设施非常齐全，有大批名人教师，有运动场所，还有世界著名图书馆及无数的藏书。我真替能在此学习的学子们感到高兴和幸福！

9月10日　星期五　阴　冷风

今天我们参观了驰名世界的莫斯科电影制片厂。真幸运，在这里我们听到了苏联著名的电影大师罗姆的报告。

罗姆，在我们国家也不陌生，影片《列宁在1918》《列宁在十月》《夏伯阳》《我们来自克拉达亚》《波罗的海的代表》等都是出自他的手笔。他以骄傲的口气，说到了苏联1935年到1940年电影大发展时期他们取得的巨大成就，也毫不掩饰地谈到了1952年后出现的严重问题，如无冲突论和世界主义。

罗姆指出虽然经过激烈的斗争，苏联文艺界取得了辉煌成就，但也给拍片和培养电影干部等方面造成了不小的损失！

他说道：每创作一部片子，作者都要下苦功去研究主题材料，努力刻画出典型的事件和人物，认真设计出典型人物的事件和动作，不能去模仿别人的语言和动作，做导演就应有自己的独创性。他认为这点很重要。

我听了罗姆的报告后，很受启发。特别是关于导演要有独创性的言论，给我留下了很深的教诲。

9月10日　晴

今天是天朗气清，上午去普希金公园转了转，游人不多。空气清新，很舒畅。在这里我们看到一位老人脸蒙一张报纸，躺在大椅子上似睡非睡。等我们走过他身边时，他突然坐起来用汉语大声问："同志，你们是中国人吗？"他的汉语说得不太流利，但很清楚，不像外国人，却像一位流落他乡的中国老人。我们很亲切地告诉他："我们是中国人，刚从北京来莫斯科工作的。"并问他是不是中国人。当他听说我们是中国人时，立时来了精神，立即站起来和我们同走。他告诉我们，他爷爷那一辈就来到俄国，先在远东地区靠劳动谋生活，后来他父亲带他来到莫斯科，先开小饭馆谋生，后来事业做大啦，在莫斯科高尔基大街开了一家带客房的饭店。苏联革命后，他家的饭店被没收。由于他是中国人，免去流放西伯利亚，他和他的家人在莫斯科的一个工厂里做工。父母相继去世了，他退休后，就在这个公园做杂工，生活总算还过得去，就是生活苦闷，缺少说说心里话的人。今天看到了我们，就像看到了亲人，他愿意跟我们走走，说说心里话，听听乡音，我们非常欢迎他和我们交谈。后来得知他是山东黄县人，尽管祖孙三代来俄国（苏联）已有百年，在俄国（苏联）也经历了兴衰变迁，经历了多年的酸甜苦辣，尽管他是生在俄国（苏联），吃着俄国（苏联）饭长大，可是，他的根在中国，他的中国魂不灭。到最后，他向往的还是中国！这是何等力量？祖国啊！您的魅力将以何等力量牵引着您的子孙！

晚七点，我们告别了老人，并互留了地址，答应有机会再在国内相见。

八点左右，我们又去莫斯科夏季公园看了一场木偶戏。剧场满满的，有好几百人。我奇怪，为什么有这么多人喜欢木偶戏，戏开始后我才明白，苏联的木偶戏确实很有水平。我们看的木偶戏叫《不平常的音乐会》，各种各样的木偶在台上，用人的动作，做着各种各样的表演。木偶动作娴熟可笑，灯光、音乐、语言节奏都相当精彩，能使观众沉浸在剧目中，甚至能使人忘记是在看木偶戏。我们不懂俄语的人都被精彩的表演吸引，全神贯注，假如能听懂木偶所说的语言，那就不知该是多么享受。

还有一点也很吸引我们，那就是各色各样的观众。坐在我们前排的是保加利亚的几个同志，坐在我们身后的是印度和印度尼西亚的几个妇女，左边的是阿根廷的几对夫妇，右边的是些波兰年轻人。在中间休息的时候，我们还看到几个德国青年闲聊。几乎是各种语言同声称赞苏联高超的木偶艺术。

在回旅馆的路上，我们还碰到几个捷克斯洛伐克的青年同路。他们是来北京学习路过莫斯科的。当他们听说我们是中国人，刚来莫斯科，他们又来了精神，非要跟我们来旅馆，想向我们了解些北京的情况，为他们来北京生活做准备。他们都是些白纸一样的年轻人，他们对北京，对中国，有着无尽的想象，对毛主席极为崇敬，认为中国是他们生活学习的第二故乡，认为他们能在北京茁壮成长！交谈直到深夜，克里姆林宫的钟声已催促他们离开。别离时，他们都留下了我们的地址，准备在北京再见。他们也给我们留了布拉格的地址，说如有机会，一定请我们去他们家做客。

9月15日　星期三　晴　微风

上午又看了半天影片，共四部。

第一部是描写一个集体农庄。农庄刚成立时，很乱，是苏联共产党和苏维埃政府领导人们克服各种困难，使农庄慢慢变成了坚强的农民集体。第二部是反映苏联大转变时期的无声影片，它反映了1930年前后苏联农村的状况，农民忍饥挨饿，艰苦斗争，在苏维埃政府领导下终于渡过难关，到达了幸福的彼岸。

其他两部片子都是反映农村生活的无声影片。从当时的农村状况，再看看今天的苏联农村生活，真是天壤之别。

晚上，我们去大剧院看戏。大剧院真是富丽堂皇，上演的是苏联最有名的年轻艺术家乌兰诺娃主演的《天鹅湖》。这是世界最有名的古典戏剧。我们到剧场一看，嚇！可能今晚是中国人的专场，正中间包厢里坐的是我国副主席董必武同志及其亲随。两侧包厢也有不少中国要员及苏方陪同人士。就是这底层座位上的也多数是中国面孔。我们被安排在前三排的中间，也是看戏极好的座位。今晚场内是宾朋满座。

大幕拉开之后，随着愉悦的音乐声，舞台上出现苏联舞蹈家的精彩表演，不时响起满堂观众的掌声。在极热烈的掌声中主演乌兰诺娃出现了，她真是名不虚传！据说她已四十多岁啦，可是，她身材秀丽，舞步惊人，在偌大的舞台上，身轻如燕，满台飞舞，给人留下了极为深刻的印象，使人不住地赞叹：好一只美丽的天鹅！好一个世界驰名的舞蹈家！

整台节目也演得非常好，尤其是那四只"小天鹅"的舞姿和扣人心弦的音乐节奏。我相信，就是一个全然不懂舞蹈和音乐的人，也会留下终生难忘的印象！

更使人难忘的是大剧院散戏后的一幕。散戏后的我们一出大剧院就吓了一跳，原来在大剧院外，莫斯科的大学生和中学生都身着盛装，手捧鲜花，列队两旁，足有一百多米长。那些盛装的姑娘、小伙们向中国同志的队伍，一拥而上，献花的献花，握手的握手，尤其是那些盛装的姑娘们，像一群彩色的小鸟一样蜂拥而来，对中国同志，又是搂，又是抱，又是亲，又是吻，弄得我们这些刚刚放下枪杆子，脱下绿军装初次出国的厅局长老哥、老姐们，东躲西藏，无可奈何。他们从来也没有经历过如此的阵势。等一阵温柔的香风过后，弄得我们那些农业考察团、工业考察团、妇女考察团、体育代表团、舞蹈学习团、军事考察团等同志们，多数都愣在当场不知所措。我和小川见这种阵势难以应付，再加上我们的住处离大剧场很近，就抽空由侧面回了宿舍。老丁和梅白由于看到了他们本部门的领导，就随团经历了这场温馨的境遇。

9月22日　星期三　风和日丽

今天，苏方决定带我们去苏联的南方边疆区采访，目的地是南方边疆的首府克里斯诺达亚。此行大约是一个月，领队是老将库兹涅佐夫。另外还有导演克里斯基和年轻的翻译阿列格。

在车站上送行的人群中，最突出的是阿列格的新婚妻子。看样子他们的感情非常好，妻子哭得像个泪人；阿列格也是紧紧抱着妻子难舍难分。直等到列车鸣笛缓缓开动，阿列格才慢慢放开妻子，跳上火车，还频频招手，大声说些离别情话。我们很羡慕这对年轻人的情深意浓。

可是，使我们非常惊奇的是，火车还没有开过一个小时，阿列格竟和列车上的姑娘打闹起来。在列车接合处的门边，公然和女列车员亲吻，这使我们大吃一惊。好个阿列格，离开妻子时，那种难舍难分的样子，分开还不到一个小时，怎么又和其他女孩子调情？真是令人难以理解。梅白把这件事告诉了库兹涅佐夫，希望老头子劝劝阿列格。老库却笑啦，说："年轻人的感情是活跃的，挡不住他们。苏联人不像中国人，苏联人妻子是妻子，情人是情人。年轻人的感情是脱缰的野马，管不了。你们在苏联多看看就知道啦！"梅白碰了个软钉子，弄了个无话可说。

果然，两天以后，我们到边疆区首府克里斯诺达亚。经过区党委书记和区苏维埃主席的招待会后，我们刚刚住进客房，就来了好几个苏联姑娘，来房间说可以提供服务。经过我们的百般劝说，姑娘们才闷闷不乐地离开。第二天边疆区的苏维埃主席在敬酒时竟主动问郭小川说："郭先生，听说您是个诗人，诗人总有诗人的情感。听说你们不接受我们姑娘们的服务，你们也看到啦，我们经过残酷的卫国战争，男孩子大多都牺牲在战场上啦，女孩子们没有办法，我们也只好把性开放，用作满足社会的需求。不管是苏联还是别国的男人，只要他们需要，我们就无条件支持。前天保加利亚来了一个15人的代表团，考察农业，只来了8天，就一下子带走了我们12个姑娘，皆大欢喜。你们中国人难道是水晶做的？我们库班的姑娘，世界驰名，怎么就是不能打动你们中国人？！"这些话弄得郭小川红着脸只好说："对不起，库班的姑娘确实非常好，活泼美丽，友好动人，但我们中国人确实也有中国的情况！"他的后半句没有说出来，那就是，中国人的心中都有一条铁的纪律，不管是在国内还是国外，尤其是在国外更要自觉遵守共产党员的纪律和道德标准！

傍晚，我们沿着顿河岸边散步，顿河在我们的记忆中，并不陌生，不论是在苏联的电影中还是小说里，都有描写顿河和库班哥萨克的场景。今天我们来到顿河边，沿着它的堤坝散步，确实感慨颇多。过去在著名小说《静静的顿河》里，对顿河有极深刻的印象，以为宏伟壮观的顿河是在遥远的地方，可想而不可见，今天我们真的来到了它的身边。见它只不过是条不甚宽阔的黄色带子，比起我们的黄河、长江来，简直是不可同日而语。可见文人的爱国之情是多么厉害。他爱他的家乡，能把不太宏伟的建筑说得异常宏伟壮观，也可把不太雄壮美丽的河流，描写得异常雄壮美丽！

9月24日　星期五　晴　微风

我们终于来到了库班地区比较好的布琼尼集体农庄。在这里我们受到了热烈欢迎，农庄主席和这里的区委书记、区苏维埃主席等都在农庄办公大楼外列队欢迎。盛装的农庄姑娘，向我们献了面包、美酒和盐。这在库班地区来说，是最尊贵的礼节。在农庄大门外经过热烈握手拥抱后，农庄主席领我们进了大楼办公室，在这里使我们深感惊叹，这座农村办公楼，共有十一层，一百多米高，大小房间上百间，这在整个北京城，也是少见的。它的会议室，是有着六十多米长、二十多米宽的大厅，地上铺有丝绒地毯，四周都有柔软的皮沙发，厅当中有一个近30米长的大办公桌，可容纳一百多人同时谈判。谈判桌四周都是雕有花纹的硬木座椅，一大排天花板上的吊灯，闪着各色各样的光，显得那样的富丽堂皇。据介绍，这个农庄有近三万人，除这里的总庄办公处外，还有五个居民点，居民点才是这个农庄主要的生产生活的基地，总庄办公处，只是集体农庄的规划领导的枢纽。这里除办公大楼外，还有仓库、拖拉机库和汽车库。农庄有近四十台联合收割机，大小汽车二十多辆。另外，各居民点，也有自己的小型拖拉机库和小汽车库。看得出，这里的农民生活相当富裕。

晚上，农庄为欢迎我们，在农庄俱乐部礼堂召开了隆重的欢迎会，演出的节目相当丰富，有独唱、合唱、乐队演奏、大型歌舞，演出的水平相当高，假如没有报幕员事先介绍，你决不会相信这些演出者，全是集体农庄的农民。他们是拖拉机手、会计师、保育员、农庄副主席、饲养员、农艺师，等等。

这些人，演技高、文化水平高，社会身份也高，有的是地方劳模，有的是某协会的委员，有的是莫斯科某艺术学院的毕业生，有的得过社会主义红旗勋章，还有的得过斯大林奖金。有个独唱演员是饲养员，可她22岁时就获得了"苏联劳动英雄"的称号，还得了苏联的最高奖励——列宁勋章！

来农庄的第一天，就给我留下了极深刻的印象！

9月25日　星期六　阴有小雨

今天，我们来布琼尼农庄的第二居民点参观，这里虽然没有高楼，但那一座一座带有小院的木制别墅式洋房，也给人留下舒适美观的印象。这里每个农庄庄员的家庭，大多数都有这样一个小院，房屋有五间和七间不等，每家除房前屋后的花园、果园外，还有半公顷的自留地，种些杂粮和蔬菜。吃粮和用钱主要靠农庄集体供应。

我们来到杰夫申科的家庭访问。男主人杰夫申科是个退役少校，苏联英雄，在卫国战争中是著名的坦克手，曾在战争中击毁德国法西斯的十几辆坦克，立过特等功，获得过"苏联英雄"称号，获得过苏联红旗勋章的奖励。目前是布琼尼农庄委员会委员，是劳动模范和著名的拖拉机手。我们来他家时，不巧，他正在莫斯科开会未归，我们受到了女主人的热情接待。女主人除极热情地表示欢迎外，还专门沏了中国花茶，摆上各种各样的油炸食品。

女主人拉娜也是苏联英雄，她身材健壮，皮肤白皙，脸色白中透着红润，一头乌发编成粗黑的大辫子盘在头上，是个典型的哥萨克姑娘，年岁大约三十。在谈话中我们得知，她在卫国战争中是个出色的游击队员。她和她的游击小分队曾多次出没在敌人的后方，她们曾三次烧毁敌人的仓库，杀死过十几个敌人，给大部队搞情报，并给大部队带路，消灭德国鬼子。她们获得过苏联的最高奖赏——"苏联英雄"。又因为她们小分队除多次战斗立功外，还击落了一架载有德国将军的直升机，得过一次红旗勋章。这位女主人拉娜谈起她们的游击队来，简直是眉飞色舞，滔滔不绝，既高兴又骄傲。

在谈起目前的生活时，她更是充满了幸福感。她让我们看了她的五个房间，除三个整洁的配有席梦思床垫的房间外，还有一间近二十平方米的客厅。客厅中除有18英寸的电视机外（注：当时是1954年，在我们国家，还很少见到电视机呢），还有一架大钢琴和两把小提琴。窗帘是拖地的红色丝绒，墙上挂有俄罗斯著名画家列宾的油画——《伏尔加河上的纤夫》。另外，使我们惊奇的是：每个房间内还有一台11英寸的电视机。我们好奇地问女主人："有客厅的大电视机，为什么还要每个房间内放小电视机？"女主人笑了，不无骄傲地说："我们有两个孩子，大的是女儿，叫佳佳，在农庄小学上二年级，她喜欢音乐。每天放学回家，她都得看有关音乐的节目。小儿子卡亚在幼儿园大班，小东西回家就离不开幼儿节目。他爸爸是军人出身，除喜欢军事节目外，还非常喜欢看足球赛，不怕你们笑话，我们家常为看节目吵架，没有办法，为解决各人看节目的爱好，只好多买两台电视机啦！"女主人说得很清楚，也略带点骄傲的口吻。可是，在我们这些还没有见过电视机的老哥们听来，简直是大吃一惊，深感我们和苏联人生活的差距！

在拉娜家坐了大约两个小时，看到了一个新型的农民家庭，之后又参观了几家，大多如此。我暗下决心，就拍这个农庄吧，农庄生产水平、农庄规模和农庄庄员们的幸福生活，足以成为我国农村发展的榜样！

9月26日　星期日　晴

今天，我们顺着宽阔的柏油马路，奔驰了一百多公里，来到了另一个集体农庄——米丘林农庄。米丘林是苏联最著名的农业科学家，这个农庄以米丘林的名号命名，肯定是有着农业种植方面的特色。果然，这里是以科学种植为主的农庄，主要生产水果、蔬菜和葡萄酒，还有一个以米丘林为主席的农业科学研究所。

米丘林集体农庄的面积也很大。单稻田就有869公顷，冬小麦2528公顷，果园和葡萄园474公顷。另外还有蔬菜暖棚及蔬菜营养液种植厂等。在这里我第一次看到种蔬菜不是种在土中，而是种在营养液中，营养液还是在厂房中流动的。这边种，那边收，天天有新鲜的蔬菜供应农庄的干部和庄员。这里的农业工业化生产，给我留下了极深刻的印象。

在这里，我们的农业学家丁景才和米丘林科研所的科学家发生了一次有趣的争执。米丘林科研所的人说："我们实行科学种田，成果显著，我们的稻田，高于你们中国的亩产，每亩都在500斤以上。"

老丁听后把嘴一撇说："那算什么科学种田，我们中国虽然落后，可是随便哪里种的水稻，亩产也在600斤以上！"

郭小川听丁景才这么一说，直拉他的衣服让他少说，多听，忙叫阿列格别翻译老丁的讲话，不巧，那个米丘林科研所的专家，是个中国通，他不但听明白了丁景才的讲话，而且，也明白了丁景才不屑的态度。他笑笑说："丁同志，我明白你的意思，可有一件事你不明白：我到过中国，中国种水稻，讲究精耕细作，深翻地，灌水插秧。可是，在苏联办不到，试想想869公顷的水稻田，如深耕细作，灌水插秧，得多少人同时下地？至少得用8万人，可我们全农庄所有的人加在一起，也不过3万，怎么能去深耕细作呢？我们没有别的办法，只好机械化，用拖拉机翻地，大面积灌水，飞机播种，出苗后用拖拉机翻一下，锄去多余的杂草和秧苗。从种到收，只用五六个人既可。要用中国的办法，至少得用八万人，在苏联，这是不可能的。"苏联农学家说完还诡秘地笑了笑，弄了老丁一个大红脸。是的，人家五六个人就可种八百多公顷水稻，而我们却得用八九万人，对比起来，还是人家先进。老丁也不得不笑笑说："好，好，农业机械化真有威力，省工省时，收入也大，真是典型的大农业，佩服，佩服。"在场的人都同时大笑起来！

米丘林集体农庄，共有劳动力3494人，其中女劳力比男劳力还多，可以说是发挥个人劳力非常好的农庄。农庄主席是位女同志，她带领她们女性占多数的领导班子极热情地欢迎我们的到来。当天她就陪同我们参观了农庄的办公室、粮食加工厂、养猪场、拖拉机库、幼儿园、小学校、俱乐部等。在俱乐部礼堂，我们还观看了庄员们在排练的小话剧——《养猪员的故事》和散发着青春气息的舞蹈。

晚上，我们被分配到农庄庄员家过夜，据说是为了让我们这些来自远方的客人，更亲近集体农庄的家庭。我和翻译小赵被分在一个拖拉机手家过夜。这是一个生活很美满的家庭，夫妻二人和两个女儿。女儿们十岁左右，活泼可爱，模样秀丽，她们还多少懂点儿汉语。我们一进门，她们就很大方地用汉语说："叔叔好，请进。"然后请我们喝茶。我们很感动，急忙送给她们每人一把杭州产的檀香扇和几张中国剪纸。她们高兴地直喊："谢谢叔叔！"然后高兴地带着礼物去找妈妈了。

男主人为我们准备了丰盛的晚餐，不但有常吃的面包、水果、肉类，还有特制的烧鸽子和野生的松鸡。在吃饭时，男主人为我们演唱了俄罗斯歌曲，女主人和两个小姑娘为我们跳了她们自编的歌舞，边跳边唱，情绪高昂。为答谢主人家的盛情，我和小赵也为他们演唱了支陕北民歌，那高亢的陕北风情的歌声，尤其是小赵那青春有力的歌喉，也使主人们赞叹不已。

在米丘林农庄待了整整两天，参观访问了不少地方，给我们留下极深刻的印象。克里斯基和库兹涅佐夫问我们印象如何。我和小川都讲了"印象深刻"。梅白说苏联农民的今天，就是中国农民的明天，我们一定要向苏联学习。丁景才也讲了他的观感。他说："苏联的大农业生产的基础是没有说的，非常值得我们学习。不过，我们要学苏联也是非常不容易，首先我国人口众多，底子又薄，光说集体化就不易办到，更不用说再搞机械化啦！"

克里斯基则不以为然，他笑笑说："中国农民众多，这并不是坏事。毛主席发动革命，主要是依靠农民，用农村包围城市，最终推翻了三座大山，创建了新中国。农民是中国革命的主力，只要毛主席一声令下，农民也可以走向集体化，有了农业集体化就不愁没有农业机械化啦。"

老丁还是有些摇头，我们几个却都同意克里斯基导演的见解。大家争相谈论集体农业的好处，最后说：这几个农庄都有榜样的作用，不过，光拍一个农庄还显不太完善，如果把这几个农庄的特色部分融进一部片子，那该多好。克里斯基笑啦，他说："你们的观点和我们的想法完全一致。"一年前，他就拍过这几个农庄，只要中国同志同意，他可以把这几个农庄的优秀感人的部分和想法融在一起，就是反映苏联集体农庄的一部优秀影片。听克里斯基这么一说，大家都松了一口气，好像眼前就出现了适合中国观众的一部反映苏联农民生活的影片。

9月30日　星期四　阴有小雨

在参观了几天集体农庄之后，苏方决定让我们去苏联著名的休养地索契休息几天。我们是乘火车离开克罗斯诺达亚去索契的。在火车上我们遇到了一位格鲁吉亚的小姑娘，11岁，她是和父亲一起去索契度假的。她天真活泼，喜欢汉语。当阿列格告诉她我们是中国人时，她兴奋地和我们搭话，说她喜欢中国的长城，等长大了，她希望能去北京读书。郭小川很喜欢她，送给了她一枚毛主席像章。她兴奋地跳起来，把像章拿给爸爸看并高兴地说："毛主席的像章，毛主席的像章，您没有，您没有！"

我相信，又一朵友谊的小花开在了这位小姑娘的心中。

10月1日　星期五　晴　索契

10月1日，我们来苏联整整两个月啦。在这两个月中，我们几乎跑了半个地球。苏联地域辽阔，跨欧亚两大洲，在这两个月中，我看了不少有关苏联农业的片子，也看了苏联的城市和农村，增长了不少知识，也尝到了思乡的苦。光说离家这一点就够伤感的，每看到人家欢乐团聚，就想起北京。每遇到天真可爱的苏联孩子，就会想起姜江那胖乎乎的小模样，可是为了工作，我必须舍掉一切，不能过多地分散自己的精力！

索契是苏联在克里米亚地区修建的度假胜地，从斯大林到普通工人农民，在这里都有度假别墅和疗养所。这里的风光极美，背靠青山，面向大海，又是个有火车站、汽车站、机场的水陆码头。

这里的气候，属于亚热带。街道两旁都是棕榈树和芭蕉林。空气清新，温度适宜。街道是一水柏油马路和钢管水泥建筑，整洁美观。有的疗养所还建有铁轨缆车，直达海滨浴场。白色沙滩上，有着不少散步游人。海水里有快艇穿梭嬉戏，好一片丰裕诱人的宁静景象。

我们被分配住进莫斯科政府疗养所，这是一座辉煌的宫殿式建筑。除有舒适的住房、餐厅、健身房外，还有温泉浴、海泥浴、桑拿浴等，也有缆车直达海滨浴场。不过，我们来这里已是十月天气，虽然这里是亚热带气候，但也过了最适宜海水浴时期。为了避免生病，我们决定只在所内休养，没有人下水游泳。

这里还有一座世界驰名的植物园，这里的植物，有40%以上都是来源于我们中国，可见我们伟大的祖国，在世界上是多么重要！

10月2日　星期六　晴　微风

上午，我们下海乘摩托艇兜风。清风、海浪、飞快的速度，真令人舒心惬意……

下午，我们乘车去格鲁吉亚的一个海洋公园参观。这个公园离索契有八九十公里，我们心想这点路坐小汽车，有个把钟头即可到达。哪里想到，这点路实在难走，全程山路，路是弯弯曲曲的，有的坡度较高，有的弯度极窄，不少弯弯还穿林而过。司机很怕出问题，车开得很慢。有的地方还得不停地鸣笛，生怕碰上，这点路走了将近两个小时才到。公园很美，坐落在一大片松柏、白桦林中，背靠青山，面临大海，园内还陈列着不少雕塑。最突出的是一尊青铜精雕的圣母像，圣母秀美的身材足有两米高，高举着一个新生的婴儿，象征着世界和平。婴儿的小鸡鸡还流出清澈的水流，终年不断。圣母像下有近百人列队用头、手、身体，有的甚至干脆张开大嘴接"婴儿尿"。据说，如接到圣母婴儿尿，可除灾，避祸！

阿列格有好奇心，想和排队群众解释，要我们以外宾身份，不排队让我们去接尿避邪，我们笑笑谢绝啦。踏着石子小路，向树林深处走去。克里斯基随着我们走，并问我们中国有没有这种迷信的地方。我们笑着告诉他："有，北京的白云观就有摸石猴、打金钱眼的习俗。"

我们正在散步时，阿列格和库兹涅佐夫弄了一身水笑着向我们跑来，看样子他们虽弄了一身水，但还是相当愉快。

我们在公园玩了大约一个多小时，还不到下午三点，阿列格就要我们去高山饭店吃晚饭。他说，这里游人很多，不早去吃饭可能就吃不到饭啦。再说回去的路很难走，晚上又非回索契不可，因为这里是格鲁吉亚共和国，我们又是俄罗斯的客人，要住在格鲁吉亚的宾馆，必须再办外交手续，那可就麻烦啦，我们只好客随主便啦。

在我们回来的路上，大约已接近五点。天还未黑，不时还能看到黑海上空的彩色云霞。车速慢不用说，还不时听到鸣笛声和紧急刹车声。郭小川的诗兴大发，他不但高声朗读他的绝佳诗句："……祖国啊，祖国，我为您高歌，您用鲜嫩的乳汁养育了我，只要您一声令下，我决不怕、蹚火海、下油锅……"他指指不平坦的道路和颠簸的车，要我们准备好，随时可高喊"毛主席万岁"！

我们回到索契时，索契已是一片夜景。索契的夜景很是美丽，从山的背景，到大海的深处，都是一片五颜六色的灯火海洋。因海滨码头上正停有从列宁格勒开来的两艘大游轮，每艘都有七层楼高，二百多米长，船上装饰着各种优美的彩灯，和索契街道灯火相互辉映，更增加了索契的奇美！

11月7日　星期日　晴　风和日丽

今天是苏联国庆日，也可能是我们在苏联感觉最荣耀的一天，我们应邀红场观礼。这是我梦寐以求的绝好机会。我们被安排在紧挨列宁、斯大林墓的左侧下方，离检阅台很近。在检阅台上站立的是赫鲁晓夫、布尔加宁、伏罗希洛夫等苏联党和国家的主要领导人。

十点整，典礼开始，克里姆林宫的钟声和其他教堂的钟声，以及火车、汽车、轮船的鸣笛声，响成一片。此时，苏联全国钟声响亮，各种笛声齐鸣，告诉全世界的人们：伟大苏联的国庆节到啦，在这个时间里，普天同庆！

红场上的阅兵开始啦。走在前面的是苏联红军的功臣将校，最前面的是两位元帅，后面跟进的是佩戴多枚奖章、勋章的将领方队，将校方队后面则是少年军官学校的方阵。他们都是十几岁的孩子，但整洁的服装、雄壮的步伐，都给人一种少年英杰的气魄！他们不时向主席台行注目礼，主席台上党政军领导人，也向孩子们挥手致意。台上、台下，不时发出震耳的"乌拉（万岁）"声。

少年军官学校的方队刚过，伏龙芝海军学校的方队马上随行，这个方队很有特色：年轻的学生们没有穿整齐的军校制服，而是穿着各色各样的民族服装，排着整齐的方队，雄赳赳、气昂昂地接受党和政府领导及军队首长的检阅。在伏龙芝学校方队的后边进入红场的是布琼尼的骑兵方队。布琼尼骑兵，是苏联非常有名的骑兵部队，远在苏联国内战争时期，布琼尼骑兵就是列宁、斯大林在库班地区很有名的红军部队，为打倒沙皇统治和反击白俄匪军立下过汗马功劳。在抗击法西斯德军入侵时，也是一支卫国战争中的有力武器。在伟大的斯大林格勒保卫战中，消灭过不少敌人，为保卫社会主义祖国贡献过重要力量。布琼尼在苏联是一位传奇人物，他和我们的贺龙元帅一样，留有标志性的小胡子，灰白浓密的胡子往上翘起，再配以库班哥萨克特有的魁梧身材，确实从外观上很是威严。他目前就站在检阅台上，当他看到他的骑兵队伍入场时，流露出自信与自豪的笑容。他的骑兵部队也确实威武雄壮，马队分成各种颜色，都是精挑细选出的马匹和士兵。走在前边的大约是五十匹横队，共十排，都是一色白马，后边是同样数目的红马、黄马、黑马骑兵，纵队大约有两千多人。当走过检阅台时，所有骑士都同时向检阅台行举刀注目礼，只听唰的一声，几千把刺刀同时举向高空，形成一片刀林，每把刀上都闪着森森的银光，好一片人间难得一见的刀光剑影！

骑兵的后面是陆军步兵方队，不过这些步兵已不用两条腿行军，而是坐着特制卡车和大型装甲运兵车行进。就是他们冲进德国，彻底摧毁希特勒的老巢，最后在易北河和美英联军握手会师的。现在这些步兵被称作机械化兵团。

和陆军机械化部队经过检阅台同时，空中出现了苏联空军受阅部队。先是一架大型轰炸机和八架小型战斗机编队飞越上空，然后是近百架各种型号的战机，不断变换着队形飞过主席台。特别好看的是那些常在各地进行飞行表演的花样飞行队，他们拖着各色烟雾，做着各种姿势飞过红场。看得出，他们是以极欢快的心情，接受党和国家军队首长的检阅，欢度自己的节日！

最后接受检阅的是苏联最具威力的炮兵部队。先是上百辆载有喀秋莎火箭炮的车队，然后是每辆车上都拉着一个大铁家伙，足有上百辆的车队在跟进。

当我们看到那些车拉火箭不明所以时，库兹涅佐夫老头，不无骄傲地对我们说："这些大家伙叫洲际弹道导弹，这种导弹有极大威力的弹头，速度飞快，不管你在地球的何方，它都能在一个小时内打到你。如果把它改造成飞机，你六点钟起床，到北京吃顿可口的早饭，再乘它回到莫斯科，绝对误不了你八点钟上班。"

我们听后感到这家伙真厉害，难怪美帝国再厉害也不敢轻视苏联。我想，中国是火箭的故乡，早晚我们也会研发出这种先进武器的制作技术！

检阅部队过去后，是莫斯科及各地代表涌进红场接受检阅。顿时红场上人山人海，人群和旗帜形成欢乐的海洋，"乌拉"声沸腾了红场。苏联党政军领导人走下主席台，和群众亲切握手。红场上又是一片欢腾！歌声、口号声、欢叫声，响成了一片。

我们从红场观礼回来，就快五点了。突然接到使馆的电话，要我们准备好，晚上去参加由莫洛托夫主持的国宴招待会。这使我们又惊又喜，因为按身份说，我们既不是国家代表团，又不是重要留学生，而是一个普通的工作组，要我们参加国宴，岂不是师出无名？但使馆工作人员说，你们在被邀请之列，你们就去吧，有车去接你们，注意少喝酒，千万别出洋相！使馆张秘书半开玩笑但也很严肃地叮嘱我们。

当时，从红场散会后，程默同志就去朋友家玩啦，我们无法找到他，所以车来时只接到四个人。经我们解释后，苏方接待者只好同意我们四个去。程默就错过了这次极重要的晚宴。

招待会设在克里姆林宫新落成的白色大厅中举行，大厅真称得上是金碧辉煌。大厅的顶上吊着多盏吊塔式的水晶宫灯，光线明亮而柔和。四壁还有上百盏五颜六色的小型壁灯，壁灯下是成排的雕花木椅。大厅的中央，直排着三排几十米长的摆满了食物的长桌。挨近主席台前的一侧摆有几排包有红丝绒的椅子，据说那是为德高望重的国际贵宾准备的。我们的副主席董必武同志和其他一些领导已经在那里坐定，其他人坐在四边的空椅子上。多数人则在大厅内外，来回走动。很显然，今晚开的是鸡尾酒会。

酒会很隆重。由苏联外长莫洛托夫主持，他宣布大会开始，并介绍了与会的贵宾。我们的副主席——董必武和中国大使张闻天同志是贵宾之首，然后是东欧国家到会的一些领导人，以及美国大使、南斯拉夫大使，等等。

紧接着，是布尔加宁和赫鲁晓夫致辞。布尔加宁除了表示对来宾热烈欢迎外，还讲了苏联国内外的大好形势及苏联国家的强盛等情况。赫鲁晓夫则重点讲了国际共产主义革命运动的大好形势，并多次强调共产主义运动中各兄弟国家之间紧密团结的重要性。

11月12日　星期五　阴有小雪

莫斯科已见小雪，这说明寒冬就要到来。幸亏我们来时准备了过冬的衣物，不然我们将陷入困境。还好，克里斯基已把大小两片都制成了"双片"。我们的任务即将完成，不久就可回北京了！这真是既着急又高兴。

今天又接到了晶波同志的来信，说她工作、身体都好，家里也好，望我勿想念。

可是，我怎能不想念他们呢？那是我温暖的港湾！

11月16日　星期二　阴有冷风

今天，我们和克里斯基、库兹涅佐夫等陪同莫斯科电影制片厂的领导审看了两部纪录片的双片，厂领导很满意，当场表扬了克里斯基和剪接导演福尔莲娜，说他们工作认真、速度快，本来要用一年才能拍摄完成的任务，不到半年就完成了。同时也表扬了中国同志的勤奋好学，配合工作得体，使整个工作进程提高了很多。这两部片子完成得快，中国同志提供影片的指导思想和实际选材准确等也是功不可没！希望再接再厉，把中文版的双片迅速制作完成，带回中国审查，使影片最后胜利完成。

我们也很同意制片厂领导的意见，决心在近期内完成中文版双片，回国内审查。

完成任务的曙光已现，我们几个人都非常高兴。下午，我们特邀了克里斯基、库兹涅佐夫和阿列格等去莫斯科的北京饭店大吃了一顿。阿列格对北京的烤鸭特别感兴趣，他一个人几乎吃了整整一只足有两斤重的烤鸭。

11月21日　星期日　晴有冷风

今天，苏方厂长及大使馆的刘英等同志，审看了两部影片中文版的"双片"。大家都感到满意，并当场就提到了我们回北京送审的问题。

我们当时非常高兴，恨不得立即飞回北京，克里斯基也很高兴，因为决定他同我们一起来北京。

11月22日　星期一　阴有冷风

今天，有个意外的收获，就是使馆决定我们二十四日可离莫斯科回北京，这个信息让我们非常高兴。但更使我终生难忘的还有一件事，就是今天晚上我们被邀请去莫斯科电影之家会见苏联的电影工作者，和他们交流经验、联欢和学习。在这里见到了很多苏联知名的电影人，如电影大师罗姆、列宁的扮演者史楚金、苏联著名演员玛丽斯卡娅、著名纪录片导演兼摄影师卡尔曼，是他在抗日战争的初期就来中国拍摄了著名纪录片《中国在战斗》，向全世界宣布了中国人民神圣的正义战争，还有在中华人民共和国成立初期与中国电影工作者合拍《中国人民的胜利》和《解放了的中国》著名的电影大师瓦尔拉莫夫和格拉西莫夫等。

我们到场时，大师们早已在场上坐定，当库兹涅佐夫把我们让到客位，并一一向大师们介绍我们时，大师们都起立鼓掌，表示欢迎。

座谈融洽且热烈，苏联大师们几乎都是异口同声地表示向往来北京拍电影，我们则表示要向苏联的电影工作者诚恳学习。

会后放映电影，我满以为是看什么苏联的大作，使我大感意外的是放映的竟是中国影片《东北三年解放战争》和故事片《翠岗红旗》。影片放完后，全场热烈鼓掌，当库兹涅佐夫大声介绍"《东北三年解放战争》的编导"就在此时，全场再次响起热烈的掌声，并所有鼓掌者的方向，都转向了我们所在的二楼贵宾座，我只得站起来同样以掌声向鼓掌者回敬。当然，我非常清楚，这些掌声是向我鼓的，但更重要的是鼓向了我们伟大的祖国！

11月24日　星期三　阴有小雪

今天，我们以胜利完成任务的轻松心情，踏上了回北京的列车。在车站，我们和库兹涅佐夫、阿列格热烈拥抱告别。阿列格的妻子尼娜也来送行，我们答应她来北京时，一定好好招待她。她像小燕子一样高兴，非要和小川等拥抱接吻，弄得小川围着阿列格左躲右躲，惹得大家哈哈大笑。

随着汽笛声响过，列车开始移动，我们同阿列格等再次握手告别，阿列格的妻子都哭出了声。我们在车上向他们招手，大声说："再见吧，朋友！再见吧，朋友！"

11月25日　星期四　阴有雪

在列车上，我写下了来苏联的最后一篇日记：在车窗前。

> 我眺望渐已模糊的莫斯科，
> 我不知能不能向您说声再见。
> 因为，这种再见的幸福，
> 我还有没有这种幸运获得。
> 啊，莫斯科，世界革命人民的中心，
> 我是愿意再次投入您的怀抱，
> 工作或学习。
> 可是，我又非常非常想念我的北京，
> 我的祖国！

坐了近十天的火车，我们于12月5日太阳刚刚跳出地平线时，到达了北京。赵小琼等同志在站台迎接，先是把克里斯基安排住进虎坊桥宾馆，然后又到东来顺吃饭，吃的是有北京特色的涮羊肉和一些小吃。克里斯基非常高兴，他特别爱吃北京特产蜜饯等甜食，对北京的二锅头也很欣赏。他说："等我回国时，一定带些蜜饯和二锅头回去。"

我和小川、程默各回各的家，梅白和丁景才因家不在北京，工作又没彻底结束，就同克里斯基同住进了虎坊桥宾馆，这样也不至于克里斯基寂寞。

第四天，也就是12月8日下午，熊复同志和王阑西及赵小琼等同志，在电影局礼堂放映室审看了我们和苏联合拍的影片《苏联农业机械化》和《苏联集体农庄生活》的"双片"。审片的结果是：对影片满意，并鼓励了影片作者，尤其是对苏联同志表示深深的感谢。

克里斯基非常高兴，他和我拥抱时，偷偷告诉我：只要中方同志接受这些片子，他就会获得20万卢布的奖金。我们也为他及他的同志们获奖异常高兴。克里斯基问我这次拍片能拿多少奖金，我告诉他，在中国只有精神奖，没有物质奖，更没有什么奖金。他向我耸耸肩膀说："好，好，精神奖？！很好！"

当时没有弄懂他的意思。

克里斯基只在北京待了四天，在这四天中我和小川、梅白除陪他审查片子外，就是陪他逛故宫、长城和北海公园等名胜古迹。克里斯基对中国的悠久历史，很感兴趣。他多次表示，希望再来中国，拍一部或两部有关中国辉煌历史的纪录片。我们几个人都表示欢迎他再来，郭小川同志还答应为他写剧本。

在这两部合拍的影片完成后，我本想再去拍有关农村生活的纪录片，可是没有去成，因为厂领导决定让我去中共中央高级党校脱产学习。这当然是我梦寐以求的大好学习机会。从1955年春天入学，一去就是三年。

党校学习

在党校学习期间，我深知这是对我一生成长的绝好机会。因此，我尊重师长，团结同志，充实自己，虚心求教，遇到不懂的问题不管什么场合，我都举手提问。有一次苏联著名专家给我们讲"世界通史"，在好几百人的大课堂上，我就举手问苏联专家："老师，为什么讲'世界通史'，老举意大利罗马大教堂、法国巴黎圣母院、奥地利、匈牙利的多瑙河，而不讲讲中国的万里长城，北京故宫，长江、黄河及中国的南北大运河等重大工程？"

我给苏联著名的专家提议，竟使苏联专家非常高兴，他跑下讲台和我当众握手拥抱，说我的问题提得好，说我能理论联系实际，并当场答应，再讲"世界通史"一定要多举中国的实例，一定要修改教材。

总之，我在党校学习期间是一个较好的学员，可是厂的某些领导却把我划成头号"右派"，几次派人去党校要求"揪我回厂批斗"。幸亏党校党委坚持原则，拒绝了他们的要求，并让我学习到了毕业。在毕业时不但发给我大红本的毕业证书，还发给我一张有毛主席、刘少奇等中央首长参加拍摄的毕业生全体合照。

按当时的规定：在党校三年学习毕业后，没有特殊情况，行政晋升一级，并适当调整工作岗位。我回厂后，不但没有给上调级别，还免去了我在编辑部的一切领导职务，让我当了一位普通的编辑、编导，和摄制组一起下乡采访拍摄纪录影片，美其名曰："让你在学校学到的理论在实际中再去检验检验！"

1958年的"大跃进"，那一年人们简直像疯了一样，提出"超英赶美,大干特干!解放思想,跑步进入社会主义,共产主义!"

我们的摄制组,也一样头脑发热,经过一年的苦干巧干,一年内竟干出近三年的活儿,拍了二十多本长短纪录片。有些片子还得了奖。在工作中由于我们精打细算,为国家节省了大量胶片和制片成本。摄制组被评为"多快好省"的摄制组,我个人也被评为新影厂的劳动模范,给予了奖励。

奖励不奖励,当时我并不在乎,我在乎的是:在丁峤同志的大力坚持下,我又重新调回总编辑部,恢复了我主管长短纪录片的主编和副总编职务,给了我重新和同志们共同创作的机会,也使我躲过了"反右派斗争"的严重打击。

一部有特殊意义的影片

——纪录片《领导和我们同劳动》的摄编经过

《领导和我们同劳动》是"新影"1958年出品的一部纪录短片，片长只有两本，按放映的时间来说，只有20分钟。片子虽短，但影响很大。当时它鼓舞了全国人民无私奉献、加紧建设社会主义新中国的巨大干劲，因此，获得了1958年"最受欢迎的纪录片奖"，在厂内也被评为"多快好省"的典范。此片是一天拍摄、一天编辑、一天录音、一天拷贝。

说到这部片子的拍摄过程，有不少细节我至今记忆犹新。那是1958年，我和厂内一些同志加入北京十三陵水库工地义务劳动大军的行列。在这十万劳动大军中，有北京市和中央各部门抽调的劳动者，有附近县市前来义务劳动的工人和农民，还有从外地不辞辛劳赶来的人们。此举，在当时来说是有非常意义的！

5月下旬的这天早上，当人们吃过早饭，正要鼓足干劲儿开始劳动的时候，我接到去总指挥部的通知，说是有新的任务。在总指挥部，我看到"新影"的摄影师徐肖冰、庄唯、李振羽等都在场。他们告诉我："今天毛主席、朱德、周恩来等中央首长来十三陵水库工地参加义务劳动。厂里准备拍部纪录片，并决定此片由你编辑，所以从现在起停止你在工地上的劳动，参加拍摄，并回厂突击制作此片。"我二话没说立即投入了拍摄工作。

此后的拍摄过程，有着相当大的困难。当工地的大喇叭宣布毛主席、朱德委员长、周恩来总理等中央首长来工地参加劳动的消息时，整个工地都沸腾了，"毛主席万岁""中国共产党万岁"的口号响彻整个工地上空。工地的劳动者立即变成了欢腾的人群，放下手中的活计，向中央首长劳动的地区涌去，人山人海地把中央首长包围了起来。有的摄影师动作稍慢些就被挤在了人群外面，无法拍到首长劳动的场面。后经工地指挥和警卫队反复劝说，群众才腾出一条小道让摄影师进去拍摄。有的摄影师挤不进去，就干脆找个桌子或板凳登高拍摄。

尽管拍摄有困难，但我们的摄影师还是拍到了相当多的珍贵的镜头。有些镜头虽然已经过去了半个世纪，至今我还珍藏着，现在把它们找出来，与同志们一同回顾伟人当年风采：

毛主席和其他中央首长坐大轿子车来到工地，北京市委书记兼市长，同时兼任十三陵水库工地总指挥的彭真同志，向毛主席介绍十三陵水库工地十万义务劳动大军的情况。

毛主席听完彭真同志的情况介绍后，立即脱掉外衣，汇入十三陵水库十万义务劳动者的洪流，挥锹铲土参加劳动。

朱德委员长不顾年迈体弱，仍然像当年老红军一样，担土上堤，别人怎么劝说仍不肯休息。

周恩来总理先是和群众一起传筐运土，后又把沙土和石块送上工地大堤。

身经百战的贺龙元帅在工地上一边积极担筐运送土石，一边还给广大群众鼓舞干劲。他激情地对大家说："咱们一定要加紧苦干，一定要在雨季前把水库修好。不然，洪水一来，把大堤冲垮了，那不就前功尽弃了吗？如果我们赶在洪水之前把大堤修好，不但可以拦截洪水为我们所用，使广大农民的田园得到增加生产、旱涝保收的成果，还会给北京建一个很好的休闲圣地，为北京增添一个巨大的娱乐场所！"义务劳动的群众听到鼓励后立即增添了百倍的革命干劲！

由于厂领导在拍摄该片过程中启用了突击制作影片的机制，摄影师边拍摄边把拍过的底片送厂冲洗，因此，当天晚上8点左右当我们回厂时，此前拍摄的大部分底片已经冲洗完成，并印出了不少样片。晚11

时，全部样片就摆在了我们的剪辑台上。我和剪辑同志立即投入了编辑此片的工作中。同时，其他部门的同志如录音、音乐、效果、美工等也都在各自准备。

第二天上午不到10点钟，我们的样片编辑完成，厂里领导立即审查；下午2点左右，后期的同志全部投入突击制片；晚上8点进入录音室，不到10点录音顺利完成；10点半"双片"审查通过；当晚底片组套底完成。第三天上午就出了拷贝，立即在全国同时上映。

当时的中央电视台刚刚建立，也对此纪录片进行了重点播放。此片一放，立即在大江南北引起了强烈的反响，掀起了全国大搞农田水利建设的高潮，义务劳动的做法遍及全国。榜样的力量是无穷的，据统计：在伟大领袖直接参加义务劳动的鼓舞下，1958年下半年的农田水利建设成就远远超过了1949年前几百年！这是何等的成果！这是何等的榜样力量！现在我回忆起当年拍摄此片的经过和它起到的巨大作用，还是感到极为光荣和幸福！

拍摄《红旗渠》

闷雷一声！"文化大革命"开始了。所有的党政机关、学校工厂、群众团体的领导，几乎都成了"走资派"。我当然也未能例外，不但被多次揪斗，还被抄家游街示众。我被关进"走资派"的黑屋，每天在造反派们监视下劳动。1969年春天的一个下午，军宣队的老王和工宣队的白师傅，把我从"黑帮"院内叫出来谈话，要我去河南林县拍摄《红旗渠》。我当时表示我去有困难。白师傅看出我有点情绪，立即改变了腔调说："怎么？你不去？"老王也焦急地问我有什么困难。我说："不是我不愿意去工作，要我去工作，我是求之不得。我是说：我顶着'黑帮分子'的帽子，几次被抄家，连个工作证都没有啦，我怎么去工作呢？"白师傅听后笑着说："这好办！让你去工作本身就说明你已不是'黑帮'啦！工作证、介绍信，我们马上发给你！你先找沙钟科、刘书元谈谈，明天就出发去河南！"

他们说得干脆，办得也利落。当天晚上就给我们组建摄制组，并发给我记者证和中央文革小组的介绍信，还另外发给我一个新影厂副总编辑的工作证。为了工作方便，还特别允许我们把过去拍的"引漳入林"的影片素材，全部带到河南郑州，让河南革委会审看，让他们大力指导，支持我们拍摄《红旗渠》的工作。在组建摄制组时，我也曾建议赵化、郝玉生等同志参加摄制组，因为他们更熟悉《红旗渠》的拍摄工作。军宣队、工宣队的领导答复说："各有各的情况，让你们去，你们就去，少管别的闲事！"在当时的情况下，我们就不敢再多言了。

我们到达郑州后，省革委主任刘建勋等同志接待了我们，并迅速组织人审查了我们厂拍摄的《红旗渠》素材。刘建勋指示：去林县拍片要坚持以下原则：

1. 你们去林县，只是拍《红旗渠》影片，不要参加群众的派系斗争。

2. 有关"引漳入林"的素材，基本上是好的，有些场面也很好。但"千军万马"战太行的气势不够，也看不出《红旗渠》的全貌，必须再重拍，特别是群众上山的大场面！

3.《红旗渠》是林县人民苦干十年的产物，在这十年的艰苦奋战中，出现了很多战天斗地的英雄，要把他们的事迹拍出来。注意：要拍那些真英雄，千万别拍那些假英雄。

4. 红旗渠工程的总带头人是原县委书记杨贵，但杨贵现已离开了林县，林县的现任领导可能不再同意多拍杨贵。但《红旗渠》也不能没有杨贵的事迹，你们可考虑，杨贵的镜头，有个三五个为宜，不宜多拍。

事后，为了方便我们在林县开展拍摄工作，省革委会还专门派了省委宣传部元副部长带我们一起去了林县，并在他的直接帮助下在林县重新组织了约有三万人的大场面。大批人马轰轰烈烈地重上太行山，让我们幸运地拍到了"千军万马战太行"的壮观场面。

在林县，经过实地采访，我写了个《红旗渠》拍摄提纲，经省革委和厂同意后，我感到要拍的资料还真不少。就申请厂内派摄影队支援，厂立即派了雷可和相春辉等两个队来林县支援。他们的到达，起到了相当大的促进作用，整个空中拍摄和任羊成凌空除险等场面，都是他们拍摄的。

在林县拍摄《红旗渠》的过程中，我们虽然没有参加什么派系斗争，但我们有几次坚持了新闻纪录片必须是客观真实的原则。有一次，我们需要拍总干渠飞崖除险的场面，按林县现领导给安排的是另外一个人代替除险英雄任羊成。我们坚持要拍任羊成除险。因为，换人除险，场面就不能连接。经过好几次交涉，才把已到县医院工作的任羊成找来。由我厂的相春辉同志拍摄了任羊成飞崖除险的镜头，为《红旗渠》

影片的感染力增添了相当的艺术特色！

在拍铁姑娘队的场景时，我们也是经过了激烈的斗争。我们听过去的《红旗渠》工程的副总指挥、副县长——马友金同志介绍：在整个红旗渠三干渠的修建过程中，有一支相当出色的铁姑娘队。她们"一不怕苦，二不怕死"，和男孩子们一样，在工地上打拼数年之久，建立过不少的功勋。但她们有的已升任了水利局的领导，也被免职，有的还给安排到非常艰苦的地方去劳动改造。我们提出要拍原来的铁姑娘们，开始他们以不好重新组织为名，不想再让铁姑娘们上工地。他们说："工地上现在就有姑娘们劳动，拍她们不是一样吗？"我们在马友金同志的帮助下，很快就恢复了铁姑娘队，拍到了她们自己负责的艰苦工程，打深井和井下爆破，挖深洞和洞内爆破、赶烟等动人的场面，突出了以韩勇娣、郭秋英为首的《红旗渠》工地上真正的著名的铁姑娘的飒爽英姿，展现了货真价实的铁姑娘们的动人事迹和真正的英雄人物！

事后，马友金同志对我们说："好啦，你们拍的是真铁姑娘队，如果你们拍了那些假铁姑娘队，你们非挨骂不可！"

我们拍三干渠的曙光大渡桥时，也和现领导进行了激烈的争执。曙光大桥是个长550米、高16米、宽4.5米的大工程。我们到工地时，只看见整个大工地上只有几十个人在稀稀拉拉地工作。我们提出场面不壮观，不能拍，希望再增加些人再拍。县领导说：现在是抓革命为主，拍电影也要服从革命运动。我们只好等。后来，曙光大桥工地指挥长李贵同志告诉我们：其实，原工地上有上千人工作，光女石匠就有三百多人，他们听说要在这里拍电影，才临时把人抽走开会的。果然，我们等了三天后再来工地时，大桥上恢复了轰轰烈烈的大场面。我们立即在这里拍了50孔大桥同时开工的大场面，拍摄了几百个女石匠雕琢石料的场面。拍到了女突击队员们巧用土吊车空中运送石料的镜头。在这里，我们在李贵同志的帮助下还拍到了三干渠老英雄——王实存和群众一起打通曙光洞的镜头。曙光洞的石质异常坚硬，身强力壮的小伙子一锤能力透千斤，也只能打出一个白点，很多人都说：石质太坚硬，在这里打洞，简直是痴心妄想。但王实存冲在前面，脱掉上衣，抡锤猛打。他说：别说石头硬，就这座山是一块铁，我们也要熔化它，让红旗渠的清水通过！经过一年多的苦干，不但把曙光洞凿通啦，而且，洞打得光滑溜直，使人感到工程干得是巧夺天工，叹为观止！

总之，在将近一年的《红旗渠》影片的拍摄中，我们除用飞机拍摄了从总干渠的加宽加厚到红旗渠总观全貌，以及和劈山引水的险段外，我们还用橡皮艇从水面航行，具体介绍了每项艰苦工程。有的地方劈山而过，有的地方是削平了整个山头，有的地方是深沟架桥，有的地方是在绝壁上凿洞，尤其是我们在橡皮艇上架起灯光和沙钟科、刘书元通过青年洞的时候，我简直是感慨万千。林县老百姓愚公移山的坚毅精神和巧夺天工的精湛技艺令人赞叹！

此外，我们在林县拍摄了三条主干渠和无数支渠、毛渠、水库、电站等全部红旗渠配套的重要工程，还有红旗渠全部建成总干渠开闸放水的大战庆典及全县人民沸腾欢欣歌舞的动人场面。

我们大约是1970年7月回厂进行的后期制作。那时工宣队的师傅们已撤出厂，所有都是军宣队主管，他们实行极"左"路线，说活干事"左"得厉害。例如：在后期制作中，我提出要位剪辑同志帮助工作。他们就说我是要"穿新鞋走老路"，干个后期，还得要人伺候。不给剪辑师，要我单干。

自己单干还不算，还规定白天不准进剪辑室，白天是闹革命的时间，美其名曰：先抓革命，后促生产。从早八点到夜晚十二点，不能进剪辑室，要我和革命群众一起"革命"——开批斗会、听讲课、看表演。甚至连"革命群众"打乒乓球都得去看，就是不能去剪辑室工作。全然不是要我们去拍《红旗渠》时的那个紧迫样子。本来《红旗渠》的后期编辑工作，有十个工作日就能完成，竟然拖了一个多月。幸亏我是剪辑出身的编辑，否则还会拖更长时间。

在我编辑《红旗渠》样片过程中，还发生了一件事差点儿使我的后期工作完不成。事情是这样的：正当我只能在夜间十二点以后才能进剪辑室工作的时候，编片时间特别紧张，剪辑工作间有一位年轻的同志说她丢了一卷磁带，背着我向军代表举报说是我偷了她的磁带。那位军代表听信了她的话，不容分说就把我叫到办公室，要我立即交出磁带，否则一切后果由我一个人全负。我当时极为气愤，说没有这回事，说这是陷害！那位军代表对我的话一字不听，在深更半夜里立即组织好几个人在我的剪辑室翻腾，并让专人看押我，在事情没有结果之前不准出他的办公室。幸亏老剪辑师马义同志在那位丢磁带的剪辑小姐的房间内找到了她所丢的磁带，否则后果不堪设想。事后我问那位军代表："凭什么怀疑我偷她的磁带？"他竟毫无愧意地说："全剪辑间都是革命群众，就你一个是'黑帮'院来的，不怀疑你，怀疑谁？"我当时真想大骂他一顿。可是想想当时的情况，想想正在制作的《红旗渠》影片，我只好愤而不言，忍气吞声！

《红旗渠》样片编成通过，作曲高潮同志已配曲完成，连我写词的主题歌都作好啦，并请来某团歌唱队来厂录音。当时作曲何方同志提出词中的一句："劈开太行山，引来漳河水"不太好，希望能改改。于是，我们暂停录音来研究改歌词。我记得当时有何方、高潮、肖远、段洪等同志参加研究。我当时急着忙录音，也不知是谁最后提出改成："劈开太行山，漳河穿山来……"为了赶时间，只要军代表点头同意，我们就继续录音了。

等《红旗渠》影片完成后，在国内外获得好评。我从高维进同志写的《中国新闻纪录电影史》中《红旗渠》的编导项下，有编导段洪的名字，在我厂最近出的纪录片《百年光影》中又看到《红旗渠》的总导演是郝玉生同志。现在我极为后悔：在我编片时，段洪和郝玉生和我同在生产组，我还和郝玉生同住一个房间，当时我能拉上他们俩人的哪一个和我一起进行后期，也决不会搞得那样狼狈！

我在前边说过，《红旗渠》影片出厂后，在国内外立即引发强烈反响，在国内掀起了《红旗渠》热！这并不是说《红旗渠》影片拍得多么出色，而是因为：一、红旗渠事迹的创造者——河南林县人民自力更生，艰苦奋斗，一不怕苦，二不怕死的果敢精神，敢于重新安排山河，彻底改变自己生活命运的伟大精神感动了观众；二、此片出厂时间，正是"文化大革命"的后期。在近十年的"文化大革命"中，整个文艺界被"四人帮"的一顶"封资修"的大帽子几乎全部"捂死"：舞台上的所有传统节目一律不准上演，只有几个样板戏在重复折腾，银幕上也只准上映所谓的"三战"《地道战》《地雷战》和《南征北战》"，其他类型的电影，全不准上演，也不准再拍新的故事片。整个文艺界的遭遇，就像十年干旱一样，广大观众对文艺节目简直是望眼欲穿！正是在这种情况下，突然出来一部《红旗渠》，观众就如久旱逢甘霖一样，立即掀起《红旗渠》热。长城内外、大江南北都刮起了《红旗渠》热的旋风，在国外也是一样，十年来没有看到过中国的新电影。我国驻外使馆和代表处，都拿《红旗渠》招待客人。国外的友好人士先是看到《红旗渠》表示震惊，后来一些友好国家的领导人被红旗渠的事迹所感动。据介绍罗马尼亚和阿尔巴尼亚的领导人看完《红旗渠》后，表示：中国同志种点粮食和改变自己的命运竟是这么艰苦和如此不容易！我们今后要学习中国河南林县人民这种革命的干劲。他们能干的，我们也应该能干。

在非洲，《红旗渠》也得到了很多赞扬。有些国家向使馆借的《红旗渠》拷贝不但不还，而且还多要拷贝。阿尔及利亚的总统叫杜尔，就点名多要了八个《红旗渠》的拷贝。他说："我要让我的部长、省长及全国人民每人都看两遍，要让我国的人民都学习《红旗渠》所反映的自力更生、不怕苦不怕死的精神。我们也要向中国人民一样，重新安排山河，改造自己的命运！"

在《红旗渠》一片赞扬声中，《红旗渠》的摄制组也受到了极大的鼓舞，以为这一下可以彻底地解放自己，可以自由自在地拍些影片了。

以弥补"文化大革命"的损失！能给我们的新闻纪录电影事业做更大的贡献！

万万没有想到，又一盆冷水泼到了我们的头上。驻厂军宣队不但不让我们再拍片子，连我们的家属也一股脑儿地被赶出厂，去京郊大兴县（今大兴区）的荒滩野地去建设五七干校。这次更是彻底地把我们关了起来。原先在北京住厂时，还有假期回家和孩子见面。在干校，夫妻两个在一个地见面也不准交谈。孩子们不分男女，15岁以上的都得去东北或西北参加知识青年下乡再教育。13岁左右的要在社会上自力更生，无人照管。10岁以下的都送托儿所。"五七干校"是"无期"的，多久能毕业回城，谁也不知道。夫妻不在一个连队的，就好像被人造天河隔开两岸的牛郎、织女。夫妻不能互相关怀，父母不能给予孩子照顾。

在干校，没有毕业时间，没有假期。每天除了盖房子开荒就是无休止的批斗。不过，这次批斗的对象却有了很大的不同。在厂批斗时的主要对象主要是我们这些老的、被扣上"走资派"和"反动技术权威"等帽子的"黑帮分子"。而这次在干校批斗的对象则是打过我们这些老家伙的主意、把我们抓进黑帮队的那些年轻人。说他们是反动的"五一六"分子。我被任命为九连三班的班长和一个抓"五一六"的分队长。

军宣队要我去带头斗争他们。我想：这不是要我们互相残杀吗？年轻人在革命运动中出于革命热情，年幼无知犯些错误是可以原谅的，而我们这些受革命教育多年的老同志，再犯和他们同样的错误，就很不应该了！于是，我对斗争年轻人为主、抓"五一六"的运动，深抱怀疑态度，对斗争不但不积极，而且还私下传话给斗争对象说："不要怕，我们决不会报复的，你们有问题就坦白，没问题可别瞎说。"所以，我领导的战斗组，经过二十多天的战斗，也没有斗出什么成果。军宣队看我斗争不力，就撤掉了我的班长和分队长的职务，派我去当沿街捡粪的积肥员，实际上就是想进一步打击我，侮辱我。可他们哪里会想到，我出身贫农，四五岁就给地主家分苗锄草，七八岁就给地主家放羊、捡粪拾柴，十四岁就当兵做勤务员、通讯员，也多数时间照顾首长生活，捡柴做饭，洗洗涮涮，干活劳动不在话下，他们撤我的职，让我沿街捡粪，等于给了我生活的自由。于是，我在破旧的自行车后绑上两个粪筐，手拿一把拾粪叉，每天早晨吃过早饭就蹬车沿大兴县（今大兴区）的几条公路捡粪。有时高兴，我还到天安门前转转，看看天安门前的欢笑游人，看看天安门上高悬的毛主席巨像。我心里就想：只要毛主席的大画像还挂在天安门上，共产党就不会倒，共产党不倒，肯定就会有我再次出头的机会！有时累啦，不想在马路上转，我就买几个西红柿、黄瓜之类，用深井的凉水一泡，到树林中一躺一吃，听着头顶的鸟鸣，看着湖面上的鱼跃雁飞，有时还能看到黄鼠狼和野兔在奔跑，深感惬意。说老实话，他们认为积肥员对我是打击，是侮辱，可对我来说，从"文化大革命"以来，我还从来没有感到过这么轻松、这么惬意！当时我就留下了如下诗句："大地美景在眼前，身边争斗也正酣。我愿天公重抖擞，速送和平来人间。"

在五七干校的时日，有好多事件给我留下了深刻印象。可是，令我终生难忘的是1971年的五一劳动节。那天，干校决定全体放假并准予回家和家人团聚，这在"文化大革命"以来还是件少有的事情。4月30日下午，我和老伴就回到了好久也没有回过的家中，两个幼小的儿女也从托儿所被接回来，阖家团聚，其乐融融。

节日过后，我正准备回干校，再去当我的自由自在的"拾粪郎"。不想，军宣队在1号晚上通知我先不去干校了，到厂生产组报到，有新任务。5月2日上午，我到生产组报到，军宣队的头——老苏同志通知我：上边命令：意大利导演安东尼奥尼在中国拍了一部纪录片，大肆侮辱了我们中国，说中国城市农村，仍然破破烂烂，中国人一点也不文明，农村生活贫困，鸡狗猪羊在街上乱跑。在轮船上，游客光着臂膀，游客在船上向江河内撒尿，等等，把中国说得一无是处。领导要"新影"厂拍一部反映黄河两岸翻天覆地大变化的纪录片。一方面反击安东尼奥尼的污蔑，另一方面也向中华人民共和国成立二十五周年献礼！他们这时又来了个180度的大转弯，对我十分客气地说："老姜同志，您是咱厂的老编导，老新闻工作者，这个艰巨的任务交给您，我们放心，相信您一定会拍摄成功！"

老天爷！这可是个天大的任务，给我出了个既艰巨又光荣，而且是非完成不可的难题！

这个难题，难就难在题目太大，时间又紧急。想想看：黄河，是我们中华民族的母亲河，它身长一万里，还有上下五千年的璀璨历史，两岸从古代到现代，该有多少可歌可泣的事迹需要描写？简直就是个上下五千年，方圆一万里的大蛋糕。想吃？却难以下口。军宣队在通知我的同时，就组成了有阿尔吐辛、杨永松、吉光华、范原勤等十多人的摄制组，要我们在年内就拍摄完成！

任务是明确的，人手也齐全，可这是违反制片规律的。作为编导，未经提前采访，没有拍摄提纲，就带一大批人下去拍摄？拍哪里？怎么拍？编导心中没底。摄影师们也不知从哪下手？怎么工作？太困难了！我不可能带一大帮人下去，像无头苍蝇一样下去乱撞！

经和军宣队领导再三商讨，军宣队还算明白了些工作程序，他们最后决定，先由我下去采访，一个月后准时开拍，不得拖延！

我接受了任务，去河南黄河水利委员会，经请示，黄委会主任王化云同志对此片非常重视，派出一位姓蔡的专家和一位对黄河宣传非常熟悉的牛增奇同志和我一齐乘黄委会的专车沿黄河两岸采访。从黄河的源头地区我国青海省，一路经四川、甘肃、宁夏、内蒙古、山西、陕西、河南、山东的入海口，前后转了两圈，看了不少黄河的水利工程，文物古迹，险工险段及古老的和新兴的城市。尤其是黄河上游的神奇景色、中游的艰巨工程和翻天变化，下游的水上长城等。特别是河南、山东段，这里在旧社会是三年两决口，或是两年三决口，每次决口都给两岸人民造成无法估量的损失。中华人民共和国成立后，人民倾全力响应毛主席"把黄河的事情办好"的伟大号召，从上、中、下游全程治理黄河。上游开发利用，中游劈山种树，拦洪筑坝，水土保持，建成大批水电站。既拦水浇田，又能发电、供水，还为中游各省市提供大发展的动力。下游彻底改造了黄河大堤。过去的黄河大堤，多半是用芦苇和泥土堆成，一遇大水就崩堤决口。现在的河南、山东黄河下游地区，都建成了巨石大堤式堤防，特别是河南、山东地区的黄河大堤，全是由青石经精细打磨建成的大堤。经查：为建这些大堤，山东、河南人民都把著名的水泊梁山的数以万吨的巨石搬到了黄河大堤上。他们骄傲地称这里是"水上长城"。就是有了这座"长城"，黄河二十多年不但再没有决过口，危害人民；而且，这里还建成了多处水利提灌和引水渠道为城市供水、为农村灌田，造福人民！至于说为修这些水利工程和水上长城发生的那些动人故事，更是多得不可胜数。什么祖孙同打一把钎、父子同抬一块石、兄弟共拉车、姐妹齐推土等，个个都使我非常感动。

  我用了不到一个月就采访完毕，并在诗人贺敬之"黄河女儿梳妆来……"诗句的启发下，写出了拟人化展现黄河巨大变化的提纲：把古老宏伟的黄河，当成一位美丽的少女，让她精神抖擞地立起来，让观众欣赏她的清纯、神奇、美丽！让人看后都感到："啊！黄河，我们中华民族的母亲河，您是这样古老而年轻，神奇而美丽！"

《黄河万里行》摄编随笔

神奇的黄河源头

在我国大力开发西部的浪潮中,我想我国的青海省,必定是待开发的重点地区之一。而青海的黄河源头地区,又必定是重中之重。因为这里不但有着数不尽的珍藏宝矿,还有着人们难得一见的神奇风光和文物古迹,对西部的工业发展和旅游事业都有着重要意义。

说起古老的黄河,很多人都知道它是我们中华民族的母亲河,是我们中华民族的文化摇篮。但黄河源头是个什么样子,恐怕就很少有人知道了。为拍摄大型纪录片《黄河万里行》,我曾有幸在黄河水利委员会领导和专家的协助下,沿黄河上下采访和拍摄过两圈,对黄河两岸的巨大变化和神奇秀丽的风光文物,有着极深刻的印象。

说到黄河源头,在我国自古以来就有各种各样的说法。唐代大诗人李白说:"黄河之水天上来。"这显然是诗人的艺术想象,唐代另一位大诗人刘禹锡也说:"九曲黄河万里沙,浪淘风簸自天涯。如今直上银河去,同到牵牛织女家。"这同样是诗人的艺术想象。

其实,黄河不但发源于地上,而且,它的源头,更是一个美丽神奇的地方!

黄河的源头在巴彦喀拉山,这里的海拔约四千五百米。夏天绿草如茵,鲜花遍地。就在这些奇草鲜花丛中,有许多大大小小的泉水,大的如脸盆,小的如茶杯,它们以涓涓的细流,汇成一条巴掌宽的小溪,溪水慢慢东下,谁能想到,这就是奔腾万里的黄河的源头!

黄河细流在流入"约古宗列"后（注：约古宗列系藏语，意思就是炒青稞的大锅），形成了约半米宽的溪流，注入星宿海。星宿海其实不是海，是由一百多个大小不同水洼组成的沼泽地。这些水泊子，在月光的照耀下，会熠熠闪光，宛如群星落地，因而得名。黄河从星宿海流出后，形成一米或数米宽的小河。说是小河，其实是一条溪水。不少地方一步就能跨过。小小黄河之水又注入了青海高原的两大湖泊——扎陵湖和鄂陵湖。黄河流经的这两大湖泊，是青海高原的奇景：扎陵湖和鄂陵湖均在海拔四千多米之上。扎陵湖的面积是五百二十多平方公里，鄂陵湖面积为六百一十多平方公里，它们在地图上看都是很小的湖泊。但，到它们的面前一看，则似碧波万顷的大海。由于它们的水面深浅不同，因此扎陵湖是白色的，而鄂陵湖却是青蓝色的。无风的时候，两湖都是水平如镜，两岸是芳草如茵，鲜花吐艳，群鱼跳跃，百鸟纷飞。特别是那些野驴、野马和白唇鹿等稀有动物，它们自古就生长在高原上很少见人，所以它们只顾安详地吃草，对我们这些不速之客，置若罔闻，毫不理睬。特别是那鸟岛上的大型鸟类，如白天鹅、斑头雁、赤麻鸭之类，它们也不怕人。如你想和它们亲近，它们还憨态可掬地伸过头来让你抚摸，对我们的到来，表示了极为友好。当然，我们所有的同志都对它们表示友好，一方面给它们投食，另一方面尽量自然拍摄，不动它们的巢穴，不抓弄它们的幼鸟。所以在鸟岛近三小时的拍摄中，它们好像知道我们是友好的使者，都积极配合，毫无畏惧！

　　在扎陵湖边，我们还遇到了一次奇景：就是大晴天的情况下，突然看到从青山口处冒出一大股白云似的烟雾，这股烟雾，越喷越多，迅速形成一片巨大的白色云绸，覆盖了整个扎陵湖，并向鄂陵湖飘去。而逐草而食的野马、野驴和鹿群，仍安详吃草，湖面上纷飞的水鸟仍上下翻飞，对身边飘过伸手可触的云绸毫不惊异。我们这时呼吸着高原特有的新鲜空气，看着眼前的奇景，有如入仙境之感，神清气爽，真想大声呼喊："好啊！"我们的工作虽很艰苦，但能有几个人能观赏到我们身边这样的美好奇景？

过日月山

为拍摄大型彩色纪录片《黄河万里行》。我们来到了青海省著名的日月山。这里是名副其实的人间仙境。

日月山横卧在由青海省古城西宁到西藏拉萨的青藏公路上,是内地通往青藏高原的必经之地。日月山前是黄河的重要支流——湟水流域的肥沃田野,山后则是青海湖滨极目无垠的丰美草原。据说,唐代的文成公主为和亲而远嫁吐蕃首领松赞干布时,当时吐谷浑的首领曾在这里修建过很多迎亲建筑,以示对文成公主和大唐使节的欢迎。我们是乘汽车沿蜿蜒的柏油马路上山的,当到半山腰的时候,不但看到浓云紧护住山顶,而且还见到玉带似的白云紧缠山腰。汽车越往上爬,景色越是奇特。当我们到达护顶浓云的边沿时,往上看是伸手可触的浓云不见山顶。往下看村庄、林木及吃草的牛羊,都沐浴在灿烂的阳光中,甚至连球场上孩子们在玩耍,都尽收眼底。我们越往前走,就越感到新奇,我们的汽车在浓雾中穿行,大白天都得开灯行走。前方不远处的车队都在高山气浪和浓雾中飘浮起来,像热带鱼一样在眼前飘动。我们本想好好看看日月山顶的顶峰,但没有实现,因为浓云密布把山头包得太紧,好像山顶在同我们赌气,不让我们看它的真面貌。我们透过水雾云幔,看到的只是雄山暗影直插天际;奔跑、跳跃的牛羊在云雾中浮动。当时,我们真有置身云端,手扶白云,飘飘欲仙之感。同行的同志还乘兴赋诗一首。

诗曰:"雄山名日月,云罩似王冠。疑有瑶池在,仙音落窗前。"

翻过日月山口,眼前的景色更使我们为之一振!一望无际的绿绒毯似的大草原上,羊群、牛群、马群……像数不清的云朵在碧空中飘动。一条黑色公路,像玉带一样飘向远方。公路上奔跑着成千上万辆大型载重汽车川流不息,据陪我们采访的同志说:"这些奔忙的汽车,大部分是国家为西藏人民送物资的,也有一部分是为青海龙羊峡水电站送材料。英雄的青海人民已在龙羊峡,腰斩了黄河,建成了大型水电站。不但为青海人民大开发提供了大量电力,而且,还用人造湖的黄河水把成千上万亩荒滩薄地,变成了旱涝保收的良田!"

日月山西坡还有一条"怪河"。说它怪,是因为我国的河一般都是由西往东流,而这条河则是由东往西流,人称为"倒淌河"。我们问日月山的名称和"倒淌河"的由来,陪同我们采访的同志给我们讲了这样一段动人的传说:

唐太宗贞观十五年(公元641年),吐蕃首领松赞干布为结永好向唐王求婚,唐太宗以知识渊博的文成公主下嫁。唐太宗怕文成公主思念长安和亲人。特送一面日月宝镜给文成公主,让文成公主思念家乡时就用宝镜看看家乡和亲人。公主一路颠簸,到达日月山时,当时的日月山名叫赤岭,这里是荒芜一片。越走越荒凉。于是公主取宝镜望长安。看到家乡和亲人们愉快生活,再想到以后要在荒漠中生活的困苦,感到十分难过。就在此大哭一场,眼泪滴在西坡上,就成了如今的"倒淌河"。文成公主哭是哭了,但她终归是深明大义。心想下嫁吐蕃是永结边疆友好的大事,决不能半途而废。于是,把日月宝镜摔碎在赤岭上,毅然前往和亲……藏汉人民为纪念文成公主的义举,就把赤岭改称为日月山,把由东往西流的小河取名为"倒淌河"。

文成公主进藏和亲后,极大地增强了汉藏两族人民友好的气氛,日月山变成了汉藏同胞交换物资的重要基地。

当然,传说是传说,实事是实事。日月山和"倒淌河"都是自然的存在,绝不是什么文成公主的眼泪和宝镜形成,它是自然地理形成的雄关宝地,直到今天日月山仍是我们青藏公路和青藏铁路的重要站口,是我们汉藏同胞共同繁荣发展的重要驿站。

神奇的柴达木——祖国的聚宝盆

在黄河源头地区，我们还采访拍摄过一个更加美好，更加神奇的地方，这就是世界驰名的柴达木盆地。

一谈起青海省的柴达木盆地，不少人喜欢给它涂上一层神秘夸张的色彩。说什么柴达木是"天空无飞鸟，地上不长草，瀚海八百里，人去活不了。"还有人引唐代大诗人杜甫的诗为证："君不见，青海头，古来白骨无人收。新鬼烦冤旧鬼哭，天阴雨湿声啾啾。"把柴达木描绘成连鸟兽都难以存身的可怕去处。其实，柴达木不是贫穷荒凉的瀚海，而是一个名副其实的神奇秀丽的"聚宝盆"。为了拍摄纪录影片《黄河万里行》和《漫游柴达木》，我曾有机会游历柴达木，深感"聚宝盆"的说法千真万确。

柴达木地处昆仑山下的盆地．这里一般地区都在海拔三千米左右，比那有着"一览众山小"之称的东岳泰山还要高出将近一倍，这里生长着奇异的高原花草，奔跑着高原牛羊，有着众多形状各异的高原湖泊，它简直是个令人心驰神往的奇妙世界！

由于地势高，在这里旅行，经常会遇到高原气浪，这时您会看到：远山近影都浮在水帘似的气浪中。尤其有趣的是那些奔驰在公路上的车辆，好像热带鱼一样在气浪中浮游，那形象煞是壮观．怕是在全国其他地方很少见到的奇景！

柴达木有些地方很有奇趣。在柴达木西部的一片沙漠中，有不少被黄沙掩埋着的山石。这些山石又被大自然的鬼斧神工雕琢成了各种各样的形象，有的像山鹰，有的似石笋，有的如少妇。有的赛牛郎……放眼望去，简直就像在一块巨大的金丝绒地毯上，摆设着各色各样的石雕珍品，不管从哪个角度来看，都可说是人间奇迹。

柴达木又是富饶的。它的富饶，首屈一指的当是盐湖。柴达木的大小盐湖据说有二十多个。柴达木三字在蒙语中就是"盐泽"的意思。柴达木盐湖本身就是奇景：大柴旦盐湖银白一片，小柴旦盐湖则是一片青绿，达布逊盐湖像蓝色的天空，而察尔汉盐湖又像一望无际、刚刚翻耕过的土地……

盐湖里的盐有着各种各样的形状：有的像珊瑚，有的像白玉，有的像银条，有的像水晶，有的像冰花，有的像珍珠，真是五彩缤纷，婀娜多姿。据介绍，柴达木盐湖中的盐质非常好，不但能食用，还含有钾、镁、硼、锂、铯、碘等多种元素，可作为重要的工业原料。

柴达木盐的储量究竟是多少？一时尚难查清，据估算，单单察尔汗一个盐湖，就能产盐250亿吨，足够全国13亿人民吃300年！

除了盐之外，柴达木盆地还有着众多财宝。我们曾在这里参观过一座锡铁矿山。矿带达三十多米厚，是个含有铅、锌、金、银、锑等多种稀有金属的矿带。一个有经验的外宾说："在我们那里，发现一米厚的矿带就得感谢上帝了，想不到你们竟有如此丰富的矿藏。"

柴达木的煤藏量更是惊人，别的地方，煤大多深埋地下，而柴达木有的煤矿却在四千米以上的高山上，只要修通公路，搭好架子用车去拉就行了，因为整座山就是个大煤堆。说起煤矿的发现过程也很有意思：1958年有几位地质队员用木棒打了一只大头羊，羊被打倒啦，但没有死，它乱蹬乱踢，划破了地皮，露出了煤层，于是，发现了煤矿，因此，这个巨大的煤矿就被命名为"大头羊煤矿"。

说柴达木盆地是个聚宝盆，除盐、煤等矿藏外，这里还蕴藏有相当丰富的石油。目前柴达木西部的冷湖油田，正在紧张地钻探开采，井架林立，车水马龙，我们亲眼看到已有多处在喷油了。

至于说柴达木是"天空无飞鸟，地上不长草"，更完全是以讹传讹。柴达木不但有肥美的生长着各种奇花异草的草原，而且也有神奇的鸟岛和巨大的农牧场。青海著名的诺木洪农场、香日德农场，都在柴达木。在这些农场中，我们不仅看到了长势良好的西红柿、圆白菜、枸杞子、苹果等蔬菜瓜果，而且看到了秆有筷子粗、穗像青稞麦，亩产估计近千斤的大片小麦田。农场的老场长告诉我们：这里由于日照时间长和引昆仑山雪水灌溉，庄稼长得特别好。试想一想：在两三千米高的地方种粮食和蔬菜瓜果，该是多么难能可贵呀！

在青海，我们还拍摄了古城西宁。西宁虽然是青海省的省会，但新中国成立前，这里已被旧军阀马步芳等糟蹋得不成样子。这里虽然有几座大军阀、大官僚的豪华别墅，但街道市容破破烂烂，不成个样子。据介绍，1949年之前，整个西宁市连条正规街道都没有。全市的工业就是个铁匠炉钉马掌的，全市没有正规交通，只有一辆汽车，有客拉客，无客拉货。至于说到学校，那就更惨啦，全市只有两座初级小学。孩子们要上高中就得去兰州，上大学就得去北京和上海！一句话，新中国成立前的西宁，说是个省会，实际上是个乡村！新中国成立后有了翻天覆地的变化，国家在这里修建了公路、铁路及民航机场，方便了群众，从西宁可直达全国各地。

国家在西宁城还大力建设了钢铁厂、棉纺厂、毛纺厂、地毯厂等工业基地，建立了青海大学、青海医学院、民族学院等文化基地，让青海各族的年轻人从小学到大学的学习，可以不出省即可完成。国家还在西宁建立了银行和各种商场，使西宁出现了一条又一条的整齐街道，建立了各种公园，修缮了座座古庙古迹，让西宁人有了舒适惬意的休闲场所！使古城换新颜，让濒于消亡的西宁古城，焕发了闪光的青春！

总之，我们在青海省拍到了许许多多的神奇精彩的镜头，对"黄河少女"的头部，完全有把握描写得清秀、俊俏、丰满、秀丽！

凌云寺大弥勒石像

我看到一则材料说阿富汗有一尊大佛，高53米，堪称世界第一大石佛。其实，它比起纪录片《乐山风光》中所拍摄的我国四川省乐山县

（今乐山市）的凌云山大佛来，只不过是小弟弟。

乐山县（今乐山市）凌云山大佛，是在陡壁上雕凿的一座大型弥勒坐佛，身高71米，肩宽24米，目长3.3米，体态端庄，造型匀称，面对滔滔江水，背靠郁郁苍山，已稳坐了一千多年。至今，看上去还是非常壮观。

据介绍，这尊大佛是我国唐代海通和尚最先筹划开凿的。当时，他见到这个地方是岷江、青衣江和大渡河的汇流处，水势湍急，波涛汹涌，常常有过往舟船触礁沉没，就决心在这里削礁石，减激流，于是，劈山造佛，达到既疏流又树佛的目的。

海通于唐开元初年（713）开工造佛，到唐贞元十九年（803）建成，前后历时达九十年之久，可见工程的浩大和艰巨，当站在大佛的脚趾上仰视大佛的头部时，准会赞叹我国古代人民的气魄，准会联想到我国名震中外的万里长城。

在开凿大佛的同时，大佛两边的绝壁上还开凿了许多大大小小的佛菩萨像和一些佛龛穴洞，可惜多已风化不清，只有大佛右侧的两个龛洞比较完好，看其造型逼真，雕工细致的程度，至少可与山西大同的云岗、河南洛阳的龙门石刻艺术媲美。

大佛头顶上方，就是著名的古凌云寺，亦称大佛寺。这里古树参天，青竹滴翠，曲径幽深，花香袭人。自古以来就是游人流连忘返的地方。唐代著名诗人岑参曾写了如下诗句："寺出飞鸟外，青峰载朱楼。缚壁跻半空，喜得登上头。始知宇宙阔，下看三江流，天晴见峨眉，如向江上游。"

峨眉龙池的故事

我国著名的峨眉山上有个"龙池"。池在层峦叠嶂、烟云缭绕的古老的"万年寺"旁。

峨眉"龙池"长约20米、宽约10米，池中的水碧绿，深不见底。传说此水终年不升不降，水道直通东海，故称"龙池"。

这个"龙池"中有个"蛙会"。每年春夏，大批绿色青蛙在池中翻腾嬉戏。而且，这里的青蛙在玩耍时，会发出一种像拨弄古琴弦似的叫声。因此，这里的人们称这种青蛙为"弹琴蛙"。对青蛙们发出的"弹琴"似的齐鸣，叫作"仙姑弹琴"。为什么叫"仙姑弹琴"？传说唐代万年寺有一位老和尚，名叫广浚。他不但德高望重，而且，还弹得一手好琴。著名大诗人李白是他的好朋友，李白很欣赏他的琴艺。他听广浚弹琴常常是迷而忘返，后来李白赠给广浚和尚这样一首诗：

蜀僧抱绿绮，西下峨眉峰。
为我一挥手，如听万壑松。
客心洗流水，遗响入霜钟。
不觉碧山暮，秋云暗几重。

大诗人李白的赞扬，更使广浚和尚声名远播。当时的达官贵人，都争先来万年寺听琴弄雅，使万年寺一时名声大噪。一天晚上，广浚和尚正在焚香抚琴，他一曲终了，抬头见一绿衣少女，在琴台边倚柱听琴，不忍离去。广浚惊奇地问："姑娘，你是哪家的孩子？为什么深夜不归？"绿色少女很恭敬地回答："我家就住在寺旁，自幼喜好弹琴，今天是老仙师的琴声引我来的，仙师的琴弹得太好啦，能教教我吗？"说罢，姑娘深深一礼。

广浚和尚为姑娘的恳切言辞和彬彬有礼所感动，欣然答应了姑娘的请求。从此姑娘每晚必至。数月后，姑娘琴艺大进，可惜正在姑娘勤学奋进之时，广浚和尚突然患病身亡。由于广浚生前并未教下几个徒弟，他死后，琴台绝响，日趋冷落。

有一天，几个和尚从山下化缘归来，突然听到琴声悠扬，到琴亭一看，原来是一群绿衣少女在那里演奏嬉戏。少女们看到和尚们赶来，都抱琴奔跑，和尚们就边追边问她们是谁家姑娘。姑娘们跑进森林，和尚们也追进森林，眼看和尚们就要追上了，姑娘们奋力跳进"龙池"纷纷变成了绿蛙，并都探出头来向和尚嬉笑，它们发出的声音就像广浚和尚拨弄琴弦。和尚们这才恍然大悟，原来过去跟广浚禅师学琴的绿姑娘就是青蛙变的。消息传开，人们就都称这里的青蛙为"弹琴蛙"了。至今，这个"龙池"和"弹琴蛙"仍然是游客必看的峨眉山一绝。

白龙洞前话白蛇

白蛇传的故事尽人皆知。但是，传说白娘子和小青在四川峨眉山修道的地方，却很少人见过。这次我们来峨眉山采访纪录片拍摄题材，好奇心驱使我为此做了一番探索。

想不到，峨眉山上却真有两个地方，是传说中白娘子和小青修仙得道之处，一个叫"白龙洞"，一个叫"黑龙潭"。

"白龙洞"在峨眉山著名的"万年寿"和"青音阁"之间。这里山势雄伟，终年有白云缭绕，风光极为神奇秀丽，一道清溪绕山，两岸是古松参天，这些古松整齐得出奇，远看简直就像一片绿云。据介绍：这片古松，是明代一个叫别传的和尚按《法华经》的字数栽种的，《法华经》共有69777个字（传说），他就栽种了69777棵楠松，被人称作"功德林"。

"白龙洞"就坐落在这片茂密的古林之中，是一座由山门、配殿和大雄宝殿组成的庙宇式古建筑。从现存的碑文上看，寺庙是明嘉靖年间（约1532）修建的。

我对"白龙洞"中的一副对联很感兴趣。它非常形象地描绘了"白龙洞"的景色与传说。

千古白龙传佳话，
七重宝松倚云栽。

很显然,"千古白龙传佳话"说的就是白娘子的故事。陪同我们参观的同志介绍说:相传很早以前,这座白龙洞有一条心地善良的白蛇修仙得道,经常变成一位美丽俊秀的白衣少女为附近百姓采药治病,有时还施舍钱财给穷人。天长日久,人们渐渐地发现她不是一位普通的姑娘,而是一位得道的仙姑。于是,人们就尊称她为白莲仙姑。后来这里来了一个疯和尚,常常欺男霸女,残害百姓,人们求白莲仙姑保佑。白莲仙姑认出这个疯和尚是个乌龟变的,就用法术捉住了这只乌龟,为民除害。好心的白娘子,念乌龟修炼不易,在乌龟答应改邪归正后,把它放回了大海。这个乌龟就是后来的法海和尚。它在进一步修炼得道之后,却恩将仇报,不但破坏了白娘子和许仙的美满婚姻,还差一点要了白娘子的命!

"在峨眉山小青有什么传说?"我们又问。他说:有一传说小青是在离这不远的"黑龙潭"修行的,和白娘子是近邻友好的姐妹。她生性刚直忠义,是个见义勇为的女性化身。这里的群众说起青蛇来,比白娘子还有声有色。她不但对白娘子忠心耿耿,对法海更是深恶痛绝。在白娘子被压在杭州的雷峰塔下非常绝望之时,是小青念念不忘姐姐。她飞回"黑龙潭",强忍一切痛苦,练就三昧真火,打败法海和尚,火烧雷峰塔,救出白娘子……这里的群众都说小青是勇敢、坚定和忠义的化身!

随着旅游事业的发展,游客们有的进庙游览,有的抄写诗文,有的拍照留念。

我欣赏着白龙洞的诱人景色,听着陪同同志的侃侃而谈,心想:白龙洞一定和峨眉山的其他古建筑一样,在今后优越的条件下更能展现它固有的、璀璨的光彩!

苏小妹与苏八娘

著名古典小说"今古奇观"和一些地方戏曲中,对我国宋代大文豪苏东坡的妹妹苏小妹都有极精彩的描写。尤其是在"苏小妹三难新郎"

里简直把苏小妹描写得活灵活现，说她容貌秀丽，才智过人，诗词歌赋，无所不能。因此历来少有人对此提出过异议。

历史上是否真有"苏小妹"其人呢？答案很简单，没有！"苏小妹三难新郎"只不过是古代作家根据某种生活线索，创作的一篇生动感人的艺术作品。故事是虚构的，人物是塑造的。为什么这样说呢？

前不久，我们由于采访拍摄历史纪录片的题材，在四川省眉山县（今眉山市）参观，苏老泉、苏东坡、苏辙的故乡——"三苏祠"。在这里不仅陈列着历代名人的诗碑、字画，也陈列着苏氏家谱。在苏氏家谱中，明确写着："……苏洵（苏东坡父）妻程氏，生三男三女。长女不满周岁早亡，次女十岁时死去，幼女小名八娘，是苏东坡的姐姐……"由此可见，苏东坡只有姐姐，并没有妹妹。苏东坡没有妹妹，是不是就说明"苏小妹"这个人物完全是虚构假造的呢？也不是。我在前边说过：作者是"根据某种生活线索"创造的人物。这个"生活线索"，我看就是苏东坡的姐姐苏八娘。

据记载：八娘自幼聪慧好学，吟诗作赋，样样都会，是个有名的才女。传说有一次八娘教苏东坡、苏辙两个弟弟作诗，她先出题："轻风细柳""淡月梅花"，叫弟弟每句上添一个字而成两句五言绝句。

苏东坡恃才随口吟道："轻风摇细柳，淡月映梅花"。八娘说不好，让他再添改。苏东坡思考再三，改成："轻风舞细柳，淡月隐梅花"。苏辙由于没有添好，不敢吭声，听哥哥又添成了这么两句，以为添得不错，很有绝句之意，不想八娘仍不满意。兄弟俩同声问姐姐的答案，八娘笑着说："轻风扶细柳，淡月失梅花，不是更好些吗？你们说呢？"两兄弟齐声叫好，表示心悦诚服。

苏八娘的丈夫不是秦少游而是苏老泉的内侄程正辅。虽然苏八娘只活到十九岁。但由于她品貌端庄，才华过人，在当时就是有名的才女。后来，艺术家们为了某种艺术效果，把苏东坡的姐姐苏八娘改写为苏东坡的妹妹苏小妹。这在艺术创造上是允许的，也是必要的。

通过这次参观"三苏祠",联想到苏八娘和苏小妹,我认为古代的文学艺术家,也是相当注重生活基础和创作真实的。很显然,苏小妹的原型就是苏八娘,而苏八娘变成苏小妹的过程,艺术家们肯定是付出了相当心血的。这使我们进一步认识到:典型的艺术形象感人,而真实生活,又是我们一切艺术创作的基础。

卓文君的故乡

我这次去西南采访,有同志邀我们到邛崃去看看。他说:"邛崃县(今邛崃市)是我国西汉时代反封建勇士卓文君的故乡。文物古迹很多,值得一看。"并特别为我们念了两句诗:"来到邛崃地,都谈卓文君。"她为追求纯真爱情,冲破旧礼教的束缚,毅然和著名才子司马相如私奔,脱离了有钱有势的家庭,去开设一家小酒店。两人过上文君酿酒,相如洗盘,自食其力的生活,传为千古佳话。

我们带着好奇心来到了邛崃,果然名不虚传!一进邛崃城,第一眼就是"文君大道",接着是"文君酒家""文君商店""文君饭馆""文君旅馆""文君药店"……甚至连小吃也都叫"文君小吃"。我们进城还不到半小时,就看到了几十个"卓文君"的。我这才相信:"来到邛崃地,都谈卓文君"的说法。

到了县委招待所,我想这里是不会再碰上卓文君的名字了吧?谁知,迎面就是一棵以卓文君命名的巨大柏松,名为"文君松"。据介绍:这个招待所是原"文君故宅"的一部分,隔壁就是"文君公园",也就是卓文君和司马相如开酒店的地方,那里有"文君井""建妆楼""抚琴台""竖诗碑"等古迹。

好奇心驱使我们不顾一天奔波劳累,立即就去"文君故居"瞻仰。这里真是一座清幽雅静的古园林。进门后是一片半月形的小湖泊,岸边丛丛翠竹,风拂竹叶,沙沙作响。湖的右首是一座两层的、有朱红栏杆的小楼，传说是文君卖酒处。楼下有一座小小的假山，山上长有几棵邛竹，顺湖中的曲桥和岸边的荫径都可到达翠竹和绿柳掩映的对岸，一片梧桐树和翠竹簇抱的深处，就是著名的"文君井"。据说：卓文君就是在这口井内汲水酿酒，由于此井水质甘甜，酿出的酒特别好，所以直到今天，邛崃县（今邛崃市）出产的"文君酒"在国内外都享有盛名。

"文君井"的四壁，布满了古往今来的著名诗人的碑刻。其中，宋代大诗人陆游以潇洒的笔触写道："落魄西川泥酒杯，酒酣几度上琴台，青鞋自笑无拘束，又向文君井上来。"明代文豪汤显祖则以敬佩的心情写道："知音偶一对，千载为欣欣，上有汉武皇，下有卓文君"。还有不少近代名人的诗刻，著名诗人郭沫若就在这里留诗道："文君当炉时，相如涤器处，反抗封建是前驱，佳话传千古。"

当然，这座古园林，并非从来就是这个样子，随着历史的浮沉，它也有着各不相同的遭遇。新中国成立前，它的命运多是悲惨的，它曾被摧残得只剩断墙残壁，新中国成立后，国家曾花巨款进行修葺，使它如出土明珠，在中国大地上重放光彩。"四人帮"横行期间，它再次遭难，几乎当成"四旧"被扫掉。"四人帮"被粉碎后，它又重见天日，1980年国家拨款，再次维修并明文规定为四川省文物保护单位。

锦城竹园忆薛涛

到成都采访，四川的朋友老劝我们去望江楼公园看看，说那里是纪念我国唐代著名女诗人薛涛的地方。那里有保存比较完好的与薛涛有关的古建筑群，琳琅别致，很值得一游。

公园里最突出的建筑物是崇丽阁，也叫望江楼。它建在成都市的锦江岸边，拔地而起近40米，上下四层，上两层为八棱形，下两层为四方形，全系木质结构，楼顶是金色橡瓦，每面都有翘角凌空，瓦脊都有人物鸟兽等雕塑装饰，精美和谐，非常壮观。每个翘角都挂有铜铃，微风一过会发出悦听的铃声，楼内有木梯回旋而上，直达楼顶。在楼顶远眺，锦江鳞波和成都胜景尽收眼底。难怪薛涛诗中有："雨暗眉山江水流，离人掩袂立高楼"的名句。

在宏伟壮观的崇丽阁两侧，还建有濯锦楼和吟诗楼，传说都是薛涛邀人饮宴和说诗论画的地方。崇丽阁南面不远处还有一个游人必到之处——薛涛井，这里有青松古竹护持，也有玉石栏杆和古代碑文，传说是薛涛汲水沤竹制笺的地方。

望江公园除有这些古建筑外，还有一个极鲜明的特点，就是种有各色各样的竹，传说薛涛生前极其喜欢竹子，她曾在《雨后玩竹》诗中写道："南天春雨时，那鉴雪霜姿。众类亦云茂，虚心能自持。多留晋贤醉，早伴舜妃悲。岁晚君能赏，苍苍劲节奇。"

说到薛涛的诗，远在唐代就很有些名气了。据说，她和当时的诗词名家白居易、牛僧儒、令狐楚、裴度、杜牧、刘禹锡、元稹等二十多人都有唱和。元稹曾以极敬佩的心情，在《寄赠薛涛》诗中写道："锦江滑腻蛾眉秀，幻出文君与薛涛。言语巧偷鹦鹉舌，文章分得凤凰毛。纷纷辞客多停笔，个个公卿欲梦刀。别后相思隔烟水，菖蒲花发五云高。"

薛涛的书法也相当闻名，据说，她可以和颜真卿、欧阳询、褚遂良等这些书法巨匠齐名！

薛涛并非出身望族，而且，一生坎坷，她的成就为何如此显赫？答案只有一个：就是她非常勤奋好学。薛涛的一生是勤奋的一生（据说她只活了四十八岁），不但在《全唐诗》中有八十多首珍贵的诗篇传人世，而且，在成都还有如此秀丽别致的建筑群激励后人。我坚信："锦城竹园"和薛涛的事迹，总有一天会被摄制成新闻纪录片，争光生色于影坛。

刘家峡水电站和兰州巨变

我们在甘肃、宁夏、内蒙古部分拍摄得也相当顺利。在甘肃，我们除拍了黄河岸边重镇——兰州的百里长街外,重点拍了黄河干流上的水利工程。从龙羊峡、八盘峡、盐锅峡、刘家峡到李家峡等水电站,这都是黄河上有史以来的新事物。其中特别介绍了刘家峡水电站:刘家峡水电站是我国在黄河上建设的大型水电站,它的大坝有180米高,坝顶可对开两辆十轮大卡车,它把黄河拦腰斩断。在它的上游,由于容纳了好几条注入黄河的水源,因此,在这里形成了一个巨大的人工湖,这座人工湖,把好几座山峰都淹没于水中,形成仙山水岛,风光奇美。常有各种船只来往于人工湖中,白帆点点,水鸟翻飞,大有塞外江南之美景!

刘家峡水电站,外观除大坝和一些高压铁塔外,看不到别的建筑,因为聪明的设计师们把重点工程,如场房、机舱、调控室等全部安装在人工掏空的大山洞中,这样不但节省了电站许多建厂的土地,而且还增强了发电的冲力和电站的安全。据介绍,这里可抵御原子弹和氢弹的攻击!

电站的机房建在地下的山洞中,从坝顶乘快速电梯也得六七分钟才能到达地下厂区。当你下到地下厂房一看,呵!好大的机房!厂房高有三十多米,宽达五十多米,长有一百多米,房中并排安装着五台大型宝塔式的水轮发电机。其中最大的一台发电机,据介绍为双水内冷水轮发电机,发电为三十多万千瓦时,是我国独创的发电技术,有工业发电机的知识产权!它为我国的水力发电事业做出了极大的贡献!

这座水力发电站,每年都为我国开发大西北供应大量电力,每年的发电量为五六十亿千瓦时。据估算:这座发电站,一天的发电量比旧中国全年的发电量总和还要高出许多。可见旧中国的发电事业是多么落后!

这座大厅,宽敞整洁,灯光明亮,不但有并排的五台高塔式水轮发电机,而且还有25万伏和30万伏的升压站及中央控制室。由于电站的高度自动化,偌大的发电站,几个人便可操作。别看人不多,可在他们的手下,却有大量电力源源不断地通过高压线路,向甘肃、青海、山西、陕西等地的工农业大发展输送大量的电力。

顺便说一句，我前边说过，在这座大坝后面，已形成了一个巨大的人工湖。这座人工湖，风光胜似江南。我国著名作家、一代文学泰斗——郭沫若先生1971年来这里游览时，曾留下这样的诗句："一艇飞驰过洮口，千岩壁立疑巫峡！"

人工湖旁边还有一座可与敦煌石窟相媲美的著名石窟群——炳灵寺。"炳灵"在藏语中就是十万佛的意思。可见这座石窟是多么巨大。它的始建年月并不亚于敦煌和龙门，也是我国珍贵的文化遗产。可是，在刘家峡电站开始蓄水时，石窟群差点被淹没于水下，是我们敬爱的周恩来总理发现后立即命令停止蓄水，并拨款在炳灵寺前筑起了一条七十多华里长的钢骨水泥大坝，才免去炳灵寺被淹没的命运。因此，凡来炳灵寺参拜的人，都非常感慨：炳灵寺工程宏伟，文物丰富珍贵，都感谢我们敬爱的周总理为华夏儿女留下了极珍贵的文化遗产！

我前边说过，在刘家峡水电站前后的黄河干流上，还建有龙羊峡、八盘峡、盐锅峡、李家峡、青铜峡等一大串水电站，老百姓把这些水电站形容为黄河的峡谷明珠！他们说："自古黄河奔腾吼，浊浪翻天使人愁；如今工农做了主，万顷碧波化电流！"人民群众说出了自己的心里话，表达出了人民改造自然获得胜利欢快的心情！

在甘肃，我们还拍摄了著名甘肃首府兰州的百里长街。兰州是我国西北的重镇，也是我国通往青海、新疆，甚至中东各国的重镇。它自古以来就是我国和中东各地来往交通——丝绸之路的咽喉要道。它的街道很有意思，除有大片的工业区外，还有一条沿黄河两岸筑起来的整齐壮观的大街，足有百里长。因此人们都称兰州的大街是百里长街！这个百里长街由好几座铁桥、石桥、木桥等连接起来。特别是一到夜晚，黄河两岸，一片灯火通明。从远处望去，黄河两岸的兰州城，一片银星灿烂，高楼大厦鳞次栉比，再加上长龙似的大桥灯火，好一个繁荣昌盛的城市！

在兰州我们还拍摄了古代和现代两种黄河的提灌区。在兰州炼油厂现代化厂区的旁边，有两架古代水轮提灌车，它是用两台巨型木制水轮绑上竹筒，利用黄河水流推动，长年累月地不用任何其他动力就能用黄河水浇田的古老灌区。在我们现代人看来，这两架水轮，既是提水浇田的工具，也是两架难得一见的历史文物。据说，这种提灌方法，在这里已使用了一千多年。这个古老灌区有五十多亩；在兰州附近还有一个景泰川灌区，是一个现代化提灌区，也被我们收入镜头中。景泰川是兰州附近的一大片高台地区。这里土质肥沃，地势平坦。但过去由于台高坡陡，黄河水难以提上台来浇田。再加上这里是甘肃有名的干旱区，千百年来，眼看着黄河水白白流走，台上的庄稼地无水灌溉，也无法解决。中华人民共和国成立后，国家在这里下大力气修建了景泰川引黄灌区，共安装了十四个高压提水泵组，分十二级提水灌溉，一下子就解决了三十多万亩的良田的灌溉问题，旱涝保收。对比一下：想当年同样是在兰州城，旧社会修建了两大水轮灌区，日夜不停地提水，才能浇灌五六十亩地，解决几十口人的吃水问题，而今天的景泰川灌区，不仅解决了几十万亩良田的排灌，而且还解决了全区几十万人和千百万头大小牲畜的饮水难题。这在人工利用黄河水来说岂不是天上地下！

麦积山揽胜

在一个清风送爽、细雨霏霏的早晨，我们《黄河万里行》摄制组，来到了我国大西北重镇——甘肃省的天水市。陪同我们工作的水利工程师老赵同志极兴奋地说："同志们，我看咱们先不要进市区休息，可直接去麦积山拍摄，今天有雨。'麦积烟雨'可是天水著名的一景，一般情况下可是难得一见！"

我们到了麦积山脚下，一看，大家几乎是异口同声地"嗬"了一声，都非常惊奇于"麦积烟雨"。只见麦积山是在低矮丘陵环围中一柱冲天，四面都如刀削斧砍似的陡峭，大约有二百米高的一座孤峰，从绿草如茵的峰底，直到峰顶，有各种各样的洞窟，有一条"之"字形的精巧栈道，可直攀峰顶。今天因是小雨天气，峰顶被浓雾笼罩，还有一条淡淡白云缠住山腰，再加上约有几百人手撑各色各样的雨伞在山间移动，真正使我们见到了"麦积烟雨"的奇景。天水市，古代称为秦州，是我国著名的丝绸之路的必经之地。麦积山离市区只有几十里，又在国道旁边，因此，这里自古以来就是修身养性的胜地。远在后秦时期（384—417）就有人在这里凿洞造像，传法修道，后又有高僧昙弘和玄高在这里兴建寺院，开寺收徒。寺院兴旺时期徒众达三百多人。他们在这里凿洞雕佛，塑像造画，为麦积山胜地留下了不少珍贵的文物。麦积山胜地成名甚早，据介绍：西魏时期，魏文帝杨坚的原配皇后——乙弗氏就在此修行过，死后又葬在了这里。隋文帝仁寿二年曾在全国敕葬"神尼舍利"。麦积山也是圣葬地之一。至今麦积山的顶峰上还有一座九米多高的圣葬佛塔。

我们摄制组的同志除了拍摄了不少镜头外，还和其他游客一样，慢慢地爬到了麦积山顶。我登顶向四周一看：只见头上白云伸手可触，脚下云雾茫茫。我们虽脚登的栈道旋梯，却大有身置云端之感，只见南边是云缠雾绕的绵绵山峦，北边则是白如纱絮的云团覆盖大河清渭。这里的景色使我想起了清代文人吴西川的有关麦积山的诗句："麦积山数千丈，平空欲上天。最宜秋雨后，兼爱暮时烟。境胜端由俭，梯危岩来连。钟声落何处？遥想在层巅。"

今天，我们也是在细雨中游历了麦积山胜景，近距离地欣赏了麦积山众多的鬼斧神工的雕塑，增长了不少有关佛洞神窟的知识外，大家都还有置身云端、飘飘欲仙的享受。赵工程师看大家情绪激动，就愉快地向大家说："怎么样？不枉此行吧？"我们大家七嘴八舌地说："当然，我们这次来到麦积山，除拍了不少资料外又看到了不少人间奇迹，我们希望有更多的人来麦积山看看，看看'麦积烟雨'的胜景，看看我们古代劳动人民鬼斧神工的奇迹！"舍利塔。据说就是魏文帝时所建。虽经两次维修，但塔的基本骨架未变形。历经一千多年的风吹雨打、地震雷击，至今它的身不斜，腰不弯，毅然挺立，像一个永不言败的勇士。可见，我国古代劳动人民有着多么高超的建筑技艺！

我们粗略地数了数：这里的大小洞窟竟有一百四十多个。从年代上看：从后秦、隋唐直到明清，几乎各个朝代的都有。佛像则更是多得惊人，大约有七八千尊！佛像大的有十几米高，小的还不到一尺！这里佛像雕塑技艺更是惊人，特别是那些泥塑和壁画，历经一千多年，色彩依然鲜艳。泥塑的神态不仅动态栩栩如生，而且，衣纹飘逸，敲击有声，细腻如瓷。真不知我国古代劳动人民雕塑这些佛像时，用的是什么泥土，什么颜料！

这里的巨大石佛，从体态上看，多数都是身躯宏伟、丰润慈祥，使人一看就会肃然起敬；有的则体态雄壮，面貌凶狠，使人看后会相信他们有着无穷威力，可镇压一切妖邪！

麦积山的众多雕像，还有一个非常明显的特点：充满人情味。例如：在巨大的阿弥陀佛像两侧，雕有众多的菩萨、罗汉及善男信女。在这些佛雕和神像之间，有着极明显的感情表示：如有的罗汉低头含笑，有的罗汉交头接耳、窃窃私语，有的向信众招手示意，有的则回头说笑，人情味极浓。这里的雕塑中还出现了"金角银蹄"的小牛犊和其他人间牲畜，还有不少诚心礼佛的青年男女。这在别的石窟区中是极少见的。

深山藏古寺

您去过黄河上的刘家峡水电站吗？

当您登上游艇遍游库区时，您眼前的深山峡谷中已不是奔腾怒吼的黄河，而是一望无际、水平如镜、水鸟纷飞的碧蓝碧蓝的人造海，特别是快到库区的尾端，这里的景色更是妖娆秀丽，只见多处奇峰拔地而起，上冲云际，下映水中，水绕山转，山缠清流，好一派江南风光！

就在这美景胜境之中，还深藏着我国古代劳动人民创造的历史珍宝，这就是保存极为完整的炳灵寺。

炳灵寺，是我国现存的最古老的石窟寺之一。这里有窟龛一百多个，有很多石雕、泥塑的佛像和珍贵的历史壁画。它们中包括远至西秦、北魏，近至明清的精湛作品，是一座名副其实的历史艺术宝库。

炳灵寺的佛像，有高约七八十尺的大佛像，也有长不及尺的小佛像。有的造型丰满俏丽，有的衣袂飘逸，玲珑多姿，既有古雅朴实的风格，又有古代艺人大胆创造的奇趣。例如：您在这里不但能看到力镇四方庄严无比的大佛，也可以看到藏在力士脚下的小鬼，有的小鬼还伸着舌头欲咬力士靴子呢！这些有趣的造型，在别的石窟古寺中是很少见的。

炳灵寺内到底有多少尊大小石雕和泥塑的造像？我不是专家，很难讲清楚，但据陪同参观的同志告诉我："炳灵寺在藏语中就是'十万佛'的意思。"可以想见，这里的佛像之多了。

古老的佛寺，今日的珍宝，她那奇丽的景色和栩栩如生的天洞灵光，将吸引无数国内外观众来这里。

在这里还有一笔是极应提及的，就是这座历史艺术的宝库曾差一点被人造海淹没掉！1967年，刘家峡水电站建成蓄水，在宝库面临被淹没的关键时刻，是我们敬爱的周总理，排除"四人帮"的干扰，亲自批准拨款赶修了一条坚固的防洪大堤，保护了炳灵寺。同时，还多辟了一条游览炳灵寺的水上通道。这项功绩，我相信，它也和这座深山古寺一样，会永远留在我们民族历史上，闪耀着灿烂的光辉！

六盘山下

为拍好"黄河少女"的胸腔和两臂，我们来到了黄河的重要身段：

宁夏。

在宁夏回族自治区南部有一条接近南北走向的狭长山脉，名叫六盘山。在银川平原西部中宁县汇入黄河的清水河，就发源于六盘山的东北麓。

六盘山山路迂回曲折，古盘道六重始达山顶，故称六盘山。它北起宁夏海原县境，南抵渭河峡谷，长约二百四十公里；东起固原古城、华亭一线，西至西吉、张家川一线，宽三十至六十公里。主峰高二千九百多米，山顶浑圆，山坡陡峻而略呈阶状。当天高云淡之际，仰望六盘山，格外雄伟壮丽。由于山脉走向与东南暖湿气流相垂直，有利水分截留，所以六盘山气温较低而降水较多，有"春去秋来无盛夏，四月冰雪耀银花"的说法。黄河的支流除清水河外，发源于六盘山的还有泾河、千河和葫芦河。

六盘山在中国近代革命史上是一座名山，它是中国工农红军在二万五千里长征中经过的最后一道大山险关。

1935年9月，中央红军攻克天险腊子口，跃出岷山后，紧接着连续突破武（山）漳（县）、渭水和会（宁）静（宁）封锁线，于界石铺附近穿过西（安）兰（州）公路，进抵西吉县的单家集。这时，在红军后面有尾随的追兵，在平（凉）固（原）公路的开城到瓦亭一线，有迎头拦截的敌军。但是所向披靡的英雄红军，在党中央和毛泽东同志的英明指挥下，出其不意，跨过平固公路，歼灭了青石嘴的阻敌，迅速摆脱追兵，翻越六盘山。10月7日，当毛泽东同志过牛头山口，健步登上六盘山时，纵观群山，仰望长空，写下了气壮山河的辉煌辞章《清平乐·六盘山》。

天高云淡，
望断南飞雁。
不到长城非好汉，
屈指行程二万。

> 六盘山上高峰，
> 红旗漫卷西风。
> 今日长缨在手，
> 何时缚住苍龙？

宁夏，曾经是历史上有名的大夏国所在地，留有着不少文物古迹，也有"黄河百害，唯富一套"的黄河河套灌区！

说起文物古迹，最有名的就是大夏国的曾经的首府所在地银川市。在银川，除有几条古老街道和著名的玉皇阁外，给我们最深印象的就是银川郊外的两座宝塔：一座叫承天寺塔，是座八角形楼阁式砖塔，始建于西夏天祐垂圣元年（1050年），明清两代又重修过，塔身十一层，轮廓秀丽挺拔，是座艺术风格古朴清新的宝塔；另一座宝塔叫海宝塔，又称赫宝塔，建筑年代不详，据传公元五世纪初，大夏国王赫连勃勃就重修过此塔。明万历的《朔方新志》有记载说："海宝塔，赫连勃勃重修"，足见此塔的历史相当悠久。此塔造型也很别致，别的塔一般都是圆形通天式十三层宝塔，而此塔则是六角外凸的十一层方形宝塔，高达五十四米。正门向东，有木梯可直攀到第九层。登上第九层之后远眺：巍巍贺兰山、滚滚黄河水以及塞外江南的诱人景色，尽收眼底。我国副主席、著名社会活动家董必武同志曾于1963年登临过此塔，并在此写下过这样的诗句：

> 银川郊外赫连塔，高势孤危欲出云。
> 直以方形风格异，只缘本色火砖分。

在古城银川外，就是以青铜峡为中心的古老而年轻的黄河灌区。说它古老，确实是远在我国秦代，这里就是有名的黄河灌区，人们常说的"黄河百害，唯富一套"说的就是这里。这里除了有几千亩黄河灌溉的良田之外，还有历史上有名的肥沃草原。北齐诗人曾在这里留下了脍炙人口、千年传唱的动人诗句："敕勒川（注：这里古称敕勒川，现名土默川），阴山下，天似穹庐，笼盖四野。天苍苍，野茫茫，风吹草低见牛羊。"

这里自古以来就是美丽、富饶之地，土质肥沃，山川秀美，气候宜人，又有黄河水的特殊恩泽，这里的人们，本应是享受大自然给予的优渥生活，可哪里想到，这里的富裕生活早已被旧社会的军阀恶霸糟蹋得不成样子。中国人民的老朋友、美国著名作家斯诺先生曾来过这里，在这里他曾亲自看到过令人发指的惨景。他在《我在旧中国十三年》一书中，提到中华人民共和国成立前的"敕勒川"惨景时写道："敕勒川的灾区景象，看了叫人毛骨悚然。一切生长着的东西，好像新爆发的火山灰一扫而光，甚至连树皮也被剥落殆尽，正在枯死之中。死的人占了全部人口的一半，由于死人太多，无从掩埋，很多死人都被丢在护城河内。"这就是斯诺先生记录的1929年"敕勒川"人民生活的惨景。

当然，这里的人民是勇敢而坚强的。在极端困难时期，他们从来也没有停止过同黑暗势力的抗争。历史上这里曾发生过多次蒙古人民对反动势力的武装暴动，杀贪官、砸税局……给予反动势力以沉重的打击。尤其是在中国人民伟大的抗日战争中，这里的人民在中国共产党的领导下，更是积极组织起来，和日军展开了英勇斗争。1938年8月，八路军的一个分队就进驻此地，开辟了包括绥东、绥西、绥中、绥南的大部分抗日根据地，组成了数以万计的游击队，并在这里建成了中共绥远省委和蒙古族聚居区党委会，成为绥蒙地区抗日军民的领导核心，领导绥蒙地区的抗战事业，领导土默川英雄儿女同民族敌人展开了殊死斗争，把土默川地区变成了打击日寇的风火战场。

一唱雄鸡天下白。1949年土默川人民也和全国各族人民一样，推翻了压在头上的三座大山，甩掉了身上的沉重枷锁，获得了彻底解放，迎来了明媚的春天！

如今的土默川已经是大变样：辽阔的大地一道道引黄大坝林立，状如蛛网的沟渠涵洞；把滔滔的黄河水引入几百万亩的良田和草原；大片大片的鱼塘，鱼儿欢蹦乱跳；一座座工厂拔地而起！过去的土默川工业，连一根铁钉都不能生产，而今的土默川工业，纺织、炼铁、化工、电子样样都有，不仅能满足本地人民的需要，还有大量产品出口至海外，进入国际市场。

总之，如今的土默川是大地一片新！人们到处是"莺歌燕舞"欢乐升平。如果斯诺先生能在此时重游土默川，肯定能写出全新的文章！

壶口瀑布

黄河在流过土默川后，在内蒙古的托克托县境受到吕梁山的强烈阻挡，由东转向南奔，它像一把有无穷神力的巨斧，劈开晋、陕黄土高原，沿晋陕峡谷，如万马奔腾，直抵黄河上游著名的壶口。

壶口西濒陕西宜川，东临山西吉县。这一带黄河峡谷两岸下陡上缓，峡谷底宽二百五十米至三百米。谷底以上约一百五十米，崖岸陡立，在龙王坡以上，谷形开展，谷坡平缓，峡谷的横剖面呈谷中谷的形态。但是黄河河道上宽下窄，在龙王堤以上，河面宽度和峡谷宽度一致，龙王堤以下，河水在平整的谷底冲出一道深槽，只有三十米到五十米宽。"源出昆仑衍大流，玉关九转一壶收"。黄河在宽槽中奔放而下，骤然收束到深槽中，全槽河水汇集一处，倾泻而下，形成瀑布。瀑布的高度一般为十五米至二十米。"悬注漈旋，有若壶然。"壶口的名称就是这样得来的。它确像一个巨大的壶口，倾倒着奔腾的河水。水雾弥天，泥浪喧腾，百流竞汇，万籁轰鸣，数里之外但见风雾迷离，涛声震耳。

瀑布以下三公里，抵至孟门。河中矗立着两座石岛，任水滔天，终年不息，河水分流，俯视若门，古称"九河之蹬"。岛上镌有"卧镇狂流"四个字，古人给孟门以极高的评价。相传大禹治水时先壶口，次孟门，后龙门，自上而下，依次凿石引流，疏通河道，将洪水排至下游。"四时雾雨迷壶口，两岸波涛撼孟门"，"闻说导河经始地，当年疏凿半留痕。"游人到此，总要被这大河的壮观景物所吸引，怀着景仰的心情，漫步于壶口、孟门，把它们看作古代治水英雄大禹的遗迹。

实际上，壶口瀑布是古老的地质演变形成的。下游龙门地区曾由于地壳运动使岩层发生断裂，并沿断裂面发生显著的相对移动，形成了东西方向的断层。自北向南的黄河，经过断层时，出现瀑布急流。河水经年累月地对河床下切侵蚀，使瀑布跌水不断向上游推移。这种现象在地貌学上称为"溯源侵蚀"。据估计，在溯源侵蚀的作用下，瀑布每年以三至四厘米的速度退却，孟门的石岛就是这种侵蚀的残留部分。古来有"鲤鱼跳龙门"的故事，说的是鲤鱼逆流击浪，遨游在黄河之中，其中若有佼佼游鱼，腾跃跳过龙门，即可化而为龙，翱翔于九天。

人间仙境——花果山水帘洞游记

为拍摄纪录片《黄河万里行》，我们曾到过陕西以大佛寺著称的花果山水帘洞游览。

花果山水帘洞在彬县城西的泾河岸边，这里青峦叠翠，风光秀丽，泾河溪流，绕山而过，西兰公路像一条玉带，在山川交错中盘旋而过。水帘洞就在公路道口，倘在雨季，你可能过而不觉，因为在雨中的崖岸雨帘高挂，而水帘洞则深掩于水帘之中。水帘洞中有大量钟乳石类，用光一照显出种种绚丽多彩的图形，引人入幻。也有不少显然是人工雕凿的石桌、石凳，传说为孙悟空啸聚众怪，傲视天庭，自称齐天大圣的遗物。这只能引人一笑。

离水帘洞不远，是花果山前的大佛寺。传说是孙悟空皈依佛祖，随唐三藏西天取经返回花果山后建造的。实际上这座巨大的石窟雕群，营建于唐贞观三年（629），它和大同的云岗、河南的龙门石窟一样，是我国罕见的艺术珍品。

大佛寺石窟，根据历史记载为贞观三年建造，寺因山起刹，凿洞雕佛，要问这座石窟有多大？单是中间坐佛的身高就有24米！坐佛旁边还雕有三座大佛像，小佛像多不胜数。大佛神态动人，依岩端坐于窟中，肩宽体厚，头戴宝冠，衣着华丽，面方，耳垂，披衣袒胸，左手扶膝盖，右臂向上弯，手掌内向，手指微屈。有人形容大佛之大是"发为银盆，鼻似桥，一指之大像儿腰"。大佛的头部附近还浮雕有七尊佛像和十九个飞天侍者，个个栩栩如生，呼之欲出。令人不禁想起这样的诗句："不敢高声语，恐惊天上人。"

从大佛石窟沿西侧的石梯拾级而上，就是"罗汉洞"，再向东绕过明镜台就到了"千佛洞"。"千佛洞"是由三座大石窟组成。窟内除有几尊立体的大型石雕菩萨像之外，都是壁间浮雕神像，多达三百余幅，不管是人物，还是花鸟，都惟妙惟肖，真是人物疑可共语，花鸟怕为惊飞！

我们游览了这些人间仙境之后，曾和一位当地的老农议论。我问："花果山水帘洞不是在江苏的云台山吗？怎么又搬到陕西彬县了？"老农指着大佛寺一片百余亩的枣林，理直气壮地说："猴子最爱吃枣，孙大圣一口法气吹来的枣林还在，怎么能说花果山水帘洞是江苏的云台山？"

西岳华山

滔滔黄水夺龙门而出，像万马奔腾，不可阻挡。但它在陕西省的华山脚下却遭到了极强烈的阻击……

在关中平原的华阴县（今华阴市）境，绵延着一道重峦叠嶂、青山翠谷的山岭，远远望去，群山壁立，奇形万变，呈现出"怪石成狮破空走"的绝险景色，这就是著名的西岳华山。

关于华山最早的记载，大约是《尚书·禹贡篇》，所以它的名称在民间流传已有两千多年了，称为西岳。

关于华山的名称，说法很多。有的说，"山顶有一池，生长千叶莲花"，因而得名。《山海经》描写华山："山高五千仞，削成有四方，远而望之，又若华状"。古代，"华"与"花"通。看来华山之得名，与山峰像一朵花是分不开的。

秦岭在关中东部呈手指状展开，自北而南依次为太华山地、蟒岭、流岭、鹘岭和新开岭山地，华山便是太华山地的一部分。华山是一个由新生代斑状黑云母花岗岩组成的大型岩株，由于南北两侧大断层带的错动，围岩长期风化及河流下切的影响，这座屹立在太华山地北侧的柱状山峰断崖千尺，清泉飞泻，造成了陡峭险峻的山势。它是我国名山之一。黄河就在它的北麓折而东流。

华山的雄险居五岳之首。"西岳峻嶒竦处尊，诸峰罗立似儿孙，安得仙人九节杖，拄到玉女洗头盆"。这是杜甫在《望岳》诗中描写的华山高峻险绝的可畏，并且说出了攀登的困难，谁要能得到"仙人九节杖"，才能拄到"玉女洗头盆"的中峰。

华山分北峰、中峰、南峰、东峰和西峰，只有一条路可通北峰，故有"自古华山一条道"的说法。那么这条路是怎样的呢？原来华山东西两侧受河流深切，谷底至峰顶高差达千米左右。谷坡陡峭，上部山坡成高大悬崖。柱峰之南为断层所割，有深达五百米的鸿沟与南面山岭相隔，于是，东、南、西三面均为高峻的悬崖峭壁，无法开路。唯因柱峰顶面受原始坡面的影响，向北倾斜，因节理发育，流水侵蚀，形成诸峰环绕着的小洼地，集水向北倾泻，注入华山峪。华山峪是柱峰北麓黄甫峪与仙峪之间的一条小峪。其源头伸到西峰舍身崖下。实际上华山柱峰是偏于华山峪与黄甫峪间的分水岭的。正是有了这条华山峪才打开了登华山峰顶的道路。也正是由于柱峰偏近东边分水岭，才有与柱峰相连的岭脊成为登峰的"天梯"。人们巧妙地利用了谷地和岭脊的有利地形，开辟了上山道路。

大约在唐宋以前，登山之路还没有开辟，因此，登山犹如登天。真正登上华山峰顶的人亦不多见。北周保定三年（563）时值大旱，同州刺史上山求雨，记载山上"人迹罕至"，几个人上去都是"攀藤援杖"，晚上没法回还，"藉草而宿"。说明南北朝时，山上是没有道路的。唐天宝十三年（754）杜甫在《封西岳赋》中说，"太华最为难上，故封禅之事，郁没罕闻。"可见因华山险绝难上，不敢冒险，只好在华山脚下建庙"封禅"了。唐代以后，东西诸峰才由山洞改建成庙宇，险峻的山路始安上了铁索。那时，上华山者亦只是少数道士和当地劳动群众。明代的王世贞记载："游太华山者，往往至青柯坪而止。"不过到明代起游华山的人就逐渐多了。到清代也多次修缮上山的道路，并重置铁索。中华人民共和国成立后，道路更是经过修整加固。但仍然只有一条险峻的路。

由华山峪峪口进山，两岸谷壁陡立，深潭众多，水流湍急。南行五里，有石门挡路，为第一关，山路更加陡峭曲折，不远就是希夷峡，俗称第二关。这里大石中豁，形若斧劈，有华山铁门之称。由这里南行二里许过娑罗坪（附近有菩提树，亦名娑罗树，因而得名），谷底路绝，转登于山坡崩积物上，山路崎岖，陡上陡下，过毛女洞左盘右折，绕十八次而上，叫十八盘。立于十八盘尽头的云门向北俯瞰百里之外，渭河横流，洛水南下，隐见黄河天际来，真可谓心旷神怡。

过了十八盘是一山间小盆地，俗称青柯坪。这里每到雨季，水帘瀑布，泉水淙淙，是华山峪源头的集水盆。从这里过回心石，登上千尺幢、百尺峡，通过揾神涧和老君犁沟，到达北峰。这就是自古通往华山的道路。1949年5月，国民党专员兼保安旅长韩子佩，带着他的六百名残兵败将逃往华山，妄图凭借华山天险做垂死挣扎。我们英雄的人民解放军某部参谋和七名战士，在群众的帮助下，在敌人认为无法攀登的东侧星星沟和青龙背等悬崖绝壁上攀上了北峰，活捉了韩子佩，消灭了国民党残匪。电影《智取华山》反映的就是这个故事。

华山，一峰挺立，直插云霄，山奇路险，给人以许多遐想，有着许多名胜古迹和神奇的传说。

华山的北峰，虽说比其他四峰低，但景色十分秀丽。香炉峰、梁张山拱立左右，由北南望苍龙岭的险绝和东峰、西峰、南峰峭立的姿态，更觉华山气象万千。苍龙岭是由北峰到其他诸峰的通道，长约二里，宽约一米多，坡陡四十五度的岭脊，两侧断崖深邃，白云如海，深不见底。岭端的古逸神崖，即唐朝韩昌黎豪气丧尽，痛哭投书的地方。据说，唐宋以前苍龙岭是光滑无依的脊岭，有一次韩愈和他的朋友数人来到这里，向下一看，万丈深渊，白云绕路，害怕下不来，给家里人写了一封遗书，投在崖下诀别。再往上，道路比较平坦，四周碧云蔽天，由此直上中峰。

中峰，亦名玉女峰，依附于东峰西壁，这是通东、西、南三峰的咽喉。三峰之间有一处洼地，底高海拔1880米，有玉井、二十八宿等名胜。韩愈曾有"太华峰头玉井莲，花开十丈藕如船"的诗句，可见当年确有莲花，以后不知什么时候绝迹了。

东峰又名韩阳峰，海拔两千多米，峰头斜峭，攀登至顶，"下望平野，襟怀洒然，远近诸山相闯于烟芜云树之表。黄河隐显，东迤如带。潼关冈垄，积苏于河滨"。这是画家王履在东峰上的一段写景：东峰东南侧有小孤峰，其顶平坦如台，名叫小棋台，相传是北宋皇帝赵匡胤下棋输华山的地方。东峰右侧是石楼峰，峰之东壁崖上有仙人掌迹，传说是"河神巨灵擘山"时留下来的。《水经注》上说，"河神巨灵，手荡脚踏，开而为两。今掌足之遗址仍存。"李白在他的《西岳云台歌》中，把华山的峥嵘和巨灵擘山的故事连在一起，使这个故事更加形象了。他写道："西岳峥嵘何壮哉，黄河如丝天际来……巨灵咆哮擘两山，洪波喷箭射东海。三峰却立如欲摧，翠崖丹谷高掌开……"故事是说，原来中条山和华山连在一起，是河神足踏中条山，手荡华山，分开石山，让黄河从中流过，归入东海。故事虽然荒诞，但掌迹生成的原因却引起了不少人的兴趣。

原来陡峭的崖壁，自暴露于日下，经过风化，逐渐产生了裂缝。在垂直裂缝的地方，容易被水流冲成细微的小沟。同时，水流与岩石矿物发生化学作用，所产生的溶液在岩壁上染色，于是在青黑色的崖壁上形成若干条悬垂的色带，远远望去，只见最大的五条，犹如人的手指。更有人联想到黄河的成因，这样就巨灵擘山华山出，黄河从而归东海了。其实黄河的形成与华山的生成并不相关。

南峰是三峰中海拔最高的，高约2100米，东西两峰左右相接，形成靠椅形。峰之南侧为一断层深壑与南面山峰相隔，更突出华山的孤峰突兀。由南天门可登上南峰之巅。原来南峰是一峰两顶，在东面的叫松桧峰，在西面的叫落雁峰，统称南峰。西顶上有仰天池，东顶上有黑龙潭三个，深浅不等，深不过二三尺。这些池、潭均是为饮用而凿刻以贮水的石穴。自然也增加了峰顶的优美。峰上苍松翠柏，墨绿葱茏。立于峰巅，"有青天在握"之感。举目四眺，万峰肃立，秀如春笋，环拱于南峰脚下。

西峰海拔2080米，又叫莲花峰、芙蓉峰，因峰顶有片石似莲瓣而得名。峰顶之西有巨灵足迹，长三尺许，深一寸左右。其次有长形巨石，裁为三段，俗名"斧劈石"，人们传颂是沉香劈山救母的所在。其实石莲花、斧劈石和摘星石等奇观，都是花岗岩特有的地貌景观。坚硬的岩石一方面受原生裂缝的影响，风化崩解；另一方面由于组成岩石的各种矿物质的吸热系数不同，胀缩不一。华山顶上日夜温差大，白天岩石表面增温膨胀，夜晚冷却收缩，逐渐使岩体的内外层之间产生裂缝，久而久之就脱落下来。再者花岗岩类地区，块状节理发育，在棱角处岩石剥落特别快，所以石莲花和斧劈石都具有圆滑外形。再一种作用叫冰劈作用或寒冻风化作用。巨灵足之类的洼坑是在岩石成层剥落的基础上，人工修饰的。所以华山上多处自然剥蚀和人工刻凿的各式洼地，都成了有趣的名胜古迹。但这并不是什么河神巨灵之功，亦非沉香斧劈之力，而是大自然的内外地质作用的结果。

中华人民共和国成立后，党和人民政府非常重视保护名胜古迹，曾多次派人勘察华山，先后修复上山道路和庙宇，排除了登山道路上的隐患，韩愈投书诀别的地方也已是石级平稳，石柱为栏，铁索为依，极为安全了。如今的华山，较前更为秀丽，成为人们度假游览的胜地。山上还建立了气象观测站，掌握风云变幻，为祖国社会主义事业服务。

黄河水滔滔奔至陕西省的华山脚下，被华山强力一推，黄河又从南转东冲破华北大平原，一泻千里直奔东海。从此往东，称为黄河下游。

大同九龙壁参观记

北海公园的九龙壁，由于它建筑宏伟、龙体造型精巧和历史悠久而驰名于世。不少国内外游客，都慕名前来一睹壁容或在壁下摄影留念。其实，这样彩色琉璃的龙壁，并不只在北海公园才有，在山西省的大同市也有同类型的九龙壁。而且，北海公园的九龙壁，比起大同的九龙壁来，不管从哪个角度说，还都是一个小弟弟呢。

首先，从建筑规模上比，北海公园的九龙壁长27米，高5米，厚1.2米。而大同的九龙壁长45.5米，高8米，厚2.02米。它比北海公园的九龙壁高大得多。

其次，从龙体的造型上比：北海公园的九龙壁龙体造型确实是精美，九条七彩云龙，真有喷云吐雾之势。但大同市的九龙壁由于体积高大，构图更是生动，九条巨龙色彩斑斓，各有各的姿势，有的伸爪抱珠，有的喷须拂云，有的昂首雾中，有的翘尾探海，有的搏风弄雨，有的腾云欲飞……总之，九条七彩云龙，都是栩栩如生，大有呼之欲出之感。

说到历史，大同九龙壁比北海公园的九龙壁也久远得多。北海公园的九龙壁始建于清乾隆二十一年（1756），而大同市的九龙壁则始建于明洪武年间，比北海公园的九龙壁早了近三百年。

此外，大同九龙壁的前面还建有汉白玉石栏杆和衬壁的壁池。池中泉水清澈，九龙壁的龙形云影倒映水中，清风拂过，九条云龙，就在水中飘动，更使人感到我国古代匠师的智慧，实在有巧夺天工之妙！

据说，这种彩色琉璃砖雕九龙壁的发源地，正是大同。明太祖朱元璋的第十三子朱桂，被封为代王后，曾想夺帝位。朱桂就在大同兴建宫殿，并强迫大同人民把他的宫殿建造得金碧辉煌。于是，以桑乾河泥、糯米浆、桐油、金粉及其他颜料为原料的琉璃砖瓦业便兴盛起来了，并发展了琉璃砖瓦的雕刻艺术。再加上古代帝王都以"龙"为至高无上的象征，因此，琉璃砖雕的"龙"就成了帝王宫殿必不可少的装饰品。如今的大同九龙壁就是原代王府宫前的大影壁。

大同市内，除这座九龙壁外，还有五龙壁、三龙壁和一龙壁。这些各种造型的龙壁，是古代劳动人民为我们留下的、具有高度历史文化价值的艺术珍品。

最后，值得一提的是，大同市至今还保留着琉璃砖瓦工业和建造龙壁的巧匠。大同的一位朋友告诉我：大同市的工人还应邀去国外建造新的九龙壁呢！

渠水扬波唱新歌

在八百里秦川富饶的土地上，有一条把泾河和洛水连接起来的人工渠道，就是古已闻名的郑国渠，今称泾惠渠。

据记载，郑国渠始建于秦王嬴政元年（前246）。当时正是秦国商鞅变法后，国力日盛，为扩大疆土，不断东征西讨。受威胁最大的就是离秦国最近的韩国。

韩国的国君——韩桓惠王，非常忧虑，国力很弱，战不过秦国，最后，他和群臣想出了一条"疲秦之计"：就是选派本国最有才能的水工专家郑国去秦国游说，说服秦王大兴水利工程，使秦国无力再来东讨。

郑国到秦国时，正是秦始皇执行"富国强兵"政策的时候。秦始皇对郑国提出的"引泾河肥水，灌田增产"的建议，非常重视，亲自下令"征役兴工，凿渠引水"，并委任郑国为凿渠的"总工程师"。

郑国设计的这条人工渠道，西自今陕西省泾阳县中山西瓠口引水东行，流经泾阳、三原、富平、蒲城等县，最后由蒲城县之南注入洛河，全长达三百余华里。沿主渠道还有众多的支渠、毛渠，以及桥、闸、涵洞等大批配套工程，基本上形成了一个完整的灌溉体系，标志着我国古代水利科学技术发展到了一个新阶段。郑国渠的修筑，不仅在经济上具有重要的意义，而且在水利灌溉和治水工程技术上有许多发明创造；不但在我国古代水利史上是少有的，在世界古代水利史上也是少见的。

这条古老的渠道，随着千百年岁月的流逝，经天灾人祸，多处淤塞断流。唐代，郑国渠逐渐埋废。1930年，关中人民在和国民党当局的斗争中重建泾惠渠。1949年后，古老灌区展新颜，不但干渠、支渠重新疏浚，很多桥、闸、涵洞也都焕然一新；还开凿了许多条支渠、毛渠，使古老灌渠的灌溉能力从1949年前夕的几十万亩提高到现在的二百万亩。在渠首还修建了大型水库，调节水位。另外，在原郑国渠的下游灌区，利用渭河、洛河的水源，兴建了现代化的抽水灌溉工程。在干渠、支渠、毛渠及公路两旁平渠种树，广大灌区形成了田成方、树成行，沟渠纵横，道路畅通，旱涝保收，景色宜人的新型灌溉区，使古老的郑国渠获得了新生。渠水静静地流着，唱出新的欢乐的歌。

峡谷尾闾——龙门

龙门为晋陕峡谷的最后通道，以形势险要著称。黄河穿过龙门，即结束了它在晋陕峡谷的流程。

峡谷两岸断壁千仞，似刀劈斧削一般。左岸龙门山和右岸梁山，伸崖相抱，形如蟹螯，状似门阙。大河奔流，怒触石峰，气势惊险。这里设有水文站测量北来的水量和泥沙，为治黄事业提供水文资料。龙门险要的山峡，蕴藏着丰富的水利资源，是修建水坝的理想地址。巨峡深处，但见钻机耸立，昼夜不停地钻探，为将来兴建龙门水库探测地质资料。

龙门因传说是大禹治水时凿开的，又称"禹门口"。历代在这里曾建有庙宇、楼阁、栈道，结成东西两组布局巧妙、规模可观的禹王庙建筑群。可惜这些珍贵的古代建筑，在日军侵华期间，被破坏殆尽。

龙门一带地下煤藏丰富。河流以西，纵横千里以内，煤层既多又厚。远在隋唐时代，我国劳动人民就曾在这里采煤。如今，龙门西南的韩城，已建成一座现代化的煤矿，新建的西（安）韩（城）铁路，把煤炭源源不断地运往各地。

绵山访古探幽

从幼时起就听奶奶讲过晋文公火烧绵山逼死大贤人介子推母子，以及清明寒食节的故事。后又听说绵山风光绮丽、文物古迹繁多，并有各种各样的传说典故。故我老早就有来绵山探古的愿望，可惜一直没有机会。这次，由于筹拍大型彩色纪录片《黄河万里行》。我们来到绵山采访，才满足了我绵山探古的愿望。

我们首先参观的是绵山脚下的回銮寺。回銮寺，原名灵溪寺。因唐太宗来绵山理佛时，中途遇雨回銮在此寺小住，后被唐僖宗赐名为回銮寺，并重修寺庙。五代时期毁于兵火。北宋年间重建，后又毁。金天会、大定年间又重建。现存寺院保存完整，为元代建制，占地面积1200平方米。

回銮寺历经千百年风霜血雨，原貌是个什么样子？似无可考。今天回銮寺的山门、天王殿、大雄宝殿及东西配殿等，为元时代的建筑。院内龙槐、翠柏，郁郁葱葱。真是一座别具风格的且非常宜于小住的恬静古刹！

绵山主要的文物遗存，几乎都在抱腹岩内。抱腹岩是绵山最著名的景区。据介绍：它分上下两层，高约六十多米，长约一百五十余米，深五十多米，像一座无形的大佛，高举两臂抱向高空。在他的腹内，灵现着毗卢殿、玉皇阁、空王殿、五龙殿……好几百间殿阁楼廊、亭台碑榭。这里不但有大批佛教庙宇，还有大量道教建筑，其中的大罗官宫中的唐、宋、元、明、清等的彩塑神像和宋版"道德经"、木版雕刻等，都是绝世珍品！抱腹岩诸寺中现存的雕像、彩塑、壁画、碑刻等珍品，简直是多得不可胜数。其中真人成佛的介子推塑像和空王高僧志超的包骨真身塑像，可以说是绵山独有，世间罕见的珍品！

绵山还有不少的悬空建筑。这是在绝壁上凿洞、插梁为基建成的悬空寺院。来这里游览，清风拂面，恬静飘逸，大有伸手扶明月，回手带云还的感觉。这些在深山绝壁中的悬空建筑，历经千年的风吹雨打，战火纷飞，至今硬朗健在，展现了我国古代劳动人民的智慧和技巧。说它巧夺天工，并不为过！

抱腹岩的顶端，还有一座古老的抱腹寺，现称云绵寺，是绵山最高峰和最古老的寺院。据介绍它始建于三国年间的曹魏时期，距今已有一千七八百年的历史。要去此寺参观，可不容易，除了爬好几百米的陡峭斜坡栈道外，还要经过好多道云梯、索桥，尤其是那座高悬的"天桥"。桥长近三百米，上离山顶二十多米，下临深涧三百多米，桥宽仅一米左右。走在桥上，可伸手摸白云，脚下云雾涌。每走一步，既有飘飘欲仙之感，也有怕跌入深涧、粉身碎骨的恐惧。

绵山风光秀丽，文物古迹繁多，是一处著名的旅游胜地。但它也是无山不奇，无路不险！绵山最险之处，要属从岩背直插顶端云绵寺的摩斯崖段。这里近500米路程，几乎都是75度的陡坡绝壁。虽有铁索悬梯可以手脚并用攀登，但它的惊险程度，绝不亚于攀登自古华山一条路的千尺窗之险！

有人说唐代大诗人贺知章和唐太宗李世民的妹妹均来过此地。是的，据介绍，贺知章来此地是众多和尚用整匹棉布缠腰，把他生拉硬拽上山的。李世民的妹妹上山修行，更不知道耗费了多少劳动人民的血汗！

绵山还有一大奇处，就是满山郁郁葱葱的山林古柏。绵山古柏多得出奇，老早就有人说"绵山多古柏，越历超千岁！"尤其是绵山秦柏岭的秦柏，更是古老惊人！据说它是晋文公亲手所植。因为晋文公想把在绵山隐居的介子推从深山中赶出来，就放火烧绵山。结果，介子推母子誓死不出绵山，被烧死在绵山。晋文公后深悔自己做事不当，就号召全国军民来绵山种松柏，恢复绵山旧貌，并自己亲手种下这棵古柏，以示后人。

这棵秦柏，如今已历经近3000年，仍然根深叶茂。它树高15米，主干周长17米，主干胸围十三米多，用十个大活人手拉手才能把它抱住。它枝干挺拔，承天接地，树荫围长可达三百多米，称得上是棵大气磅礴的古树。曾有人称赞这棵树是"绵山有古柏，越历三千岁，主干虽有枯，枝叶仍青翠！"离这棵古柏不远的地方，还有一棵古柏。据说是这棵古柏根生的儿子。它至今已有一千多年，这两棵古柏，历尽了千年的历史沧桑，见证了我们中华民族的改朝换代，经历了多少次的血雨腥风，兵荒马乱！活到今天，实不容易。它是我们中华民族坚强不屈地战胜一切困难、战胜一切敌人的历史见证。所以，它们不能在我们这一代人的手中倒下。目前秦柏公司的董事长宋维贵先生投资300万元维护这两棵古树。古树的周围，建成汉白玉石围栏，还在古柏周围建成明亮的房舍，派专人管理维护，不让两棵古柏受到任何伤害。

北岳恒山一景——悬空寺

有谁想到，我国古代劳动人民，远在一千四百多年之前，就把拥有两座相当于三层楼高的飞檐楼亭和其他四十多间房屋的大寺院，凌空建筑在悬崖陡壁之上，使这座寺院上载危岩，下临深谷，楼阁悬空，造型奇特。传说古代游人曾在此留下过这样的诗句："上有千丈崖，下有万仞山。伸手拂明月，袖带白云还。"这就是历史上有名的悬空寺。

悬空寺坐落在山西省浑源县城南十华里名叫金龙口的绝壁上，是驰名中外的北岳恒山十八景之一。据《恒山志》记载，此寺始建于北魏王朝后期（公元六世纪），距今已有一千四百多年历史。

悬空寺的建筑物，多是依山做基，就岩起室，栈道飞跨，结构惊险。一进山门，迎面是座双层楼亭，底层是砖砌围墙。墙上有月宫式圆窗，凭窗远眺，可见北岳恒山琼楼叠翠。楼上是碑亭，有名人手迹，阁楼清幽，白云临窗。在这里可见到金龙山大坝飞瀑凌空，云影浮动。

碑亭的后面，是第一座三檐主楼。此楼和同样形式的北楼隔屋相望。它们都是在峭壁上凿窟，斜插飞梁为基、凌空架起的楼阁，南北对峙，称奇斗险。两楼间有飞虹栈道可通，在栈道上又架起几座双檐亭阁，供游人饱赏大自然美景。不过，谁到达这里，上见悬崖压顶、下览深渊激流，都会心惊肉跳。有首古诗描写这里是："危楼高百丈，手可摘星辰。不敢高声语，恐惊天上人。"

悬空寺共有楼台殿宇四十多间，多是以栈道为基，上铺龙骨，向外悬空，构思巧妙。它不但外观高低参差适度、协调秀丽，内部联系也是曲折迷离，颇具匠心；有的用栈桥凌空飞渡，有的以暗道相通，有的在石级上攀登而过，有的横越石壁穿窗进室；有时使人感到好像已面临绝壁，似乎已无法通过，但几经回旋，眼前又是一番景色。

悬空寺中也藏有不少铜铸、铁铸、石雕、泥塑等艺术珍品。如"三圣殿"中的泥塑释迦牟尼、韦驮、天女、阿难等神像，精巧地显示出人物地位不同，姿态各异，比例适度。这些像尽管是泥胎，但给人的感觉却是充满着生气。明代弘治年间的铁铸韦驮，形体健壮、姿态威武，面部表情逼真，连衣饰上的线纹都清晰可见，真有呼之欲出之感。尤其是那座据说已端坐绝壁逾千年的如来浮雕佛像，更是珍贵。它气魄雄伟、笑容可掬，使人百看不厌。

九朝古都——洛阳

洛阳位于河南省西部，前临洛河，背负邙山，地势险要，是豫西重镇。最早的洛阳城始建于公元前11世纪的西周时期。公元前770年，周平王从关中迁都洛阳，史称东周。此后，东汉、曹魏、西晋、北魏、隋、唐、后梁、后唐，都先后在洛阳建都，历史近千年，素称"九朝古都"。东汉时，洛阳就以它规模的宏伟、经济的繁荣著称于世。隋唐时期，尤为兴盛。隋炀帝大业二年（606）迁都洛阳。从白马寺以东的旧城西迁十八里，在洛河两岸建立东都，北岸是皇城，南岸是居民区，城周围约五十华里，设三大市场（丰都市、大同市、通运市），人口达百万之多。据史书记载，当时丰都市，周围八里，中有一百二十行，三千四百余店；通运市，周围六里，内有郡国船只数以万计。由此可见当时的繁华。

洛阳不仅曾经长期是我国的政治、经济中心，而且也曾是我国的文化中心。经学兴盛于洛阳，佛学首传于洛阳，理学渊源于洛阳，我国古代三大学派的主流先后总汇于洛阳。古代一些杰出的史学家、科学家、文学家云集于此，留下了著名的作品。伟大的史学家班固，在这里写出了我国第一部断代史——《汉书》；小说家虞初，在这里写出了《周说》，对中国古代小说创作影响很大；科学家张衡改进了"浑天仪"。他在132年（东汉永建七年）制成的候风地动仪，比欧洲地震仪的制成早了1700多年。蔡伦发明了造纸技术，马钧创造了翻车（水车）和指南车，张华的《博物志》和陈寿的《三国志》也都是在洛阳完成的。唐朝著名诗人李白、杜甫、白居易，都在洛阳写了很多优美动人的诗篇。

从大量出土文物看，早在五六千年以前，这里已进入原始社会母系氏族社会文化繁荣的阶段。最早发现"仰韶文化"遗址的渑池县仰韶村，就在洛阳西五十多公里处。洛阳的东干沟和偃师县二里沟出土的青铜器，是我国发现最早的青铜器。洛阳发掘的西汉墓壁画，是我国考古工作者发现的最早的墓中壁画之一。壁画有天体星象、历史故事和神话传说，笔意生动，在我国美术史上有重要价值。在关林等处出土的唐三彩马，造型挺拔健美，写实逼真，形象活泼，是古代独具匠心的釉陶工艺品。1971年元月，在洛阳老城西北发现的隋唐时代的大粮仓——含嘉仓，内建大型仓窖四百余座。唐天宝八年记载，储粮为580余万石，合2.5亿斤。含嘉仓是全部地下密封粮窖，具有防潮、防腐、防虫的效能。发掘的一六〇号仓窖，还储存有唐代农民交纳的租米五十余万斤，时隔一千多年，虽已炭化变黑，但谷子的颗粒还清晰可辨，据化验结果，其中包含的有机质还保存有50.08%。含嘉仓，是我国古代劳动人民在长期生产斗争中积累的宝贵经验的结晶，也是封建统治阶级压榨剥削劳动人民的罪证。

北宋时期，洛阳称为西京，仍然是全国学术活动的中心。司马光在洛阳写成了历史巨著——《资治通鉴》；欧阳修的《新唐书》与《新五代史》的初稿，大部分也是在洛阳写成的。

但是，五代后，几经战乱，洛阳就逐渐衰落了。尤其是北洋军阀和国民党统治时期，洛阳遭受了更多的破坏。在新中国成立前夕，洛阳只有一个五百千瓦的发电厂和一个简陋的龙门煤矿。全市人口不过十万，产业工人不过三百。千载古都，颓垣断壁，满目荒凉。

1948年4月，洛阳城头插上了胜利的红旗，古城解放了。从此，春天来到了洛阳，万物出现了生机。

从20世纪50年代中期开始，洛阳开始了大规模的经济建设。今天的洛阳，已经一改旧时的容颜，成为一个著名的机械工业城市了。全市以机械工业为主，有四百多个大小工厂，可以生产四千多种工业产品，人口已发展到50万。全国著名的第一拖拉机厂、规模巨大的轴承厂、我国第一座新型的矿山机械厂等，都建在这里，生产的拖拉机、推土机、各种轴承和机床，遍及全国各地。一条东西长十多公里的主干大道，把洛阳四个市区（涧西、西工、洛北、渡河）连成一片。新中国成立前荒冢累累、狐兔出没的涧西区，如今楼房高耸，烟囱如林，成为新兴的工业区。

公元265年的西晋时期，有个名叫石崇的大官僚，在当时洛阳的西郊修建了一座花园，内有奇草异树，清泉细流，气派之大，非同一般。因为这座花园坐落在金谷涧中，名曰"金谷园"。南北朝的文学家庾信，在《枯树赋》里描绘这座花园为"若非金谷满园树，即是河阳一县花"。但这已是历史的遗迹了。新中国成立前的金谷园却是一片荒凉。新中国成立后，在这里新建了宽敞的洛阳车站，迎接着陇海铁路和焦枝铁路来往的旅客。它的正南方二公里，便是洛阳市的中心，百货楼、邮电大楼、国际旅行社和银行大楼，互相映衬，构成一幅新城画图。

"邙山晚眺"，相传是洛阳八大景之一。邙山像一条长龙横卧于洛阳城北，唐宋时代，古木森列，苍翠入云，是人们登高游览的胜地。每当夕阳西下，暮色苍茫，万盏华灯初上，万户炊烟袅袅，站在邙山观看山下，开阔的郊野、雄伟的宫阙、宽广的园囿、富丽的楼阁，但这已是历史的传说了。如今，站在邙山"晚眺"，只见全城灯光闪烁，树木夹道，它的美丽壮观，是历史上任何朝代无法比拟的。九朝古都洛阳已经以它崭新的面貌，屹立在祖国的中原大地。

龙门石窟

坐落在洛阳城南二十五里的龙门石窟，是我国三大石窟艺术宝库之一。唐代诗人白居易，从829年起，在龙门东面的香山寺居住了18年，朝夕所游，诗思横溢。他死后，就葬在香山琵琶峰上。白居易是人民喜爱的诗人，他那"争得大裘长万丈，与君都盖洛阳城"的理想，是很受人推崇的。

龙门也称"伊阙"。这里青山对峙，伊水北流，风景宜人。郭沫若同志曾经用"满山松影今图画，两岸泉声故管弦"的诗句，赞美它的风光。新修的一座具有民族风格的石拱桥飞架东西，把东西两山连接起来，桥上镶嵌着一块石匾，上有陈毅同志挺拔有力的题字："龙门"。

龙门石窟是494年北魏孝文帝迁都洛阳前后开创的，中经东魏、西魏、北齐、北周、隋、唐等朝，连续大规模营造达四百年之久。在长达一千多米的山峦峭壁上，有佛洞1352个，佛龛750多个，佛塔40多座。主要洞窟有潜溪寺、宾阳洞，万佛洞、莲花洞、奉先寺、药方洞、看经寺、大万五佛洞等，共有造像十万多尊。其中最大的造像高17.14米，最小的仅有2厘米。这些石刻造像栩栩如生，神态各异，具有相当高的艺术造诣，表现了我国古代劳动人民的艺术才能。

唐代开凿的奉先寺石佛，是龙门石窟中规模最大、艺术水平最高、最具有代表性的石刻群像。主像卢舍那大佛，高17.14米，头高4米，耳长1.9米，双目俯视，肃穆宁静。两旁的迦叶严谨持重，阿难温顺虔诚，菩萨端庄矜持，天王蹙眉怒目，力士威武雄壮。奉先寺群像，从形象的雕塑到神情的刻画，都达到了惟妙惟肖的程度。这是唐代雕刻艺术的重大成就之一。

丰富多彩的龙门石窟艺术，为研究古代的历史和艺术提供了重要的文物资料。至今保存的历代造像题记和碑刻3600余种，不仅是考古研究的重要佐证，也是我国传统的书法艺术品。流传已久的龙门"二十品"，就是龙门魏碑中的精华。

在万佛洞里，可以看到洞内南北壁上满满地刻着一万五千尊小佛；莲花洞里，洞顶刻有一朵精美的大莲花；药方洞里，刻有唐代的药方一百多个；古阳洞中，图案文饰丰富多彩。可以这样说，龙门石窟1352个，个个有特点，表现了不同朝代不同艺术的创作风格。

可惜一千多年来，龙门石窟受到自然风化和人为的破坏，完整的较少。特别是在国民党统治时期，帝国主义分子勾结官僚奸商，大肆盗窃偷凿，致使龙门雕刻艺术受到了严重的、无法弥补的损失。

中华人民共和国成立后，人民政府对龙门石窟进行了整修。1961年，国务院公布其为全国文物重点保护单位。文化部和有关部门先后派出了地质、岩石、水文、气象、测量等人员，对龙门进行了全面勘察、钻探和研究，并做了化验和分析，找出了运用各门科学，综合保护文物的新方法，对奉先寺等石窟进行了整修加固。且看今日龙门，伊水长流两山青，十万石佛展新容。

龙门北面的关林，是我国最为雄伟的关帝庙之一，据说，这里埋葬着三国时蜀将关羽的头颅，周围有数百株翠柏，蔚然成林，故称"关林"。

出龙门南行五十余公里，有一个三山环抱、柳暗花明的小山庄。村旁有一小溪，百泉汇流，清澈见底，风景宜人，名曰杜康河，著名的杜康酒就产在这里。长久以来，"杜康"一直被人们作为佳酿的代称传颂着。三国时，曹操在《短歌行》中就有"慨当以慷，忧思难忘，何以解忧，唯有杜康"的名句。这一历史名酒新中国成立前已长期失传，现在这里建了一座年产三百吨的酒厂，所产酒芳香浓郁，味长回甜，杜康酒终于复苏问世。

白马寺

从洛阳老城东行十二公里，来到一座树林茂密的古寺院。门前两旁有两匹石马站立。马背上有鞍，像是千里归来未下鞍，又像待主人骑上去远征。传说这就是当年随主人前去天竺国取经的白马的象征。但据对洛阳历史有研究的同志说，这两匹石马是后来由别处挪来的，并非原物。

据历史记载，东汉明帝信仰佛教，派遣郎中蔡愔、博士弟子秦景、王尊等十二人，前往天竺国（印度）取经，用白马驮回。顾名思义，这就是白马寺的来由。

白马寺建于东汉明帝永平十一年（68），距今已有1900多年的历史。它是佛教传入中国后官府营建的第一座佛寺。它所建的地址，是当时东汉都城西雍门外。

当时同来洛阳的，还有两位印度和尚，一个叫摄摩腾，一个叫竺法兰，他们在这里翻译经卷，译出汉文最早的佛经——《四十二章经》。白马寺作为古代佛教传入中国的第一座佛寺来说，具有重要的历史价值。白马寺建立以后，佛教在中国才得到合法的地位。从此佛教日盛，信徒渐广。

寺内有天王殿、大佛殿、大雄殿、接引殿、毗卢阁等主要建筑，保存了东汉以及元、明时期的重要历史遗迹和造像艺术，如唐经幢、元碑等书法艺术，缅甸赠给我国的白玉佛，还有印度和尚摄摩腾和竺法兰的坟墓。

高大雄伟、布局整齐的毗卢阁，是一座清静幽雅具有民族风格的建筑，为汉代清凉台的旧址，相传原为汉明帝读书处，改为佛寺后，为藏经之处。

站在毗卢阁回首南望，只见寺院外东南角有座13层、24米高的砖塔——齐云塔。为后唐时所建，金代重修。塔形玲珑别致，具有唐代的建筑风格，是有名的五代建筑物。塔上的铃铛在微风中摇动，发出清脆的铃声，十分悦耳。

古城郑州

黄河流到京广铁桥附近，挣脱了自豫西伴随东延的邙山，东流而去。从这里离开黄河南行二十多公里，便到了"二七"名城郑州。

郑州，是河南省的省会，处在京广、陇海两大铁路干线的交叉点上，是我国重要的交通枢纽。它北望太行，西依邙山，西南为中岳嵩山，东部是黄淮平原，"雄峙中枢，控御险要"，具有十分重要的战略地位。

来到郑州的人，总要到市中心看一看"二七"纪念塔。这个纪念塔由两个五角形塔并联而成，造型独特，雄伟壮观。塔高63米，共14层。登高远眺，百里市区，尽收眼底。入夜，在灯光辉映下，高大的塔身恍若琉璃碧玉，塔顶红星闪射出耀眼的光芒。这座双塔成为"二七"名城郑州的象征。

郑州是东方最古老的城市之一。早在三千多年前的商代（前16世纪至前11世纪）中期，郑州已经成为城市。西周时属管叔鲜的封地，称管国。春秋时叫东里，为郑国大夫公孙子产的采邑。南北朝时始定名为郑州。

新中国成立后，在郑州发现了面积广大的商代遗址。它的范围，东起凤凰台，西抵西陈寨，南起二里岗，北达紫荆山，大致在今郑州市的向阳区一带。郑州商代遗址，早于安阳小屯的殷墟遗址，面积也较殷墟为大。

在郑州商代遗址范围内，发现了规模宏大的商代城垣。城垣呈长方形，南北长2000米，东西宽1700米，是板筑的夯土墙，夯窝的痕迹还依稀可辨。整个城垣，除北墙延伸到紫荆山以北外，其余均在郑州老城范围内，但面积比郑州的老城还要大。今天，我们只能在白家庄、紫荆山一带看到商城垣的遗址，其余的均埋在地下。在城垣内，还发掘出大量的夯土房基、地窖、壕沟、水井等遗迹，以及铜、石、骨、陶、玉、瓷等文物。房基上有柱础、柱洞，从中发现了不少玉簪、玉铲等物品，可以看出这是当时的宫殿遗址。从出土文物中的大量南海砂贝和鲟鱼骨这些当时的货币来看，这个城市的对外贸易相当发达。正因为商代人擅长贸易，以后就把做生意的人叫作"商人"。

郑州商代古城，是我国目前发现的商代早期遗址中范围最大、文物最丰富的一处遗址。它已被列入全国重点文物保护单位。

荥阳古战场

郑州地势险要，历来为兵家必争之地。郑州地区的荥阳、广武、汜水等地是古代的重要战场。

在荥阳县（今荥阳市）东北的邙山岭上，有两座遥遥相对的古城遗址，这便是汉王刘邦和楚王项羽在此对垒时筑的东西广武城。西边的为汉所筑，东边的为楚所筑，所以，后来人们称之为汉霸二王城。二王城中间，隔一条宽约三百米的大沟，这是当时楚、汉分界的鸿沟（在今贾鲁河东面）。

秦朝灭亡后，以项羽和刘邦为代表的两大政治集团，为争夺农民起义胜利果实展开了激烈的斗争。开始，楚强汉弱。刘邦为了改变这种不利形势，采纳谋士张良等人的建议，在政治上，争取同项羽有矛盾的九江王英布，重用部下彭越、韩信，团结内部力量，在军事上，进行战略防御，避免决战，争取时间消耗对方。项羽看到刘邦的势力一天天发展，十分不安，便调动大军进攻荥阳、成皋。公元前203年6月，项羽攻破荥阳、成皋，刘邦败走黄河以北，采取"高垒深堑勿与战"的方针，并派刘贾等带2万人从白马津（今河南滑县北，旧黄河渡口）渡河协助彭越，骚扰楚军后方，烧其积聚，截断楚军补给线。接着，彭越攻占了睢阳等17城，使楚军侧背受到越来越大的威胁。9月，项羽不得不停止攻势，再度率兵去攻打彭越。刘邦趁楚军主力东调之机，夺回了成皋。项羽听到成皋失守，急忙回兵援救。汉军依据险要地形，坚守不战。楚军几次东奔西驰，极度疲劳，不得不驻军广武山上，隔着一条大沟与汉军对峙。几个月后，楚军粮乏，既不能进，又不能退。项羽被迫与刘邦订立和约，把鸿沟以西的地方划归汉，鸿沟以东的地方归楚。

刘邦争夺成皋的胜利，是楚汉战争中具有决定意义的一战。这时，韩信已经攻破魏、赵、三齐，占领了楚的北方、东方大部分地区，完成了对项羽的战略包围。公元前202年10月，刘邦乘项羽引兵东撤的时候，实施战略追击。12月，项羽于垓下（今安徽灵璧县东南）陷入重围，仅率八百余骑突围。汉军穷追不舍，迫使项羽在乌江自刎。

河南洛阳和郑州之间有一条干河遗址，名叫鸿沟。至今郑州还有不少古代文人感咏题记。韩愈《过鸿沟》诗曰："龙疲虎困割川原，亿万苍生性命存。谁劝君都回马首。真成一掷赌乾坤。"后来人们往往用"鸿沟"来比喻相互之间的隔阂和不睦。

在今荥阳西部汜水公社邙山岭侧，还有一"虎牢关"。从汜水县志上可以查出，公元前928年，周穆王曾养虎于此，故名"虎牢"。虎牢关两边峭壁陡立，中间只有一条狭窄的通路，人称"一线天"，大有"一夫当关，万夫莫克"之势。相传三国时，吕布在虎牢关北面筑城，阻挡曹操、袁绍诸路兵马西进。刘备、关羽、张飞在关前战败吕布，这就是历史上有名的"三英战吕布"。至今，吕布城和关羽像犹存。

郑州西北郊区的邙山岭，是黄河进入华北平原最后的山岳屏障。1952年秋天，邙山经历了一个伟大的历史时刻。1952年10月29日，毛泽东乘专列抵达兰考视察。翌日上午，专列到达东坝头，毛泽东健步登上黄河大堤，面对滔滔黄河豪情满怀，发出了"要把黄河的事情办好"的号召。

毛泽东同志视察黄河的喜讯，像春风一样吹遍了大河上下，也给邙山带来了巨大的变化。1970年，郑州市二百多名知识青年，怀着改天换地，建设社会主义新农村的豪情壮志来到邙山，办起了青年林场。他们冒着风雪严寒劈山造田、挑水植树，一冬一春就在邙山上栽了36万株树苗。贫下中农和驻地解放军热情地帮助青年们栽树护林。经过几年的努力，邙山岭已经遍布油松、刺槐、白杨、泡桐、核桃、石榴和苹果等树一百多万株。光秃秃的邙山披上了碧绿的春装。

在知识青年上山办林场的同时，邙山提灌站工程也开始动工兴建。郑州市人民和邙山地区的贫下中农，决心把黄河水引上邙山，引入市区，彻底改变邙山和市区长期干旱缺水的面貌。

印染厂、纺织机械厂、纺织机械配件厂，针织厂和帆布厂等陆续建成了，郑州成为拥有四十万纱锭，一万五千多台布机，能纺能织、能漂染的新兴纺织工业基地。这个基地每天可以吞掉上百吨的棉花，吐出上千件的棉纱，成百万米的棉布、化纤织物和经编产品。纺织工业总产值占全市工业总产值的三分之一以上，提供的积累占全市财政收入总额的70%以上。郑州因之获得了"纺织城"的称号。

除了纺织工业外，郑州还有大型的炼铝厂、砂轮厂、电缆厂和为本省服务的汽车、拖拉机、机器制造厂等一百多个冶金、机械工业企业，能生产五千余种工业产品。产业工人也由解放时的五百多人增加到二十余万。

濒临黄河的郑州，过去吃尽了风沙的苦头。仅郑州东北郊的沙荒地上就匍伏着四百多个沙丘。这些沙丘以每年五米的速度向城市迫近，风起沙飞，遮天蔽日。人们说，住在郑州，一年得吃一块坯。

饱尝风沙之苦的郑州人民，在城市建设中特别注意造林治沙。现在的郑州市，一百七十多条大小街道两旁，栽满了梧桐、泡桐、毛白杨、合欢、垂柳和三角枫等树木，有的树已经有一搂多粗了。树下浓荫铺地，行走其间，如在绿色长廊里穿行。历年来，全市已栽植各种树木三百余万株，覆盖面积占市区总面积的30%以上。走进许多工厂，就像走进了公园，花枝婀娜，绿树婆娑，空气格外清新。还有那金水河、熊耳河两岸的林带，宛如翠色屏障，由市区西南逶迤东去。整个城市掩映在红花绿树丛中，昔日的"沙海"变成了"树海"。所以，人们用"绿满郑州"来形容这个绿色的城市。

嵩阳书院

说起"嵩阳书院"，可称得上赫赫有名。它地处著名的中岳嵩山太室峰脚下，是现存的我国最古老的书院。直到今天，"嵩阳书院"还是河南省登封县（今登封市）立师范的所在地，每年都有大批毕业生离开这里，去做知识的传授者。这可真有意思，谁能知道这座书院已培养了多少人才？据记载：我国历史上著名文人，如欧阳修、范仲淹、司马光、朱熹、程颐等，都在这讲学和学习过。清乾隆皇帝也在这上过学，并留有:"书院嵩阳悬最清"的名句。著名诗人赵朴初同志对嵩阳书院内的两棵巨柏发生了兴趣,他挥笔留诗:"……嵩阳有周柏,阅世三千岁……"

据说汉武帝刘彻到过这里,但无从考证,而唐明皇同杨贵妃来这里游乐可能是事实,据说唐明皇根据梦境回忆谱写的古曲《霓裳羽衣曲》就是在这里写成的。唐代大诗人白居易,还在此看过宫女们跳"霓裳羽衣舞"并写下了这样的诗句:

> 开元遗曲自凄凉,况近秋天调是商。
> 爱者谁人唯白尹,奏时何处在嵩阳。
> 迥临山月声弥怨,散入松风韵更长。
> 子晋少姨闻定怪,人间亦便有霓裳。

至今,"嵩阳书院"的大门外,还立有一块高9米、宽2.04米、厚1.05米的巨大石碑。这块碑是唐碑。立于唐天宝三年(744),碑文的作者是当时的宰相李林甫。碑文叙述了嵩阳观道士孙太冲为唐玄宗李隆基治病的故事。碑帽已被雷击掉了一块,传说李林甫是个"口蜜腹剑"的小人,天不容他留名后世,才发射雷电把石碑击毁的。这当然只是反映了人们对奸相仇恨的心情。

据介绍:"嵩阳书院"始建于北魏孝明帝正光元年(520),距今已有1400多年了,它和附近的"中岳庙""少林寺""嵩岳寺砖塔"等都是我国现存的重要文物古迹。

武林高僧　少林绝技——海灯真功入镜头

近几年来,但凡提到少林武功嫡系传人——海灯法师时,人们总感到他有浓厚的传奇色彩。最近,新影厂将武功高深的海灯法师的绝技和他徒弟的惊人武功,摄入了镜头,编成大型彩色纪录片《海灯法师与少林》。不久，广大观众就可欣赏到这部影片了。

海灯法师虽是当今少林武功鲜有的嫡系传人，身怀绝技，但由于他为人谦慎，对自身武功常是隐而不露，所以能看到海灯法师武功绝技的人，为数甚少。只是为了宣扬祖国的文化和促进少林武功的进一步发展，法师才破天荒地演练了几项绝技，展露一些少林真功。

影片中，海灯法师第一绝技是童子功。据说海灯法师今年82岁，以如此高龄之躯演练童子功，真是亘古未闻。

法师的软功，神奇惊人；法师的硬功，更是了得！他稍稍运气之后，就让徒弟范应莲运足气力，用三节棍不分前后左右，任意在他身上拍打，法师站在石阶上，纹丝不动。他说："这叫'混元一气拍打功'。"

"一指禅功"是少林武功的绝学之一，它能使人练就钢筋铁骨，以指代剑，威震对方。海灯法师自幼投师少林高僧丹岩、方禅、汝峰等学艺，苦练数十寒暑，才功成自如。

拍摄影片时，海灯法师先是稳坐在一块长方形的石头上，闭目养神，运气周身，两手甩动，口内似念念有词。然后，右手食指触石，两腿倒立轻贴墙上，左手尽力向外伸去，像是突袭近身之敌。据法师说，过去他平地都能一指凌空倒立。海灯法师能以高龄之躯，演练一指禅，足见其功底是何等深厚。

海灯法师的两位高徒——范应莲和李兴友在片中也有惊人的表演。如范应莲用井泉功，拳打四面火；李兴友和范应莲在一丈多高的梅花桩上，演练的梅花拳，均属少林武功之绝。尤其是梅花拳，两人在花桩上拳打脚踢，飞腾自如，既像猿猴在树枝上飞跃，又像巨鸟在高空翻飞。这不仅要有坚实的武功功底，还要有深邃的轻功功力。因为稍有差池，就会摔在桩下，轻则伤筋折骨，重则有生命危险。可见法师的两位高徒，确已成了少林真功的可喜传人。

少林武功是中华武坛的瑰宝。海灯法师曾说过："在我有生之年，还要多传授几人，使世人知道：少林武功的正宗仍在中国！不达此目的，我死不瞑目。"

在影片中可以看到：海灯法师正在培养更多的徒弟。我相信，海灯法师的愿望一定能实现：少林武功这朵民族之花，一定会开放得更加绚丽多彩！

古城开封与黄河

"东京汴梁——开封府"，这座历史名城给人们留下了深刻印象。因为，开封不但有"相国寺""铁塔""龙亭"和"古吹台"等历史名胜，而且它还以此为背景，流传了如"包公力斩陈世美""鲁智深倒拔垂杨柳"等动人故事。

我们最近这次来开封，倒不是来参观古迹名胜和抒发思古之幽情，而是为了拍摄开封古城与古老黄河的纪录影片的。

说起古城开封，人们会立刻联想到北宋著名画家张择端所绘制的《清明上河图》。据说，他比较真实地描绘了当时开封城内、汴水之滨的繁荣景象。

可惜，画卷的景象，经历史上几次黄水吞城和长期的官府搜刮，早已荡然无存；到新中国成立前夕，偌大的古都开封，竟变成了一座沙城。

浊浪滚滚的黄河，在开封城北不远的地方奔腾而过。由于黄河泥沙的逐渐淤积，开封城外的黄河，早已形成了有名的地上悬河，黄河的水位比开封城还高出了很多。如在洪水期来到开封，遥望黄河上的船只，就像是从开封的楼顶上飘过去一样。据说在洪水期间，黄河水位最高时，曾和开封城内的最高建筑物铁塔的塔尖一样高，而开封的铁塔是高达54.66米的建筑物。

据历史记载：开封人民曾多次遭受过黄水没顶的灾害。其中明崇祯十四年（1641）那一次黄水漫城，竟使当时只有37万人口的开封城，一下子淹死了34万人！所以开封人民在新中国成立前十分恐惧黄河灾害。

人们除在城内修台筑庙，拜神求佛，企求平安外，还在城北五里处，铸造了一座高6尺、长3.5米、宽3尺的独角铁犀，幻想让这尊大铁犀镇住黄水，使开封人们安享康泰。

但幻想终归是幻想。这尊大铁犀，虽然已在铁犀村矗立了五百多年，但还是无法阻挡黄河对开封城的一再冲击。我们今天来到"铁塔公园"和"相国寺"参观，眼见巨大的铁塔和"相国寺"的牌坊、大殿等，几乎都没有底座；尤其是"相国寺"中有名的八角殿，进殿时还要向下走进殿室，像进地下室似的。其实，这座八角殿原来也有高高的台阶和玉石栏杆，只不过底座和栏杆已被黄河泥沙深埋在地下了。

在七步村前

我们在河南省通许县采访时，看到一个很有趣的现象：在通许县城东约二十里的地方，几乎是肩挨肩排列着三个村庄，而名字都叫七步村。我为好奇心所驱使，问一位村边劳动的老农，请他告诉我七步村的由来，老人说：我们这个村是真正的"七步村"，因三国时候陈王曹植曾在此怒吟"七步诗"而得名。后来"七步村"的名气越来越大，我们临近的郭庄、守乡两村，都改名"七步村"了，所以才有了三村同名这回事。

曹植，我国历史上"建安文学"的著名人物，是三国名将曹操的第三子，魏文帝曹丕的弟弟。他大约生于192年，死于232年，据说只活了41岁，是当时最著名的才子。他的诗歌曾经盛行一时，著名的《泰山梁甫行》《赠白马王彪》《七哀诗》《洛神赋》等，在中国文学史上都有重要地位。他虽出身于帝王之家，本身也有侯王之位，但他很不满皇家权势倾轧，几经封降，被迫多次离京和就封地迁徙。多少也见到人民生活的苦难，再加上他长期被贬和怀才不遇，他的诗词就有意无意地反映了当时的现实和人们的痛苦。例如，《泰山梁甫行》中，对战争和官僚摧残人们的惨景这样写道：

"八方各异气，千里殊风雨。剧哉边海民，寄身于草野。妻子像禽兽，行止依林阻，柴门何萧条，狐兔翔我宇……"短短几句，不但写出了人们的生活惨景，使诗人的同情之心也跃然纸上。

我问老农："曹植的《七步诗》是在这里作的吗？"

"那还有假？"老人更加兴奋了，他摘下头上的草帽，边扇边吟道：

煮豆持作羹，漉豉以为汁，
萁在釜下燃，豆在釜中泣。
本自同根生，相煎何太急？

"咦，曹植的《七步诗》，不是'煮豆燃豆萁，豆在釜中泣，本是同根生，相煎何太急'吗？"我们有个同志忽然插嘴纠正老人。

"那——是别人改的，当时曹植七步成章的六句诗，就是我说的那六句，我是听我爷爷说的，没错！"老人家信心十足地回答。

关于魏文帝曹丕由于嫉贤妒能，想用《七步诗》杀他亲弟弟曹植，而曹植以《七步诗》转危为安的传说，是尽人皆知的，我不再赘述。历史上是否真有《七步诗》这件事，我很难说。但河南省通许县的七步村，至今还有"曹子建吟诗处"和"曹子建墓"等，确是事实。

访诗圣故里

远在那战火纷飞的抗日战争时代，我就背诵过"烽火连三月，家书抵万金"和"会当凌绝顶，一览众山小"等杜甫的诗句。对诗人杜甫有一定印象，很想去拜访伟大诗人的故乡。

最近，我有机会来到了"诗圣故里"。这座古代名人的故居，给我留下了深刻的印象。

"诗圣故里"在河南省巩县①老城东约一公里处的南窑湾村。村前一条小河,名东泗河,河水清清,像一条玉带,绕村飘走,小河两岸都是成排的垂柳,柳林的后面还有不少桃树、李子树等果树。我们来参观时,正值生机盎然的春天,这里村前屋后柳绿花红,鸟语花香好一片诱人的景色。

　　"诗圣故里"坐落在南窑湾村靠北的笔架山下,它是一所清幽洁净的小院,黑漆的小门楼左侧有一块青石碑,碑上刻有"诗圣故里"四个大字,字体苍劲浑厚,据说是清雍正年间两榜进士张汉的手笔。进门后是一个整洁的小庭院,有青砖瓦房数间和一孔坐东向西的砖砌窑洞,窑洞深十五米左右,窑洞门前左侧,竖有一石板碑,碑的正面刻有:"唐杜工部讳甫位"七个楷书大字。据介绍,此碑是1963年才由外面移入院内的。就是在这孔窑洞,唐玄宗先天元年(712)诞生了我国伟大诗人杜甫。"诗圣故里"也由此得名。

　　"诗圣故里"的窑洞中,摆满了古代和现代名人的诗词字画,其中,我们看到有郭沫若和赵朴初等人的手笔。赵朴初同志的诗中写道:"我问杜甫里,山形有笔砚,倘使甫复生,刮目桑梓变,笔歌与墨舞,当作巩县赞。"诗人不仅写出了对"诗圣故里"的敬意,同时,也写出了"诗圣故里"的变迁。据介绍,在那漫长的封建社会里,虽然杜甫的诗被人千古传咏,不少人对杜甫其人也相当尊重,甚至,还有官僚文人争着和杜甫攀亲扯旧,但对"诗圣故里"却很少有人问津。尽管清代进士张汉曾来修过一次,经过多年的风吹雨蚀,到新中国成立前夕,这座"诗圣故里"早就破败不堪了,"墙倒屋塌,杂草丛生,蛇兔径走,满目荒凉"。中华人民共和国成立后,党和国家非常重视保护文物古迹,"诗圣故里"被定为河南省重点文物保护单位。多次拨专款进行整理修葺。特别是1962年纪念诗人杜甫诞生1250周年时,国家曾拨巨款把"诗圣故里"进

---

① 1991年8月,撤销巩县,改立巩义市。

行了大规模的翻新维修，整个小院和门前屋后，都焕然一新。一处近于绝迹的历史遗迹，恢复了古朴静雅的原貌。给中原大地增添了光辉，给千千万万游人留下了极其美好的印象。

地上悬河

黄河下游，也就是河南、山东地区的黄河大堤部分，也就是我们想象中的"黄河女儿"的双腿。经大家反复研究，一致认为这里是"黄河万里行"影片的重点的重点。因为说到底，"黄河的百害"都是在这里发生。千百年来黄河改道和决口泛滥都发生在这个部分，新中国成立前，不是三年两决口，就是两年三决口（伏汛加凌汛），或者就是大规模的改道。总之是灾害连连。每次水灾都会给人们造成难以估量的损失。以古都开封为例：先后六次被黄河大水漫灌过，每次漫灌都是开封人民的灭顶之灾！明末清初时的一次漫灌（1641年9月），全城37万人，一下子就淹死了34万，不但在河南是尸首遍地，连山东、安徽都能找到开封人的尸体。由于千百年来黄河从中上游都会冲带下大量的泥沙。据说每年有16亿吨！除少数冲击入海外，大量泥沙都会淤积在河南、山东的河段。久而久之，就在这里淤积成地上"悬河"。什么叫地上"悬河"？就是由于长年泥沙淤积，悬河水流已高出堤外县城和村庄的地面很多。人们仰看黄河的船舶在人们头顶飘过。黄河洪流就像在人们头顶上流过一样。再以开封为例：开封城的著名文物是开封铁塔，原高达54.66米。可以说，它是古城开封的最高建筑物。可是，如今的黄河水，水平线已达到塔身的中间，比开封城还高出好几米。因此，每次这里闹水灾，都是大水漫城而过，就像用大水桶往小木盆里灌水一样。所以说，每年黄河涨水时，开封人民都提心吊胆，日夜煎熬！过去的古城开封，曾是我国著名的六大古城，梁、晋、汉、周和北宋及金朝后期，都曾在这里建都，尤其是北宋年间，开封曾是我国有名的繁华古城，有"一苏、二杭、三汴梁"的美名。北宋画家张择端，在他的名画《清明上河图》中，曾把当时的开封描绘得异常繁荣：画卷长525厘米，高25厘米。画中有人物五百多个，马、驴、骆驼等五六十匹，车辆二十多乘，大小船只二十多艘，各式楼阁建筑好几十栋。它真实、具体地反映了当时开封人民的美满生活，称得上是一幅现实主义的伟大艺术作品。可是到新中国成立前的开封，美景早已不在。经黄河水的多次漫灌，开封城的泥沙早已淤积了很厚。铁塔的塔座，已全部淹没于泥沙之下。再看这铁塔，就像一个没有底座的烟囱，孤身竖立在草丛之内。早已没有了昔日的威风。大相国寺中几座大殿，也都遭到了同样命运，殿座、台阶都已深埋地下，原先进殿理佛，都得先上台阶进殿，如今，不但不上台阶啦，进殿时还得像下窨一样，下几级台梯才能看到殿内的佛像。历史上著名的天波相府也早已被泥沙埋没。前几年考古学家在著名的龙亭西侧水下还发现了天波相府的遗迹。至于说到著名画家张择端笔下的汴梁的盛况，当然也是早已不见啦。一句话：黄河几次漫灌，在新中国成立前早已使繁荣的古都变成了泥沙满地的"无风三尺土，微雨一街泥"的沙城，称得上是个人烟稀少、城池荒凉的贫穷县城！这里的老百姓曾伤心地说："靠黄河，怕黄河，想离开黄河！"中华人民共和国成立后，党和政府万分关怀黄河两岸灾区人民，伟大领袖毛主席在1952年10月30日视察黄河。他在黄河著名险段——河南兰考县东坝头和开封市的柳园口时，向全国人民发出了号召："要把黄河的事情办好！"

全国人民，特别是河南省、山东省的人民从心底响应毛主席的号召，尽全力从根本上治理黄河：从中上游的劈山引水，植树造林，筑坝发电和拦截洪峰开始，下游人民则是以移山填海、重新安排山河的伟大精神，改造拦挡洪水的黄河大堤。历史上各朝代都曾修理过黄河大堤，但每次修堤，都是贪官污吏的进财之道。他们不但贪污皇朝修堤的官银，而且，借修堤之名对两岸的百姓横征暴敛，给老百姓制造更大的灾难！至于说到真正的修堤，他们则是马马虎虎，用些泥沙、芦苇茅草筑个土堤了事。他们也知道这种土草之堤是难挡黄河洪水的，不过他们也有办法买通上下。等明年再闹水灾，老百姓虽然倒霉，可官僚们又是来财之道。所以，在这一带的黄河，不管南岸还是北岸，都是三年两决口，或是两年三决口（冬天的凌汛也成为水灾）。每次黄河决口，都会给老百姓造成无法估量的损失！另外，还有人祸。1938年，蒋介石在大量洪水暴涨时，不顾人民的死活，强行在河南郑州的花园口扒开黄河大堤，让滚滚的黄河水吞噬了大片良田沃野和83万老百姓的生命，以及无数的其他生灵，使21个县市的1200多万人，一夜之间沦为难民，无家可归！中华人民共和国成立后，河南、山东等地的人民，热烈响应毛主席的"要把黄河的事情办好"的伟大号召，和全国支援黄河治理工程的人民一起，在黄河水利委员会的具体指导下，大力开展全面治理黄河水患的战斗：上游连续腰斩黄河——筑坝蓄水发电浇田，中游地区则是大力引黄浇田、拦洪植树，保持水土，既能引水拦沙增收增产，又能改善环境，使人民的生活富裕。下游两岸以根治大堤为主，不但在黄河两岸，移山筑坝，使黄河两岸出现了一望无际的水上长城，而且，还大力加高加厚黄河大堤，极大增强了抵抗黄河洪水的能力。由于抱定了人定胜天的决心，黄河两岸人民不但修建从河南的郑州地区一直到山东入海口的两条石质长城式的堤坝，使新中国成立后几十年黄河再没有决口为灾，而且还在黄河两岸修建了不少引黄灌区、提水浇田，改河田、碱地等不毛之地为旱涝保收的良田沃野。还有不少地方大量引黄河水解决城市缺水、少水的问题。再以古城开封为例：如今的开封老百姓，浇田用的是黄河水，工业运转用的是黄河水，连老百姓每天吃用的也是黄河水。因此，今天开封的老百姓说："而今我们是吃黄河、喝黄河、想黄河、离不开黄河！"

摄影师阿尔吐辛等同志在黄河大堤上还拍摄了好多《黄河万里行》的素材，也十分动人。如：为修黄河大堤，山东老百姓，几十万人同心协力劈山填土，加高加厚黄河大堤；为使黄河大堤石质化，几万人同劈一座水泊梁山，打钎的打钎，装药的装药，硬是使整座水泊梁山的一大半崩塌下来，然后上千的石匠打磨条条巨石，运上黄河大堤做护坡，使黄河大堤变成一望无际的"水上长城"。尤其是女石匠的劳动场景更是感人：她们个个撩衣挽袖，右手举锤，左手扶钎，和男子一样，精心打磨各种石料，虽是汗如雨下，但巧手不停。

阿尔吐辛还拍摄了黄河北岸大堤加宽加厚的镜头。在这里，他们拍到了河南、山东省级、地区级及县级等各级领导干部和群众一起劳动的场景，让广大群众看到，为战胜黄河洪水，全民一心齐上战场，大战洪水的勇气。在这里我们看到：上千辆的汽车、拖拉机、轧土机，石匠、铁匠等在大堤上安家、劳动，大有不战胜洪水，不下火线的气势！这使我们联想到1958年人们也是在这里大战洪水的动人场景。那时这里的人民也是不分级别、不分工种，男女老少齐上阵：父子、母女、兄弟、夫妻等一齐来，大战洪水。水涨一寸，堤高一尺。那时的场面比这时更动人，连我们敬爱的周恩来总理和部长们、省委书记等也一同上了大堤劳动，用实际行动鼓舞大家，战胜了洪水，谱写了人定胜天的光辉篇章！今天，我们的人民又因预防洪水，领导干部与群众再次同上阵，运土、敲石、加高加厚黄河大堤，增强抵挡黄河洪水的能力！又谱写出新的黄河大协作的凯歌！在这里他们拍到了河南豫剧团、曲艺团上堤劳动和慰问群众的镜头。特别是曲艺团的几个不满十六岁的女孩子，在大堤上劳动后给群众即兴演出的镜头，分外吸引人。她们身穿被汗水湿透的衣服，红扑扑的小脸上挂满珍珠般的汗珠，饱含深情地为修堤民工们唱着河南民歌的镜头，真是十分感人！再加上阿尔吐辛等对黄河大桥、河南开封、郑州、山东济南、菏泽等地文物古迹、风光奇景的描写，如此等等。

可以毫不夸张地说：我们把"黄河女儿"修长、秀丽、柔美的双腿，表现得也相当完美。再加上悦耳、得体的音乐和解说词，一个古老而年轻的俊美秀丽的"黄河女儿"英姿飒爽地站立在广大观众的面前！

《黄河万里行》影片，不但得到了厂领导的首肯，成为中华人民共和国成立二十五周年的献礼片，还受到了广大观众的好评。

东岳泰山

泰山，又名岱山。古人以其山势雄伟，为诸山所宗而尊为"岱宗"。泰山是"五岳"之一，因居东，名"东岳"。它位于山东中部，绵亘在济南、长清、历城、泰安之间。主峰海拔一千五百二十多米。泰山耸立在齐鲁大地上，高摩云天，下接平川，睥睨黄河，俯瞰大海，在群山的拱卫下，显得非常雄浑壮观，人称"五岳之长"。

"宗""长"，也并非全是赞誉之意。实际上在我国众多的山岳中，泰山也算得上是最古老的"长辈"了。古地质学上称泰山是华北古陆的中心，也是全世界著名的古陆中心之一。全山由最古老的变质岩——片麻岩组成。推算起来，它至少在七亿年以前就耸立在地面上了。那时候，我国的许多名山大川还没有出世，地球上也只有低等的原始生物。此后，地壳经历了许多次大的构造运动，地覆天翻，沧海桑田，而泰山却安之若素，岿然屹立在华北古陆的中心。

在我国的语言中，有不少用泰山做比喻的成语，如"稳如泰山"，是借喻其坚忍不拔的形象；"重于泰山"，是指其永垂千古的精神；"泰山北斗"，是比喻高山仰止的风范；而"有眼不识泰山"，是直述其大气磅礴、蔑视群小的气势。毛泽东同志在高度评价张思德同志时，就生动地比喻说："为人民利益而死，就比泰山还重。"多少年来，人们望见泰山就想起毛泽东同志这句话，它给我们增添了巨大的力量。

泰山周围的地域，古时就是我国政治、经济和文化的中心之一。"海岱惟青州"，在《禹贡》里，泰山被称为中国的九州之一，名为青州。春秋时，鲁国的国都也在这里。泰山南约七十公里的曲阜，是春秋时孔子的故乡。战国时期的七雄之一齐国，就在泰山脚下的山东境内。这一带历史悠久，名胜古迹很多，或因人而著称，或依山而出名。这些名胜古迹，和泰山一起，吸引着成千上万来自各地的游客。据史书记载，我国历代帝王，有72个都曾来到泰山，筑土为坛，报天之功，称为封禅。

帝王登泰山，封禅祭天，无非是以泰山为祥瑞而欲国富民安，一统天下。而在人民心目中，泰山却是崇高的象征，是中华民族的骄傲。

奇丽壮观的胜景

登临泰山赏景，人们首先想到的是泰岱旭日。我国有许多日出奇观的胜景，泰山的日出则别具一格。

登泰山顶的山路，是用石块铺成的台阶。山腰间有一段十八里长的"十八盘"，由七千多级台阶铺砌而成。从下往上看，好似天梯一般，直通南天门。从南天门到天柱峰称为岱顶。

岱顶大观峰前的碧霞祠，是一座宏大的古代建筑群。院内有明代铜铸千斤鼎，建有万岁楼。南神门上有歌舞楼，东西神门上有阁，外有钟、鼓二楼。这组高山建筑，以布局周密、结构严谨、玲珑精巧著称。

在岱顶观日出，一般有两处，一为玉皇顶，一为日观峰。玉皇顶也叫天柱峰，是泰山最高的地方，俗称极顶，极顶东面有座"观日亭"。玉皇顶东南的山峰就是日观峰，这里石崖高耸，陡危欲飞。沿路向东，迎面有巨石平地向北突出，名"拱北石"，俗称"探海石"。此石长约两丈，游人常攀登于上，远眺东海。

待晴日，在凌晨四时左右，登上峰顶，可以看到太阳从东海里喷薄而出的情景。天际射出一道耀眼的金光，宛如一条金龙在云端里飞动。过半分钟射出一条，再过半分钟又射出一条，一条比一条绚烂。光带渐渐上升，由乳白色变为橘黄色，终于跃出一轮火球，像一朵玫瑰花开放在东方。这时举目四望：山下，水库像明镜；远处，津浦路似墨线延伸，黄河金光闪闪，若隐若现。登临泰山的人，能观赏到这难得的美景，都为祖国的锦绣河山感到无比自豪。

泰山顶上时有云雾笼罩群峰，苍茫缥缈，形若海洋，故称此景为"云海"。尤其是大片的云东游西荡时，景色更为奇丽壮观。

泰山景色，气象万千，但人类却是大自然的主宰，所以泰山胜景的命名，常与人有关。五松亭，就是以秦始皇所封五大夫松命名。传说秦始皇到泰山封禅，曾在树下避雨，把五棵松树封为大夫。《老残游记》里，关于五大夫松有过一段评述："这泰山的五大夫松，难道当真是秦始皇封的那五棵松吗？不过既有这个古迹，总得种五棵松树在那地方，好让游山的人看了助点诗兴……"这倒是独到的见解。在五大夫松前，可以看到"望人松"，这棵树孤立于山岩，一枝下垂向盘道，树的姿态似拱手迎送游人。在五大夫松前，还可以看到"接驾石"。据说清朝乾隆皇帝游泰山时，突然从山上滚下一石，随行大臣怕乾隆说不吉怪罪，而乾隆却说大吉大利，于是逢迎好事之徒遂名此石为"接驾石"。"龙潭瀑布"的胜景，则以天然得名。西山的长寿桥横跨西溪，桥下是百丈崖，崖下是黑龙潭。每当雨季，山上下来的水经过桥洞，从石崖泻下，形成美丽的瀑布，浪花四面飞溅，犹如巨龙探饮。潭水深不可测，当地人说是无底的。每年夏季涨水季节，从山上冲下来的石头都滚入潭内，如此数年竟未填满！还有人说黑龙潭和济南的趵突泉相通，落入黑龙潭的杂物曾在趵突泉冒出来。

在西山大众桥畔还可以看到冯玉祥墓。这是1952年用泰山花岗石筑成的。墓上有郭沫若同志的题字"冯玉祥先生之墓"。冯玉祥曾在西山普照寺住过几年。长寿桥下沟道两边各有四个大字，左为"洗我国耻"，右为"还我河山"，据说是冯玉祥先生在抗日时期所写。

泰山，有众多的名胜古迹。除了上面已经提到的以外，南麓的岱庙、普照寺、王母池、红门，山腰的斗母宫、经石峪，山顶的南天门、唐摩崖、仙人桥，北麓的后石坞、九龙岗、天烛峰，西麓的灵岩寺等，都是名胜之地。

灵岩寺，负有全国寺院"四绝之首"（灵岩寺、浙江天台清国寺、湖北江陵玉泉寺、江苏南京栖霞寺）的盛名。灵岩寺为北魏年间所建。这里有隋朝的石龛造像，唐代的殿宇、寺塔和墓塔林。古迹荟萃，岩泉奇秀。游泰山历来有"不游灵岩不成游"之说。

瑰玮的石刻

从泰山脚下的岱庙到泰山顶，蜿蜒十几华里的登山路旁，石刻竟有千余处。尤其是雄伟壮观的岱庙内，石刻密布林立，被称为"石刻之城"。

泰山石刻都是用真、草、隶、篆四种字体书写的碑文、经文和诗词、单句。它们各具特色，交相媲美。

秦朝李斯小篆石刻，是秦二世元年东巡郡县时所刻，距今已2180多年，是已发现的我国最古的石刻。其次是东汉张迁碑石刻，距今已有1800年。众多的石刻碑文，龟伏螭首，古朴雄厚，引人注目。记载宋宣和六年（1124）重修泰山宫庙事的宋宣和碑，碑身宽2.1米，高9.25米，其大为岱庙诸碑之冠。青石雕成的龟座就达七立方米，重四万多斤。还有一块高大的石碑，用汉、满两种文字并刻，是清朝乾隆皇帝的亲笔。他在位60年中，曾10次登临泰山，题词刻石达43处之多。老君堂内的鸳鸯碑，上有石盖，碑高八尺余，其中有武则天改制的字，人们视为奇字。

留字于泰山的文人名匠中，唐代诗人杜甫堪称魁首。他那"会当凌绝顶，一览众山小"的诗句石刻，脍炙人口，千古称绝。宋朝苏轼、苏辙等人的诗词石刻，也如珠光宝气，烁烁照人。米芾所书"第一山"镌刻碑上，矗立在岱庙院内，字体流畅苍劲，不愧为宋朝名书法家的手笔。

泰山石刻年代久远，是一批不可多得的珍贵文物。这些石刻、碑文，有的是赞叹泰山的高大雄伟的，如"日近云低""星月可摘""拔地通天""东天一柱"等。有的是抒发感情的，如"登高自必""饱尝眼福"，"果然景绝""冒雨游山也不嫌，游山遇雨景更添"等。有的是借泰山传经立教的，如斗母宫以东的经石峪，在那大片石坪上刻着的隶书佛教《金刚经》文，字大如斗，书法遒劲有力，被誉为"大字鼻祖，榜书之宗"。还有出自历代帝王手书的封禅祭文。

郭沫若同志曾经为此写道："实事求是地看泰山，在齐鲁一带的确是座名山。自然胜景之外，还有历代文人遗迹。泰山应当说是中国文化史的一个局部缩影。"

今日泰山更妖娆

中华人民共和国成立后，党和人民政府十分重视泰山的建设和管理工作，先后拨出专款，重修了登山石阶，铺设了环山公路。对各处古代建筑，也维修加固，油漆彩绘，整饰一新。在红门、斗母宫、中天门、五大夫松和山顶等处，修建了旅馆、茶馆、招待所、休息室等。最近，又在回马岭到柏洞，黄西河到中天门和朝阳洞到紧十八盘等地段，整修了石阶两千多级，危险处都加了扶手墙。中天门以下，循原来的登山西路，已开始修筑8米宽的公路。公路修成后，可从山下宾馆乘车直达中天门。规划中从中天门到山顶拟架设往复式空中索道。索道架通后，从中天门直达日观峰。

波涛归大海

黄河入海口处的"拦门沙"，是航行最困难的地方。吃水较深的大船往往受"拦门沙"所阻，不能直接出海。晚上船停泊在那里，如果麻痹大意，一夜之间甚至会把船搁浅到离水五六里远的沙滩上。

黄河入海处出水溜前面是沙嘴，沙嘴左右各有一个面积三四十平方公里的烂泥湾。沙嘴处淤积的是颗粒较大的泥沙，使这里的沙底比较硬，称为"铁板沙"。船只横过出水溜，叫作"过大嘴"，是比较危险的。有经验的船工都宁愿绕几十里路，远离出水溜。如果过大嘴遇到风浪，由于水浅底硬，波涛使船只上下颠簸，很容易将船毁坏，因而铁板沙又叫"拆船场"。两边的烂泥湾是漂浮而来的细沙，这里是船只避风的好地方。

黄河入海时虽然流量较小，但颇有气势。滚滚浊流汇入大海，由于淡水比重较轻，就在海面上弥漫开来。每当洪水季节，黄河水劈开万顷碧波，直冲深海，最远时可达几十公里，形成所谓"出河溜"。这股出河溜冲入海面时涛声大作，轰轰作响，宛如雷鸣。

黄河从海拔4800米的巴颜喀拉山下，奔腾5464公里，横跨祖国九个省区，几经曲折回绕，终于汇流入海。岁月悠悠，黄水奔流不息。在大河东去浪淘尽处，回顾万里行程，但见山河壮丽，物产丰盛，两岸社会主义建设成就辉煌，使我们为伟大祖国的英雄人民而感到无比骄傲。黄河不仅哺育了我国灿烂的古代文化，而且蕴藏着丰富的水利资源。在社会主义建设的历史新时期中，人民已经为黄河绘出了新的蓝图。它将进一步被开发来为人民造福，前程无限光明。正是："数风流人物，还看今朝"。

乘坐电缆车，八分钟便可到达山顶。喜看今日泰山，真正成了我国人民和国际友人参观游览的山岳公园。

近几年，泰山地区人民大力开展了植树造林活动。过去一直光秃秃的摩天岭、扇子崖、猴愁峪和鹰愁涧，如今都变成了郁郁葱葱的林海。泰山水源丰富，明溪暗泉比比皆是。泰山人民充分利用地表水，大力开发地下水，新建水库塘坝十几座。以幽雅著称的龙潭水库，建在峡谷之间，构成美丽的山中平湖。

随着农田基本建设的发展，泰山脚下，面貌巨变。登临泰山极顶，放眼鲁中大地，宏图百展，气象万千。劈山截流建成的二十多座大、中型水库，像一块块巨大的宝石，镶嵌在群山之中，跟巍峨的泰山交相辉映；大汶河支流和交织的渠道，像一条条银龙，蜿蜒遨游在绿色的海洋中；为灌渠配套而修建的数百座渡槽和扬水站，像一道道彩虹，跨山越河，凌空飞架；分水岭和田山岭上的梯田、凤凰山下的百里整地改土工程、九龙山下的八千亩新园田……像巧女织成的锦缎，绿茵茵，平整整，煞是好看。

"装点此关山，今朝更好看。"今日的泰山，显得更加生气勃勃，分外妖娆。

水泊梁山游记

说起《水浒传》中的"水泊梁山"，称得上是家喻户晓。我由于工作关系，曾先后三次登过梁山峰顶，对梁山和有关梁山的传说，也做过一些了解。

《水浒传》中所描绘的"水泊梁山"，在今山东省梁山县境内，它是由皇山、平山、虎头岩、剑山、青头山、凤凰山等九座小山组成。据《方舆纪要》载："梁山本名良山，汉梁孝王游猎于此，因改梁山。"

梁山诸峰中，最险要的是虎头岩。《水浒传》中常提到的金沙滩就在虎头岩的南面。北宋时期，这一带地势低洼，再加上汶河水在这里汇集，就形成了号称八百里的梁山水泊。当然，今日的梁山水泊，早已一改旧貌，由于黄河泥沙连年淤积，水泊变成了肥沃的平原，春天柳绿花红，秋天瓜果飘香。

虎头岩是梁山的主峰，山势异常险要。顶峰两端，岭宽不及三丈，像一堵巨大的石墙堵住山口，两边都是深渊绝谷，除山北面的山洼中有一条小路可以攀登山顶外，别无他路。在古代，这里真可谓是：一人把守，万人难越。这里也是有名的风口，平时都是风声呼啸，遇上大风天更是风吼瘆人，故这里又有"黑风口"之称。传说《水浒传》中"黑旋风"李逵把守的"黑风口"就是此地。

虎头岩的南顶端，有一道圆形寨墙，直径约二百米。寨墙内至今尚存有忠义堂等遗址。忠义堂前还有个碗口粗细的圆石窝，是插忠义旗的。《水浒传》中，黑旋风李逵误听了关于宋江霸占民女的传言，回山找宋江算账，他斧砍杏黄旗，大闹忠义堂，也发生在此地。

虎头岩的北面，有座司里山。这里不但山势雄险，峰峦叠翠，还有很多唐宋时期的文物古迹，可能是个古代游乐参禅的所在。司里山上留有文物古迹最多的是千佛崖，千佛崖除有不少装饰性的文物外，还有石佛四百多尊。这些石佛雕工细腻，神态庄重，称得上是唐宋时代石雕艺术的珍品。

千佛崖上也留有梁山泊义军的聚义厅和军粮库等遗址。据介绍说：这是梁山泊好汉晁盖等劫夺"生辰纲"后，来梁山最初聚义的地方。

离千佛崖不远，有一座石庙村，传说是梁山泊好汉——阮氏三雄的故乡。有趣的是：今天石庙村里二百五十多户居民中，阮姓人家占了八十多户，居三分之一以上。

从黑风口往东南走一里多山路，就到了莲台寺。莲台寺是以唐代雕凿的巨大莲台而得名，莲台雕在半山绝壁中，东、西、北三面的庙墙都和山石连接，很有气势。可惜，庙已无顶。莲台上镌有佛像数尊，有的佛像高达丈余。尤其是那尊汉白玉石佛，更给人留下深刻印象。它质地精细，姿态端庄，肤色丰润，眉目含情，神态慈祥，口唇微启，似在诵经念佛，栩栩如生，是件具有历史和艺术价值的珍品。

站在莲台寺上放眼望去，北、东、西三面都是连绵的险要山谷，深邃莫测。南面则是望不断的果林，叶绿花红，一片幽静的醉人景色。这不禁使人联想到："水泊梁山"确是历来人民群众反抗反动统治阶级和侵略者的阵地。从秦末到唐宋元明清诸朝，这里都有农民起义的历史遗迹。在抗日战争时期，这里也是抗日根据地之一。1939年，英雄的八路军一一五师，曾在这里和日寇激战，当时八路军的勇士，以劣势装备战胜了装备精良的日本第三十二师团，给梁山人民增添了新的历史佳话。

放眼今日的"水泊梁山"，已然旧貌换新颜。昔日的荒滩汊港，如今已是树成行、地成方、沟渠纵横、旱涝保收的良田。古老的村镇，不管是传说中梁山泊好汉——朱贵曾开店卖酒的张旺村,还是《水浒传》中并未提名的梁山小镇——后集,如今也都是一片欣欣向荣的城镇了。

作者注:

1. 以上内容绝大部分都编入了大型彩色纪录片《黄河万里行》中。
2. 有些内容也编入了《神奇的柴达木》和《劈山造田》等纪录片中。

巴黎见闻

1978年2月18日，我们去参加德意志联邦的西柏林国际电影节，路过巴黎，由于电影节的接机人弄错了时间，我们住进了中国驻法使馆的招待所。经和德方交涉，他们让我们多在巴黎住一天，20日再乘德国汉莎公司的飞机去柏林。我们当然是非常高兴，巴黎是世界名城，能有一天的时间游览巴黎，这简直是天赐良机。不过，巴黎的文物古迹和现代文化景点繁多，一天的时间，能看几个景点？因此，我们决定只能安排几个重要景点参观，其他景点只能是"飞车看花"啦。幸好陪我们参观的司机是个"老巴黎"，对巴黎的景点非常熟悉。在他的建议下，我们的车从塞纳河的右岸出发，经过塞纳河的林荫大道，先看了塞纳河畔的秀丽风光及塞纳河内来往穿梭的各种游艇。塞纳河岸边身穿各色服装的游人，有的坐在岸边大椅子上亲热交谈，有的躺在大椅子悠闲休息，还有不少孩子在河边玩耍。司机边走边介绍说："看，那片高耸的大房子，就是世界驰名的巴黎圣母院，那边就是巴黎著名的艺术殿堂——卢浮宫，那边是爱丽舍宫，是法国名流居住和办公的地方，如有时间，这些地方都值得一看，可今天不行啦，今天只能看巴黎两个重要的景点——埃菲尔铁塔和香榭丽舍大街的凯旋门。"

香榭丽舍大街，是巴黎最主要的街道，从东端的协和广场到西面的星形广场，全长约一千八百米。香榭丽舍在法文中就是"田园乐土"的意思，因此这里也被称为"田园大街"。凡是法国重大的节日活动，不论是每年7月14日的国庆阅兵，还是新年的艺术狂欢节都在这条街上举行！

汽车驶入香榭丽舍大街，首先映入眼帘的是巴黎最著名的建筑物——埃菲尔铁塔。据介绍：埃菲尔铁塔高320.7米，塔分三层，全是钢架镂空结构，总重量有9000吨，部件一万八千多个，全靠一百多万个铆钉铆成一体。每层有平台和栏杆让人驻足欣赏巴黎的街景。从底层到高层有四台电梯和1711级台阶供游人上下，非常方便。

铁塔底层的基础是钢筋混凝土结构，钢架安装在地基上异常安稳。第一层塔高57米，有东西南北四座拱门，拱门宽大敞亮，可通十轮大卡车。第二层离地面是115米，这里有厚厚的钢板平台，不但有铁栏杆走廊供游人欣赏市容街景，还有饭店、咖啡室和购物厅供游人享用。铁塔从第三层往上突然收缩，使塔尖直刺苍穹！第三层的平台离地面276米，这里也有栏杆和平台。当你登上此台，犹如站在了天上。头顶白云伸手可触，微风一吹就有腾云之感。远看塞纳河像一条蓝色的带子飘向云雾的深处。近看巴黎市容，偌大的巴黎圣母院和卢浮宫，都像儿童用积木搭起的小院落。巴黎街道上跑动的汽车像甲壳虫，各色行人就像蠕动的蚂蚁。一阵强风吹来。铁塔会微微晃动，使人胆战心惊。据说将来还要在三层上建个埃菲尔铁塔接待室，介绍铁塔的建设者——居斯塔夫·埃菲尔的生平事迹。我相信，谁来这里参观，都会认为埃菲尔这个人不简单，他能把9000多吨的钢铁，打造成一万八千多个部件，再用一万多个铆钉铆成一座高耸入云的铁塔，塔宏伟壮观，历经百多年风吹雨打，可见其计算的精确、建筑技艺的高超，埃菲尔称得上是世界建筑界的一代伟人！

我们下了埃菲尔铁塔，乘车才几分钟就到了巴黎的另一大景点——凯旋门。

凯旋门确实是宏伟壮丽，它高高地竖立在戴高乐广场的中央，是世界驰名的文物古迹。它是法兰西国家的重点保护文物，当年是为纪念拿破仑在1806年打败俄奥联军而建。据说整座工程是当时最著名的建筑师——夏尔格兰设计并督建的，前后花了30年的时间才最后建成。凯旋门高49.4米，宽44.82米，厚22.21米，它四面开门，中心的拱门宽14.6

米，可通现代汽车。凯旋门上最重要的装饰是大青石的雕刻，凯旋门的内侧刻有拿破仑及其胜利战功的浮雕九十多块。外墙也有巨型雕像，都是取材于法国的战史。刻在右侧石栏上的最杰出的浮雕《出征》（也叫《马赛曲》），是当时浪漫主义大师弗朗索瓦的不朽杰作。刻的是一位自由女战士，右手持剑在振臂高呼，号召人们奋起，为保卫共和国而战！墙上还有艾尔克斯维的《抵抗》《和平》和考尔多维的《凯旋》等作品。这些作品，不管是构思还是雕艺，都可称得上是极珍贵的传世之作！凯旋门的内侧，刻有随拿破仑远征的388名将军的名字。凯旋门的下方建有无名烈士墓，墓志上刻着"这里安息的是为国捐躯的法国军人"。墓前点着长明灯，不时有人来献上象征法国民族的红白蓝色的鲜花，向为国捐躯的英雄致敬。

　　凯旋门的顶部是一个小型博物馆，陈列着拿破仑生平图片和有关凯旋门的历史事迹。我们登上凯旋门的门顶，虽不及登上埃菲尔铁塔看得那么远和那么全，但也觉得非常敞亮。陪我们参观的司机给我们介绍了巴黎的另一个趣闻。他指着塞纳河里的一个小岛说："看，那个河中小岛叫巴黎岛，因为那个小岛居住的是巴黎最初的祖民——巴黎族人。赫赫有名的巴黎，就是从那个小岛逐渐发展而成的。今天太晚啦，下次你们如能再来，我一定带你们去看看巴黎的发源地，塞纳河上的小岛——巴黎岛！"

参加柏林国际电影节

《新的长征》拍摄完成后，正赶上中央正式批准《敬爱的周恩来总理永垂不朽》影片在全国和驻外使领馆恢复发行。它和《新的长征》都是近期发行工作的重点。我感到非常高兴。在看完《敬爱的周恩来总理永垂不朽》最后一个发行拷贝后，钱筱璋厂长面带笑容地对我说："老姜，你先别走，有事找你。"我以为又有什么突击任务要我干，不想却是个不小的喜讯：要我去西德，去参加西柏林的国际电影节。我可是喜出望外。老钱很有些得意地对我说："怎么样？这回是个好差事吧？"

我说："是个好差事，我愿意去。哪天走啊？"

老钱说："下午你就去找影协的孟广钧联系，电影局决定：你们俩以记者的身份先去电影节采访探路，弄清楚电影节的性质、规模和西德电影节的市场情况等，回来后好做咱们是否去参加西柏林电影节的依据，看看我们的影片能否打入西方的电影市场……"

我听后当然是很高兴，立即奔上办公楼的五楼，去找孟广钧。（当时的影协就在我们厂的五楼办公。）孟广钧也正好在办公室，他见我来找他，他好像早已知道是我和他同去。他非常客气地让座，并开门见山地说："老钱通知你啦，去西德有什么想法，咱们先谈谈吧！"

"我刚接到通知，对西德电影节的事一无所知，我能说什么呀？我是来找您听指示的。"我故意把"指示"二字发出重音，强调我是以他为主的，虽然老钱并没有说这次去西柏林以谁为主的问题。

孟广钧听后把眼睛瞪得大大地说："什么？老钱没有交代我们这次去西柏林的任务？"

"没有，他让我来找你。"我说。

"真够呛，他倒推得干净。"孟广钧说了这么一句摸不着头脑的话后，接着又说，"这次影协要咱们三个：你、我，还有德文翻译——洪善楠，去参加西柏林的国际电影节，主要任务是了解西柏林国际电影节的规模、背景及电影市场的情况。咱们不是参加电影节的代表团，而是采访电影节的记者组。咱们中国已有几次送影片在会外放映，没有实际参赛。西德政府很希望咱们中国参加西柏林电影节，主要是希望中国去支持它。我国也有了参赛的意思，但对西柏林国际电影节的情况，还不够深入了解。所以，先派个记者组去摸摸情况。我们虽然是个记者小组，但西德政府对我们能去人就表示非常感谢。已和西德政府谈清楚，我们三个人的全程费用都由西德政府负责。他们还答应，会给予极高的待遇和工作方便。现在，我们记者组的人员已齐备，大家各自回去准备，待命出发。"看样子孟广钧已成为实际上的记者组的领导，我这才放心，千万不能让我当组长，因为，我虽然在影片制作上比他们熟点儿，但他们一个是俄语通，一个是德语通，我一句外文都说不来，岂不是见人干瞪眼吗？我正要抽身离开孟广钧的办公室，洪善楠突然进来和孟广钧汇报把这次在会外放映的三部片子寄走的情况。这次我国在西柏林电影节会外放映的影片是《甲午风云》《林则徐》和《白求恩大夫》。据老洪说：片子已全部空运西柏林国际电影节。看样子，孟广钧和洪善楠同志早已进入了角色并已干了不少工作，有了准备，只有我是刚刚接到通知。我暗自埋怨老钱为什么不早点通知我！就要出发了，我对西德和西柏林的情况却一无所知！

此后一连五六天，我都和孟广钧、洪善楠在一起研究西德的情况，听电影局和中宣部的有关去西柏林国际电影节的指示，其中最重要的是中宣部副部长熊复同志的指示：

1. 我国和西德刚刚建立外交关系，对西德很多情况还不够熟悉。西柏林形势复杂，斗争激烈，矛盾重重，千万小心别扯上政治问题。你们去，只是多听、多看，少管其他。

2. 西柏林国际电影节已办过28届。我们前两年只是送片子在会外放映，没有直接参加过比赛。你们这次去，摸摸电影节的性质、电影节的背景，西德很希望我们去参加，以表示对他们支持。总的来说，西德政府对我们不错，你们先去看看，这个电影节值不值得我们去参加。

3. 据说这个电影节的规模不小，也是欧洲电影事业的主要市场。你们去估量一下，我们的电影能否参与欧洲的电影市场；如参加比赛是参加欧洲电影市场，我们应该多做哪些工作。你们去看看，为今后对西德、欧洲等地开展市场与文化交流做准备。

4. 西柏林，是四国共管的地方，东柏林是东德的首府，近来那里修了一道柏林墙，妄图阻挡两德及英美的特工进入东柏林及苏联统治区搞破坏。那地方很有名，斗争也很尖锐，你们要注意，不要去参观柏林墙，以免招惹国际是非！

我们深记熊复同志的指示，特别牢记不去参观柏林墙，以免招惹不必要的事非！

一切都准备停当，去西德的护照、机票也都拿到手了，我们分别和亲人告了别，于1979年的2月16日登机，飞向了西德。

这次向西飞行，很有意思，我们是2月16日晚十一时零五分上飞机起飞，十二时整，大约飞到了山西省的北部，我们在一万英尺的高空吃的晚饭，晚餐还算丰盛可口。饭后，多数人已渐渐入睡，只有勤快的服务员，跑前跑后地照顾客人。夜里三点左右，飞机离开了祖国的新疆和西藏，过了重重的大雪山，据说飞过了克什米尔，来到了我们的友好邻邦——巴基斯坦的名城卡拉奇机场。手表的指针已是六点，按理说北京已是早晨，可这里仍然是夜晚，连东方的一点红都没有。

卡拉奇是巴基斯坦的一个大的机场，也是世界航空线上的一个大站，我们要在这里转乘法航的班机去巴黎，在这里有近一个小时的办理转机手续的时间。候机室内灯火辉煌，来往的人也是形形色色，有黑人，有白人，还有拉丁美洲的棕色人。肤色各异，穿戴不同，来来往往，很是热闹。卡拉奇机场比起北京来要繁华很多。可惜，临我们要转机时，一大帮巴基斯坦儿童冲到我们的面前，个个伸出干瘦的小手讨要，使我心里很难过，也扫去了我对巴基斯坦幸福繁荣的印象。

北京时间七点五十分，我们坐上法航班机。八时二十分，飞机滑行，八点二十六分飞机一声怒吼，腾空而起，八时三十五分，飞机进入万米高空，以每小时一千多公里的速度向西方飞去。不知什么原因，飞机在沙特阿拉伯的杜贝依机场降落，在这里才结束了漫漫的长夜，东方开始发白，太阳也要露出那羞红的笑脸。我一看手表，指针已是上午的11点20分啦，多有趣呀！这里刚刚天亮，可北京我们的亲人该吃午饭了。这里是个美丽的海滨机场，在蓝蓝的大海上，除不时有游艇驰过，还有多架水上飞机停在海边，据说那些水上飞机，也是给游客准备的，你花钱就可以自己驾飞机在海面上空玩乐。在这里还看到一种很奇特的现象，就是阿拉伯人用一个很漂亮的大房车，装上一个活蹦乱跳的大骆驼去沙漠地区游玩。看样子阿拉伯人的生活可能是太富裕啦，因为这里盛产石油！

飞机再次腾空而起，直奔法国的首都巴黎。

这家伙在空中是个无敌将军，它飞越高山，掠过大海，可以说一路上无物阻挡。飞机是我第一次乘坐的宽体客机，每排能坐十人，从头往后看有几十排，据说能坐五百多人，真是个既笨重又灵活的怪物。比我们乘坐的中航707大多了，听说它是美国新近才发明投产的七四七宽体客机。在飞机上，有客厅、餐厅和琳琅满目的小卖部，只要有钱，飞机上是应有尽有。在飞机上我们还看了一部电影，是一部描写法国水手生活的影片。影片虽然没有多大意思，可是，在一万多英尺的天上看电影，在我说来还是第一次。我们以为一路上顺利地就要进入法国的时候，突然，飞机进入了一个巨大的风暴区，气流强劲，飞机颠簸。老洪呕吐得厉害，我也差点吐了，而孟广钧却稳坐钓鱼台，看样子一点事都没有。

他竟一动不动。我忙着帮老洪擦洗，而老孟一点也不帮忙。我正生气时，老孟突然从座位上跌下来，原来他并不是不帮助，而是在飞机颠簸厉害的时候，他晕过去了。当我和另一位乘客把老孟扶上座位重新让他坐好时，他有点不好意思地说："谢谢，我晕过去啦！"

北京时间，17日的六点二十分，我们到达了法国首都——巴黎的戴高乐机场。这里真是另外一个世界，一切都是现代化，连下飞机的通道也与众不同，走路都是自动电梯，通道两旁都有花草壁画。机场虽不算很大，但它的建筑很合理，跑道像由机场候机楼飘向四方的蓝色带子，不管从哪个方向登机或下机，都可直通候机楼。不像北京机场，候机楼离停机坪很远，上飞机得走很远的路，有的人还得坐摆渡车上机……既占地很多，又不方便乘客。我看至少这一点就应学习西方机场既少占土地，也方便群众的设计。

在戴高乐机场，我们碰到我驻法使馆来接机的汪华等同志。他们见我们也是中国人，无人接机（我们到法国，原应是德国人来接机的，不知什么原因，他们没来），就让我们上了使馆的大汽车。

从戴高乐机场出来，我也不知道路过的是巴黎的什么大街，反正是街道繁华，灯火通明。五光十色的灯光灿烂通明，好像一座繁华的城市。在经过著名的凯旋门和埃菲尔铁塔时，司机同志用敬佩的语调说："新来巴黎的同志们注意，前方就是巴黎著名的凯旋门和埃菲尔铁塔，左边就是巴黎之宝卢浮宫，有机会可以去看看。"在这里我看到了西方的高速公路，这种路的特点是：路有多层，都是单行路，每种车都是各走各的路，谁也不挨谁，井井有条，速度很快！

我们进入使馆招待所，招待所的主管是位年近三十的女同志，她简短地说了几句欢迎之类的客气话后，用极严肃的语调向大家宣布：不要单个上街游玩，以免遭遇不幸。

这真是个不好的消息，我们好不容易来到巴黎，巴黎是我在青少年时期就向往的世界名城，我们老一辈的革命家——周恩来、邓小平等，都曾在这里活动，何况，它也是西方的名城，有塞纳河、卢浮宫、埃菲尔铁塔等名胜古迹。来到巴黎，不能去参观这些地方，多么可惜呀！

夜晚十一时左右，德国使馆人员来电话，声称他们曾两次接机，都没有接到我们，并问我们是否搬到饭店去住，他们已在巴黎最高级的大饭店中为我们订好了房间，等等。我们谢绝了搬家的要求，并约定，明天上午九点，他们来车接我们去巴黎的奥利机场，乘德国汉沙公司的飞机去德国的首都——波恩。

九点整，德国的汽车开到了使馆招待所的大门口，我们简短地和招待所同志致谢之后，上了德国驻巴黎使馆的汽车，向巴黎的另外一个机场——奥利机场奔去。

奥利机场实际比戴高乐机场也差不了很多，候机室比戴高乐机场大些，大厅中分了许多个小型候机室，去德国的、英国的、中国的以及非洲的、美洲的应有尽有。每个候机室门前都有各国的服务小姐守门，不管您是否去她们的候机室，她们都很有礼貌地向您点头微笑，态度十分热情。可不像我们的机场小姐那样盛气凌人，板着面孔，高人一等的样子。我看这种对客人微笑服务的态度，我们也应该向西方学习。

我们乘坐德国汉沙公司的小型的，可能是七三七型客机飞向了德国临时首都波恩。

在波恩我们短暂停留后，就乘短程小飞机飞向了我们最后的目的地——西柏林。在西柏林机场，我们虽然是个小小的记者组，但受到了电影节的组织者道那尔、联邦政府驻柏林的副代表克劳依采尔及柏林市政府新闻局负责人叔依米等人的热烈欢迎。这哪是欢迎记者，简直是在欢迎中国的国家代表团！我们心里明白，这反映了西柏林电影节对中华人民共和国的期盼！

我们从西柏林的机场到达市区的过程中，西柏林市政府的陪同人员，特意让我们乘坐西德生产的最新式的"奔驰"宽体汽车，足有七八辆的车队陪同，简直像欢迎贵宾似的，我们听着悦耳的音乐，看着西柏林大花园似的田野，浩浩荡荡地进入了西柏林市区。使我们更为惊奇的是，车队直接开上了柏林墙。陪同的人员向我们介绍："这就是世界闻名的柏林墙，是苏联人在德国的杰作。他们想用这座墙把我们德国人一分两半。我们两边都是德国人，都是日耳曼民族，早晚我们会合二为一的！因为，我们心是联结在一起的。"因为我们来西德之前领导对我们有指示，不能参观柏林墙，可是西柏林市的陪同人员把我们直接拉到柏林墙上来，我们也不能当场抗议，只好以不下车的形式让主人明白我们的立场。也许是陪同人员明白了我们的用意，就下了柏林墙向西柏林最大、最好的饭店——希尔顿饭店奔去。沿路还看了勃兰登堡门和苏联红军墓。苏联红军墓建造得相当宏伟，每天都有成队的苏联士兵从东柏林经勃兰堡门来这里守陵。这是因为建红军烈士墓时是苏联红军占领着整个柏林市，后来经谈判，柏林市被分为美、英、法、苏四国共占，并把柏林市一分为二，苏治区为东德民主共和国的首都，西柏林则分为西方共管的西柏林。红军墓区被划归西柏林，也不便搬迁，就每天都有苏联红军换防守陵仪式，成了西柏林的一道风景线。红军墓旁边就是著名的勃兰登堡门和著名德国前国会大厦。勃兰登堡门顶上雕塑着四匹奔跑欲飞的骏马拉着两轮战车的情景，给人留下了极深刻的印象。原国会大厦至今犹存。希特勒时代火烧国会的丑剧，就是在这里发生的。这些历史上闻名的建筑物，今天得以亲身一见，也可说是此行的幸事。

我们住的是西柏林也是全欧洲最大、最豪华的希尔顿饭店，这是一座船形建筑，地点就在勃兰登堡门的附近。它是座多层建筑，大约有二十五层，我们住在第十一层。推开窗户向东可见东柏林的全景：大街、小巷、政府大楼、电视塔、公园、车站，甚至连孩子们在街上玩耍都一清二楚。不过，一看就知道，东柏林不管是街道车辆还是游人，远不如西柏林热闹，市面也没有西柏林繁荣。难怪苏联和东德要修柏林墙，想隔断东、西柏林的两个世界！其实，稍有点头脑的人就会知道：这是愚蠢的做法。双方竞争，只能做得比别人好，才会有吸引力。想用捂着不准别人看的办法，准是适得其反，让人们更加向往西德！就像我们这刚来西德几天的人，明知西方的腐朽，可是，也得承认它的优秀方面，如建筑宏伟，市面繁荣，交通发达，环境清新，大人孩子都守社会秩序。我曾看到一个6岁的小学生在路口等红绿灯的情形。左右都没有车过来，一共也就是十米不到的路口，按理说几步就可以窜过去，可是那孩子硬是不动，直等到绿灯亮后才慢慢地走过马路。这使我心中一动，我想如果在北京，就不会有这么守规矩的孩子！当然，这里并不是一切都好。我们住的旅馆下层就是欧洲最大的夜总会，也是西柏林最大的妓院，还有那些沿街乞讨的"教授"……

第29届西柏林国际电影节于1979年2月19日在西柏林高架铁路车站饭店开幕，到会的大约有一千多人。西柏林国际电影节的主持人道那尔宣布开幕，西柏林的市长斯托贝先生致辞，对来参加电影节的来宾表示热烈欢迎，还有联邦政府驻西柏林的代表也讲了话，对西柏林的国际电影节表示全力支持，并希望来参加电影节的各国贵宾在电影节期间大有收获，生活愉快！

开幕式后是西柏林市长斯托贝先生的盛情招待会，这个招待会开得很特别：说它是随意的鸡尾酒会吧，它有几个主客桌；说它是个正经宴会吧，绝大多数的客人又没有座位。

主桌的座位安排也很特别，主桌的左边是美国电影代表团，美国代表团下边是苏联代表团。让我们诧异的是，居然把我们这个小小的记者组，安排在市长的右边，紧挨着市长和电影节的主持人道那尔。起先我们以为安排错了，要求予以改正，后经几次查对，我们的位置就是在这里。当我们落座的时候，孟广钧看到苏联代表团的团长格拉西莫夫等脸色异常。这些大导演我们并不陌生。他们怎么也想不到，我们能在他们之上。

在宴会期间，道那尔和我们进行了很亲切的谈话。他问我们，对西柏林的印象怎么样？怎样看待西柏林的电影节？在西柏林的生活怎样？对他们有什么要求等，并说，只要我们有要求，他们会尽量满足，还希望我们在电影节后能多住几天，到西柏林各处参观参观。

我们也一一作答，特别当我们说到西柏林市区很美，电影节规模很大时，市长和电影节的主持人都非常高兴，并进一步希望我们回国后能说服中国电影事业的领导，在下届电影节时能来代表团正式参赛。我们也当场表态：将做最大的努力。

我们也借机询问了这次电影节的情况和经费的来源等问题，道那尔毫不掩饰地说道："西柏林电影节原是在每年的七八月间举行，后来发现那时正是在法国戛纳电影节之后，影片来源，参与的国家及名人、名导方面都对我们不利，戛纳电影节在欧洲是个大国际电影节，我们怎么也要当个老二吧？于是从1978年起就改为每年2月20日到3月3日举行，也就是要抢到法国戛纳电影节的前边。事实证明，这样一改对我们的电影节很有利，不管是参赛影片，还是电影市场，都比过去大有改观。"

"电影节的经费来源怎么样？"孟广钧插言问。道那尔极坦率地回答："经费是除有关企业的资助外，每届电影节，西柏林政府还资助500万马克，经费不成问题。"

据了解，这届电影节的规模很大，全世界五大洲有五十多个国家正式参加，到会的有一千多人，正式参赛的影片有23部长片、9部短片、青年电影48部、儿童影片6部，特别放映的6部（参赛不得奖），会外放映的49部，资料影片55部，法国参考影片40部。此外，还有一些国家在电影节期间组织专场放映，如斯堪的那维亚王国的专场等。我们的三部影片《甲午风云》《林则徐》《白求恩大夫》也属于会外放映。

电影节开幕式后大约有二十几家影院同时放映影片，除评委等人必须看参赛影片外，其他人可随意选择影片去看。电影节给某些"贵宾"提供了必要的交通。我们就属于德国的"贵宾"，不但提供交通工具，还有专人陪同。可见西德人对中华人民共和国的亲切态度。

两天以后，柏林市新闻局负责人叔依米和西柏林新闻局电影发展负责人斯徒鲁维二位先生，专程来我们的住处探望，询问我们的生活情况和对电影节的初步观感。他们态度诚恳、表情亲切。当我们谈到德国参赛影片《大卫》很好时，他们竟像孩子似的笑啦，并多次说道："谢谢，谢谢！"

美国这次拿出了七八部片子。有一部是《超人》，属科幻片，拍得不错，技巧很高，值得一看。美国还有一部青年影片《风中草》，描写美国青年生活走投无路而沉沦的影片。作者的创作出发点可能是好的，暴露美国黑暗腐朽的社会种种罪恶，但由于穿插了过多的黄色镜头，使片子减色不少。不然，这真是一部好片子。电影节展映了几十部各国的影片，其中有西德、法国、美国、英国、瑞典、瑞士、埃及、阿尔及利亚、奥地利、比利时、印度、西班牙、丹麦、中国，等等，盛况空前！

总的看来，西德国际电影节是好的，尽管送来的影片五花八门，无奇不有，但从评委们评出的影片看，还算是严肃的。例如，获大奖的影片《大卫》，它本身是西德的影片，获大奖可能有点这个因素，但从它的反映内容和摄影技巧来看，确实是部好影片，应该得大奖。

当然，这届电影节也放映了不少专为逗笑而没有什么实质性意义的影片，如《两个胖警察跳华尔兹》《鬼》《打招呼的小姑娘》等。《两个胖警察跳华尔兹》是在奥地利金色大厅中跳一曲庄严的华尔兹舞。两个胖警察在这地方一跳就笑料百出，只是逗人一笑而已。《打招呼的小姑娘》是一部实验性影片。它用一整卷胶片在前边打出字幕，什么编剧、导演、剪接、摄影、制片、音乐、作曲、乐队等，给观众印象这是一部巨大影片的架势，但到字幕的结尾部分，出现一个七八岁的小姑娘向观众笑笑说"再见"，影片就完结了，开了观众一个不小的玩笑，让人哭笑不得。还有一部片子叫《彩色的幻想》，全片没有一个人物，都是些各色各样的竖纹、横纹等，任你去想象它要表现什么，这反映了西方电影的颓废、无聊。

这次我们在会外放映的影片，应该说：片子很好，但影响不大。由于我们的片子政治性很强，电影节负责人不敢在柏林的大影院中放映。他们挑了两个柏林郊区的影院在夜间12点左右才放。我们去看过两次，观众都不超过50个人。看样子我们应该正式参加比赛。后来，我们向国家汇报了这种情况！

我们认为应该参加电影节还有另外一个理由，即在欧洲很少看到我们中国的影片，他们普遍认为中国香港的武打片和其他乱七八糟的影片就是中国的影片。这些影片给我们中国在欧洲造成了很不好的影响！

在西柏林，我们除参加了电影节外，还参观了西柏林的电影工业，其中西柏林第二电视台的附属电影制片厂——乌发制片厂，也就是西德最有名的乌发电影制片厂，它不但生产影片，还制造胶片，是西德最大的制片单位。我们去参观时，一下车就吓了一跳，从厂长、导演、演员到主要的技术人员，全体列队欢迎。我们当时感到有些过火，心想，我们是个普通记者组，何必兴师动众？事后我们才知道，这个阵式并不是单为我们来组织的，而是每天如此，凡是上午来参观的人，（乌发厂已成为西柏林有名的娱乐场所）他们都在门外恭敬迎候。他们的口号是："观众就是上帝！"我看，我们的故事片厂也完全可以展开这项业务，改善经营方式，增加厂和职工的收入，何乐而不为？

电影节闭幕后，我们又回到了波恩。在那里，我们再次会见了德意志联邦国际的负责人盖茨·菲尔和外交部新闻电影局处长桑塔格先生。他们还是把我们当贵宾看待，让我们住的是波恩最好的布恩斯长尔饭店，还派专人陪我们参观波恩市区的工厂、博物馆，特别是电影资料馆，让我们了解了不少德国的电影知识和电影资料，并参观了波恩市郊的农民家庭等，使我们感到西德人对我们中国人处处友好，使我们感到西德各地都欣欣向荣！

在波恩，陪同人员还领我们参观了波恩附近的两个城市——科隆和杜塞尔多夫。

科隆纪行

西柏林国际电影节结束的第二天，也就是1979年的3月5日，我们回到了德意志联邦政府的所在地波恩。本想和我国驻德使馆汇报后回国，但德意志联邦政府外交部新闻局电影处长桑塔格，非要我们再住几天不可，并建议我们去参观离波恩不远的古老城市科隆。他说："来德国不到科隆，就不算到过德国。就像你们北京人所说的：到北京没有登过长城就算没有到过北京一样！"他诚恳挽留，并说出这是德意志联邦政府外交部新闻局长的意思，我们只好客随主便，多留两天，看几个西德的城市，再找点有关电影资料，只有好处，没有坏处，何乐而不为？

3月6日，桑塔格亲自陪同我们去科隆，还为我们找到一位在中国上海长大、在中国居住多年、汉语说得相当流利的德国妇女陪同讲解。桑塔格的安排着实令我们感动。

汽车从波恩出发，不到一个小时就到了科隆。一进科隆市，会说汉语的女老师立即讲个不停。她首先讲道：科隆城是联邦德国最古老的城市之一，它地处莱茵河畔，看，这座大房子是座历史博物馆，马克思、恩格斯创办《莱茵报》的地方，至今保存完好，供人参观。德国人同你们中国人一样，把马克思、恩格斯看成是历史伟人！看这边，一片略显破旧的教堂。她接着说：这是科隆第一座路德派的教堂，教堂内有一块刻有"死亡天使"的石碑，它是著名雕刻家埃内斯特·巴拉赫的作品，十分珍贵！当然，科隆最珍贵的建筑物，还是科隆大教堂。看，前边那座尖塔直插苍穹的教堂便是。科隆大教堂是科隆城的标志性建筑，自古以来它就是科隆，不，是全德国，甚至是全欧洲，最大最古老的教堂。它建在莱茵河畔科隆市的中心，风景美丽，规模宏伟，门前的两座尖塔式连通建筑物高达161米，直插云天。看，这四边无数的小尖塔，配合得多么协调！是欧洲最典型的哥特式建筑。

在我们看来，科隆大教堂，确实是一座宏伟壮丽的建筑物，偌大的教堂，一律用青石磨光对缝而成，教堂两旁都是巨形雕塑。雕刻造型之美、线条之清晰，给人会留下极深刻的印象！还有那许多窗户，据说有一万多平方米，每扇窗户上都安装有各色玻璃，玻璃上都还绘有《圣经》故事。在阳光反射下，都是绚丽多彩的。可惜，我们不太懂《圣经》的故事，否则，会有更加深刻的印象。

在进入大教堂前，我看桑塔格和女向导说了些什么，我们的翻译老洪同志听懂了他们的意思。他们说："中国先生是无神论者，进教堂后，请他们随意。"我们立刻让老洪告诉桑塔格："我们虽然是无神论者，但我们对于宗教信仰还是非常尊重。在中国，甚至是北京都有好多座教堂，信教者照常活动，没有人去干涉。我们来参观大教堂，不仅敬佩文物古迹，对宗教信仰也认为是文化现象，也非常尊重别人的宗教信仰，请桑塔格放心！"

我们进入科隆大教堂，不禁肃然起敬。它有十多个礼拜堂，最高的中央大厅，高近五十米。堂内桌椅整齐，可坐千人。大教堂内藏有不少16—18世纪的历史珍宝，尤其是绘画和雕塑。其中还有极珍贵的15世纪早期科隆派画家斯蒂芬·洛赫纳1440年所作的绘画和雕像。

不过，这里珍藏的最珍贵的，一般人看不到的是：12世纪建筑这座大教堂的设计间皮图、装饰图及1164年前从意大利请来的根据《马太福音》记载的三博士遗物！

科隆大教堂的顶端，还安装有五座大响钟，其中最大的一座据说有24吨。遇到节日，五钟齐鸣，声音洪亮深沉，可传达莱茵河的两岸。大教堂的四周还装有无数探照灯。夜晚灯柱齐照大教堂，大教堂的彩色身躯倒映于莱茵河中,使莱茵河畔的游人对它更增加一番神奇莫测之感!

总之,科隆城是德意志联邦的重要城市,科隆大教堂更是德意志联邦的宝中之宝!

下 篇

1981年"新影"创作概况

党的十一届三中全会以来,我国发生了很大的变化,党的一系列行之有效的政策给了我国人民极大的鼓舞和前进的动力。各种责任制,使我们的工厂和农村都展现了全新的面貌。工农业产值激增,交通运输好转。特别是在大力提倡"两个文明"的建设中,动人的事迹蓬勃出现。这种大好形势,对我们新闻纪录电影工作者更是极大的鼓舞和鞭策,给我们提供了一个用武之地。

中央新闻纪录电影制片厂的从业人员,坚决执行党和国家给予的任务。在党的"双百"方针指导下,全体创作人员解放思想,大胆探索。经过领导和同志们的艰苦奋战,新影厂1981年的创作工作终于获得了大面积的丰收。表现在:新影厂在1981年不仅全面超额地完成了生产任务,而且在影片质量方面也有明显的提高,尤其是在题材的广泛性和艺术处理的多样性方面更为突出,各片种都有较鲜明的表现。

1. 各片种的题材面更加广泛,紧扣国家政治生活的脉搏。对1981年我们党和国家的几个重大事件,如中国共产党成立60周年、鲁迅诞辰100周年、辛亥革命70周年,我厂都摄制了优秀的影片和观众见面,并引发了强烈的反响。再如,我们着重抓了反映1亿职工、8亿农民和3亿青少年生活的影片。

在1980年优秀影片颁奖大会上,文化部副部长陈荒煤同志曾强调指出电影创作中存在的缺点是:"反映农村、工厂和少年儿童生活的题材极少。"而我们新影在1981年的创作工作中,有极大改进。据统计:我厂在1981年内拍摄了农村题材的纪录片20多本,反映工人生活的13本,反映儿童生活的15本。此外，杂志片中还有大量主题和专号。其中，像《莫让年华付水流》《爱》《他们做得好》《麻鸭化宝》等纪录片，以及《小星星》《春芽》等杂志片，都获得了好评。

反映其他题材的影片，也相当广泛，如体育片、风光文物片、人物肖像片，等等，以及为"国际残废人年"而拍摄的《残废者之歌》等。

此外，我们还拍摄了大量歌颂先进人物，也有揭露、批评社会弊病的影片，一句话，1981年，我们在选题方面，是既广泛又深刻的。

2. 艺术表现上有较明显的进步，突破了说教的框子。通过描写人的生活和命运，以情感人，增强了艺术感染力。

例如，《莫让年华付水流》中对几个青年人的遭遇的描写，《老教授王森然》《王崇伦抓豆腐》等片中对人的描写，都是笔墨清新，着意深刻的。这说明了同志们在拍摄影片之前，是有鲜明的指导思想和严谨构思的。我现在就这个问题，分片种，说点个人的看法：

（一）面目一新的杂志片

《祖国新貌》和《今日中国》是我厂摄制的杂志片。《今日中国》是对外宣传的主题，它鲜明具体地反映我们国家的成就和丰富多彩的人民生活，在主题的篇幅和深入描写方面有较大的改进。国外对《今日中国》有普遍好评。

《祖国新貌》在影院和电视上经常播映，在国内外都拥有观众，它是我们厂放映成绩最好的杂志片。它表现突出点之一是增辟了一些新的栏目，像《新风赞》《自学成材》《民族风情》等。这些新栏目，比较集中及时地向观众宣传特定内容，如《新风赞》宣传了我国人民生活中的高尚情操和精神境界，有的主题尽管只有短短几分钟，但它给人的印象较深刻，如《新风赞》专栏中的《她的心灵美》主题。摄影师以敬佩的心情，描绘了一位女工对于为抢救国家财产而重伤致残的未婚夫的真挚爱情。在短短的篇幅中，有形象、有层次、有哲理性地歌颂了女工的心灵美，宣传了"五讲四美"中的典型事例。《烧饼工当翻译》《保育员成大学讲师》《回乡青年成专家》等主题，都拍得好，形象地说明自学成才之路在我们具体生活中，不但存在，而且是宽广的，只要肯学、肯干，就会成为社会主义社会中有用的人才，就会在"四化"中发挥作用。

1981年杂志片中出现了不少专号，除《今日中国》里《开发长江资源》《巧夺天工的手工业品》等专号外，《祖国新貌》还拍摄了《小星星》《春芽》等儿童专号，配合"国际儿童年"的宣传。

非常可喜的是，在我们的杂志片中，也出现了不少摆脱时事报道性，增强艺术描写力的主题。这些主题都有深刻的构思、细腻的描写，在增加观众知识的过程中，给人以美的享受，提高人们的精神境界。例如《初雪》这个主题，它是这样描绘的：

> 鹅毛似的雪片飘撒着，
> 银色的城市……
> 霞光初染，
> 雪后公园，
> 老人舒动筋骨，
> 孩子们静读、玩耍，
> 情侣走在清新的马路上，
> 一对青年走向结婚登记处。

镜头不多，既交代了北国初雪的诱人风光，又说明了在严寒中充满着春天的、生命的活力，艺术效果较好，反映了摄影师对生活的深刻观察和严谨的构思。

（二）丰富多彩的短纪录片

有同志说：1981年的短纪录片的特点是不少影片是围绕或直接反映了当前社会上人们非常关心的事件；影片的作者们是站在人民的立场上，直接或间接地去揭示生活中的矛盾，发表自己见解。我认为这个说法是正确的。我要补充说，我们不少短片的作者，不仅是充满激情地歌颂和揭示了生活中的人物和某些事件，而且，影片拍摄的技巧也很好，有艺术感染力，给观众留下鲜明的印象，能够起到影响社会、影响人们的思想、促进"四化"的战斗的作用。例如《他们做得好》《麻鸭化宝》《爱》等短片就受到了中央领导同志和广大观众的好评。《乘车记》《镐头的愤怒》《北京访古记》《打击走私犯》《衡水铁厂遭劫记》等短片都直接鞭挞了社会上的不良倾向，起到了它们应起的作用。至于，那些正面歌颂我们各条战线上光辉成就的短片，尤其是像《水乡织女》《白云飘香》《浏阳河》《祁连山下》《访富问甜》，以及《梨园蓓蕾》《孩子们更聪明》《鲜花簿》等反映农民和儿童生活的短片，有的像一首抒情短诗，有的像一篇文艺特写，向观众阐明作者的论点和抒发作者的炽热感情，客观反映很好。不少观众来信鼓励我们，说我们做了不少有意义的工作。总之，我认为我厂1981年生产的77部、117本短片中，绝大多数题材新颖、语言流畅，有艺术感染力，是值得一看的好作品。

（三）具有重大历史和现实意义的长纪录片

长纪录片是新影厂的重要片种。在我看来，新影厂如果想在社会上产生影响，主要要靠长片。长片就像战场上的重炮，发射出去，容易听到强烈的回声。

1981年，我厂共生产了长纪录片8部、戏曲艺术片2部，计有：长纪录片《莫让年华付水流》《漫游柴达木》《先驱者之歌》《鲁迅传》《辛亥风云》《请您参加晚会》《姹紫嫣红》《国之瑰宝——宋庆龄》和戏曲艺术片《红娘》《杨三姐告状》。从这些题目中就可以看出，我们的长纪录片紧密地配合宣传了我国1981年中的几件重大事件，总的看来，宣传效果也是极好。例如：《先驱者之歌》，是为纪念中国共产党60周年诞辰而拍摄的，内容充实，编排得当，有相当大的艺术感染力。影片上映后，获得强烈反响，各地报纸杂志曾发表大量评介文章，给予了相当高的好评。

《鲁迅传》和《莫让年华付水流》等片也在社会上有较强烈的反响，好评不少。中国电影评论学会刚刚成立时，第一次讨论的就是《莫让年华付水流》。

其他长片也各具特色。好的长片的共同特点是：取材典型，艺术处理巧妙，突破了说教框框，注意了细节的描绘。《莫让年华付水流》是这样，《先驱者之歌》也是这样。

《先驱者之歌》的主题思想是明确的。放歌颂扬伟大的中国共产党，说明中国共产党从诞生起就和中国人民同呼吸、共命运。60年来，有多少党的儿女，前赴后继，历尽艰辛，终于把一个贫穷落后的旧中国，变成了一个社会主义的、独立自由的新中国。结论是：没有中国共产党就没有新中国！

我们都知道：有了明确的主题思想，并不等于就有了准确的艺术构思。作者怎样去拍这部片子，至少有两条选择的路子：一是按章说教，图解历史，把党诞生以来的大事罗列在一起，通过历史事实，讲说没有共产党就没有新中国；二是梳理出党诞生以来的历史事件，把史实当成重要的历史背景，通过形象思维，捕捉典型环境中的典型事件、典型人物，加以精心构思，把有血有肉的典型人物和史实结合起来，形成艺术形象，在动人心弦的事件中表现出来，使观众在艺术感染中体会到"没有共产党就没有新中国"的道理。我认为《先驱者之歌》的作者是采取了较艰难的第二种创作方法，勇敢地摆脱了一些说教的办法在浩瀚的文字、图片、影片等素材中，刻苦选择、精心构思，既说历史，也不受历史框框的束缚，大胆抓取典型环境中的典型人物，创造性地拍出一部既配合纪念日宣传，又有长远艺术生命力的好影片。

我们还可以进一步看看《先驱者之歌》的作者是如何取得强烈的感人效果的。

作为"政治性"影片的《先驱者之歌》，按过去的一般手法是先把重大历史事件摆在头里，构成一条叙述历史的主要线索，总得说说党的诞生和发展的过程，总得要把党的主要负责人放在最重要的位置，加以突出介绍，重点描写。可是，《先驱者之歌》大胆地把历史过程作背景，集中精力去讴歌先驱者的高洁情操、动人情节和大义凛然的革命精神，并极力选择典型环境中的典型人物，着力描写，对事件往往一笔带过，对典型人物，却千方百计加以描绘，以极动情的笔触，使观众加深印象。以赵云霄烈士夫妻英勇就义一段为例，影片的作者以粗犷的笔墨，先交代了我党从诞生起就有不少先驱者为国为民抛头颅、洒热血，前赴后继地把宝贵生命献给革命，其中包括李大钊、邓中夏、夏明翰、苏兆征、彭湃、向警予等这些我们党早期负责人和重要干部。影片在描述这些历史名人的过程中，虽然也大力展现了他们大义凛然为革命勇往直前的光辉形象，但基本上是作为历史过程中的人物描写，属于一笔带过，并没有因为他们是我们党的负责人和重要干部就以特别的章节去介绍他们英勇就义的历史过程。我认为，这种处理本身就是不一般的，是突破框框的。

再看看影片是怎样描写赵云霄这位不甚知名的年轻女烈士的。

我们知道，赵云霄同志和她的丈夫陈觉同志，是我们党早期的两个年轻的普通党员。他们既没有李大钊、苏兆征等的赫赫名声，也没有邓中夏、彭湃、向警予等的突出功绩。是什么激发了影片的作者呢？是他们英勇就义时的具体情节，是赵云霄夫妻在狱中写的大义凛然的遗书，是赵云霄同志在去刑场之前给孩子喂最后一口奶时那感人肺腑的形象。

正是这些动人的冲击，使作者心绪难平。因此，尽管只有一张照片、两封遗书的情况下，作者还是以极动情的想象，在忠于史实的前提下丰富想象，把照片和遗书拍好。作者利用缓慢的摇镜头和激动人心的音乐、说明词等，把一段死东西拍活，把烈士的儿女之情和大义凛然的革命情感浑然一体地突现出来，歌颂烈士们的高洁情操。影片充分利用狱中这个典型环境，描绘赵云霄烈士给丈夫写遗书互相鼓励和给孩子喂奶这些典型情节，大胆构思，重笔描写，从形象到声音，都为影片的主题服务。这个主题就是：看吧！没有这些共产党员的英勇牺牲，没有共产党员的前赴后继，就没有中华人民共和国！我认为，这种通过具体形象感染观众的办法，是很成功的，值得我们深思。我们应该更仔细地研究创作方法，大胆探索创作思路，更好地抓取典型环境中的典型人物，提高作品艺术质量，使我们的长纪录片在社会上取得更大的艺术效果。

概括说来，我认为1981年的长短片、戏曲艺术片和杂志片都取得了较大的成果，共同的特点是：一、题材广泛、具体、紧密、有实效地配合了国家大事的宣传；二、在构思和拍摄方面，解放思想，突破了框框，抓了典型描写，提升了艺术感染力；三、运用电影的综合语言较好，多数影片形象鲜明、节奏流畅、注意了调度一切电影因素为主题思想服务。

至于我们影片中还存在的缺点，当然也是有的，例如：有的片子对主题思想还挖掘得不深，形象表现无力，如有些反映农村大好形势的影片，一般都是拍农村小景、盖新房和房内的摆设、青年结婚、老人欢笑等，给人以表面的印象。也有些影片给人以不可信的感觉，把真事也拍成假的，不真实，这是我们新闻纪录片的禁忌。此外，也还有别的不足。不过，我认为这只是1981年创作工作中的美中不足，只要我们在1982年创作工作中，认真提高艺术质量，我相信，有些缺点，也一定能得到克服。

（四）如何提高影片的艺术质量

领导和同志们一致认为，我们1982年的创作工作，重点的重点是提高影片的艺术质量。

怎样才能提高影片的艺术质量呢？我认为首先得增强创作人员和领导同志的艺术责任感。胡耀邦同志说："应该把高尚的、美好的东西发掘出来，赞美它、歌颂它，使更多的人在这种榜样面前感奋起来，效仿它，学习它。"这就要求我们新闻纪录电影工作者，加强创作责任感，不断总结经验，不断深入生活，发掘典型并利用一切电影手段，把榜样树立起来感奋观众。

怎样去发掘典型？主要是扩大创作干部的视野，自觉地去深入生活，分辨是非，抓取典型，并尽可能深地去发掘主题思想。例如，前边说的有关农村生活的影片，虽然有不少也算是好片子，但多数还存在表现深度问题。过去，我们的农村题材，多着眼于多种经营、富裕生活和社办企业等方面，对农村中的典型人物、典型变化发掘不够，例如：好队长、好书记、青年闯将、科学种田人、联产责任者等新人新事很少能拍成专题影片。

敬爱的周总理生前曾说过，"艺术家要面对人民"。因此，我们考虑农村题材时，就得从8亿农民的生活和需要出发，要拍摄广大农民所喜闻乐见的东西。最近，上海电影制片厂拍了一部故事片《喜盈门》，在农村就广受欢迎。据说，有那么一个儿媳妇，平时也虐待老人，逼婆婆自杀，连住院抢救的医疗费都不给。公社干部找她谈话，她不理，可是，看了电影《喜盈门》后，她痛哭失声，主动找干部检讨，付了医疗费，接回婆婆，决心做个水莲式的好媳妇。这难道不是艺术的威力？

在《喜盈门》中，二嫂水莲的形象很感人，她为人果敢、温柔、贤惠体贴，并善于以身作则，团结群众，受到普遍好评。可是，这种人物在现实生活中，是否存在呢？能不能用新闻纪录片的手段拍出真实生活中的水莲式人物？我想应该是可以的。假如，我们能在真实生活中拍出好嫂子、好小姑、好妯娌、好婆婆，还有各种各样的农村人物，他们有名有姓，有出身住处，是活生生的真人，不是很有艺术生命力吗？

工业题材和其他题材，也都有深入挖掘的问题。

提高艺术质量的第二个问题是：认真钻研艺术手法，增强我们影片的艺术感染力。

一部新闻纪录电影的成功，主要是靠作者对影片主题的深刻理解、巧妙的构思及以情动人的细节描写。事实证明：影片给人印象深刻的地方，都是和巧妙处理和描写人的感情分不开的。

提高艺术质量的第三点是充分发挥电影综合艺术的特点，作者要深思熟虑，把一切电影因素调动起来，为影片主题服务。各种电影因素在影片中要协调一致，只能为影片"画龙点睛"，不能为影片"画蛇添足"。在这方面除希望厂领导积极为同志们创造更好的拍摄条件外，从事创作工作的同志们，要互相配合积极协作，尤其是编导和摄影同志，一定要事先做好周密的创作计划，千万不能等影片拍完之后，再缺这少那，勉强凑合，更不能老满足于"电影总是遗憾的艺术"这种想法。

总之，党和政府号召我们建设物质文明和精神文明。这对新闻纪录片来说，也就是具体任务，我们有义务在建设物质文明和精神文明的实践过程中，起到应有的作用。我们的任务是艰巨的，前途是光明的，让我们更进一步明确创作方向鼓足干劲，更上一层楼！

（原载于《电影艺术》1982年第1期，本次编选时作者做了部分修订。）

谈"精思"
——《老北京的叙说》的成功与不足

长纪录片《老北京的叙说》刚刚问世不久，就在厂内外引起了不小的反响，这是预料之中的。因为，北京这个题材很难处理，观众可以对影片提出各种各样的要求，而这种要求，往往是既合理，又难办的。

现在，应小英等同志勇敢地接下了拍摄北京这个重大题材的任务。并在不算长的时日里拍出了《老北京的叙说》影片。我认为，这本身就是成功。《老北京的叙说》巧妙地采取了一个老北京人亲切回忆的结构方式，这就不仅给予了创作者选取素材的更大自由，而且也增强了影片的真实感和艺术感染力。再如，《老北京的叙说》为了通过一个"变"字，宣传北京1949年以来的伟大成就。它没有拍喧闹的工业区，没有拍郊区农家的欣欣向荣，没有拍频繁的国际友好往来，而是紧紧地抓住故宫、城墙、胡同这三种北京典型形象的变化。再加上老北京特有的声响，叙说北京的新旧变迁，用典型的形象去感染观众。如展现九道弯胡同巨大变化的那一段，影片除深入地描绘了大杂院内深刻的变化外，还特意展出了一个年轻人骑摩托车出大院去上班的镜头，我相信，在这里就是一句话不说，也会给观众留下极深刻的印象。

《老北京的叙说》从选题到抓拍素材，都是创造者在深入生活的基础上经过"精思"的。

有同志说："拍纪录片，只要选对了题材就成功了一半。"似乎只要题材对头，别的就不在话下了。殊不知选对题材本身就很不容易，必须在深入生活的基础上反映、深思，才能提炼更加集中的主题。比如"北京"，可以从各个角度选取主题。选"老北京的变迁"可以，"北京祖国的首都"也行。总之，北京这座既古老又年轻的城市，可以拍成各自取材不同的影片。但我觉得《老北京的叙说》是找到了一条表现北京城深刻变化的、既简捷明确又有地方特色的创作角度。

看了《老北京的叙说》，我有一点很深的感触，就是拍同样的主题，由于创作者深入生活的程度，个人的艺术修养的不同，尤其是对主题精思的如何，必然产生不同的作品。

例如，《漫步北京》和《老北京的叙说》都是反映北京城巨大变化的。可是，现在看来不管是揭示主题的深度，还是抓拍素材的典型性，《漫步北京》都比《老北京的叙说》差了一大截。当然，我说的差，不是指由于岁月的不同所表现形象的差异，而是指由于精思程度的不同，所拍摄素材和揭示主题深度的不同。同是表现一条胡同的变化，《漫步北京》只拍了胡同的外貌，而《老北京的叙说》不但拍了胡同的外貌，还深入了大院、家庭及个别人命运的变迁。这对升华主题来说，比单拍外貌深刻得多，我认为这是《老北京的叙说》创作者们精思的成果。

事实证明，在一定生活的基础上，精思与不精思是会有很大区别的。看了《老北京的叙说》之后，我曾这样想：《漫步北京》中，也有新旧对比的章节，可是为什么我们只注意到西直门、新街口、西单等这些地区的变迁，而没有像《老北京的叙说》去通过老舍、单士元、佟大方、孙耀庭等典型的北京人的命运变迁去感染观众呢？是当时没有这些典型的人物吗？不是。当时要选这样的人物，比现在容易得多。原因是我们对《漫步北京》的主题和取材都精思不够。《老北京的叙说》不但拍摄了有名有姓的典型的老北京人，而且还选择了老北京人赶庙会、请安、水窝子、说相声的画面和单弦、理发担、小贩叫卖声等老北京特有的声响，给影片以有力的渲染，加深观众的真实感和整体印象。这一点，我认为非常成功。没有对生活的深刻观察，没有对主题和选材的反复深思，要做到主题和取材的如此协调是不可能的。

说到《老北京的叙说》的艺术成功，解说词的运用也应是重要的一笔。解说词总的看来是通俗易懂，口语化，京味足，给观众留下了极深刻的印象。

例如影片开头的几句："……那年月，您老远看见官府的执事，听到开道的锣响，就得赶紧钻进胡同回避。那年月，北京从城外关厢到城里，从城根到胡同，走的尽是骆驼……"几句话就把北京的形象突出了。

再如影片结尾的几句："北京，确实是一座经过宏伟构思而建成的城市，它在世界上都是数得着的。仅仅一处小小的宫墙脚下，都有如此动人的情趣儿，如此可爱的一代年轻的北京人，再也甭说别处了。想起咱北京城的往事，看看今儿个的变化，再咂摸咂摸明儿个的滋味，我的心，总是热乎乎的。"这里没有激昂的豪言壮语，也没有深奥的艺术夸张，但它把北京更加光辉灿烂的未来，点给了观众，并给观众留下了宽阔的回味余地。在我看来，这也是《老北京的叙说》的作者经过精思后写出的。

《老北京的叙说》还有些不足。比如，整部影片显得太长，使人看后有劳累感，开头、结尾及中间的某些部位运用镜头不够简练，节奏缺乏起伏，某些具体事项介绍得太细，如"六必居""同仁堂""聚源帽店"等。尽管影片作者把"六必居"的"六必"说得很详细，其实观众仍然是记不清楚。因为在一个不长的时间里，端给观众的都是些形象差不多的老字号。观众的视觉和听觉都非常忙碌，根本没有余思去接受更多的细节。从剪接的角度看，影片还不够精炼。这是影片作者对这些地方还精思得不够。

"谈精思"是想通过对《老北京的叙说》的探讨，引起对选题取材的深思熟虑。不要像过去有些片子那样，看主题还可以，影片却拍得不怎么样。深究原因，就是深入生活和精思不够。

漫谈纪录片中的人物

毛泽东同志远在四十多年前就曾明确指出："革命的文艺，应当根据实际生活创造出各种各样的人物来，帮助群众推动历史的前进。"

新闻纪录电影，是革命文艺的一个样式。它在创作活动中，无疑也应该把"创造人物"当成主职。然而在我看来，过去的一些新闻电影作品，其中包括那些比较好，甚至得了奖的作品，在表现人物这一点上，也是很差的。大多数情况下，作者集中精力去描写一个又一个的事件，描写人却显得无力。例如，我自己参加编导工作的长纪录片《伟大的土地改革》。由于此片比较有系统和真实，具体地反映了我国革命史上的一个重大而典型的事件，在国内外都获得了好评，文化部曾给予优秀影片二等奖的荣誉。但从表现人物这个主职来看，它的缺陷是很明显的，不管是翻身农民，还是恶霸地主，人物都不鲜明，因而形象都显得苍白无力。当时对这种缺陷也有感觉，但强调拍摄时间短促，深入生活不够，难抓典型。现在回想起来，主要是对深刻地表现人物的重要性认识不足和缺乏在纪录片中表现典型人物的能力。在《伟大的土地改革》中有这样一段很重要的内容：广东省新会县翻身农民举行联乡大会，斗争恶霸地主叶子群。这个叶子群自称"大天二"，不但用手中成千上万亩土地盘剥农民，而且利用手中的地主武装对农民无恶不作，甚至在开联乡大会斗争叶子群的前一天，他的家人还用砍柴刀杀死翻身农民的两个孩子和一头牛，称得上是典型的恶霸地主。斗争他的翻身农民，不但有长期受叶子群和其他地主盘剥压榨的翻身户，而且有十一户是从越南、泰国、新加坡等地专程赶来向叶子群报仇的农民。这些外逃的农民是新会县石涧村人。中华人民共和国成立前是叶子群的佃户，由于恶霸地主叶子群怀疑石涧村人窝藏共产党员，就在一个夜间带地主武装血洗了石涧村，杀死一百多人，烧毁了全部房屋，使全村人几乎绝迹，只有几十个人逃亡国外。当他们听说家乡解放了，要向恶霸地主叶子群报仇了，他们携儿带女赶回家乡，在被叶子群烧成一片焦土的废墟上搭起竹棚，让儿女们永远记住对恶霸地主的仇恨。

这些材料不是很典型吗？如果我们当时懂得从表现人物出发选用这些材料，就会突出恶霸地主和翻身农民的典型形象，会把这段斗争材料搞得更加生动有力。

可惜，我们当时还不大懂得纪录片中通过典型人物去感染观众的道理，把拍到的叶子群的罪行泛泛地用在影片前边诉说地主阶级的罪恶，没有和叶子群本人挂钩，把从国外赶来斗争恶霸地主的农民，也泛泛地用在了斗争会上。虽然这些农民在会场上拿出了保存多年的血衣、骨灰，亮出了身上的伤疤，但没有用画面及其他手段控诉叶子群血洗石涧村的惨象。这就没能更鲜明地突出这些从国外赶回来为父老乡亲们报仇雪恨的农民典型。

历史是人创造的。不管拍摄多么重大而轰动的历史事件，不注意突出创造历史事件的典型人物，影片的艺术感染力是不会强烈的。

有人说，纪录影片只能纪录文件，不必要也不能去描写典型人物，我认为这不对。因为社会活动的主体是人，有血、有肉的人物典型应该是一切艺术表现的主体，纪录片也不应该例外。当然，我们谁都懂得，纪录电影与故事片及其它文学艺术不同，别的艺术可以通过对现实生活的概括，凭艺术家的想象去虚构故事，塑造人物。而纪录电影却只能在真实生活中去寻找、抓取典型的事件和典型的人物。

但这绝不等于说，不能虚构就不能拍出典型的故事和典型的人物。近几年来，我们的一些优秀影片中，就已经拍出典型的故事和使人无法忘记的典型人物。长纪录片《莫让年华付水流》中有这样一组镜头，女大学生邵丹进入上海音乐学院的大厅,她思绪万千,想起五岁时在北京登台演奏钢琴,受到热烈欢迎,受到周总理、邓大姐的爱抚。同时,她也想起"文化大革命"中的惨痛遭遇,几次考试成绩虽好,但由于爸爸的所谓历史问题而被拒之于校门外,并被剥夺了弹琴的权利。但倔强的小邵丹,让爸爸在纸上画出琴键,进行纸上弹琴,苦练功力,终于在粉碎"四人帮"后,考进音乐学府。这段材料很显然是作者在了解真实生活后,精心创作的。作者利用现在拍到的形象和珍贵的历史资料,有景有情地给观众介绍了一个典型的故事和典型人物。

《零的突破》中这类例子有很多。如描写我国跳高世界冠军朱建华的教练胡洪飞是如何突破过去中国参加奥运会都是零的纪录,培养朱建华攀登世界跳高最高峰。影片作者除精心拍摄了胡洪飞各种启发教导朱建华的场面之外,还拍摄了胡洪飞怎样为朱建华的训练作计划找参考资料等苦思冥想的镜头。作者巧妙地利用对胡洪飞脸部皱纹和头上白发的描写,加深观众对朱建华创造世界纪录来之不易的印象。作者为达其目的,竟连续用了十几个不同角度、不同距离的胡洪飞白发苍苍的镜头,突出这个世界冠军培养者的形象,给广大观众展现了一位饱经风霜、心有大志,对体育事业、对伟大祖国都充满爱和信心的典型人物,加强了《零的突破》影片的感染力。

历史的经验告诉我们:在表现纪录片中的人物时,必须注意真实,否则就没有历史的价值。

最近,电影局审查了新影厂摄制的《来自农村的报告》并给予了很好的评价。这部影片好在哪里呢?《来自农村的报告》没有《伟大的土地改革》那种轰轰烈烈的农村革命运动的场面,没有《伟大的土地改革》中那种南北方各异的诱人风情。是什么东西这样感染了观众呢?是影片抓拍了典型人物。假如《来自农村的报告》不是有血有肉地表现了副县长王文仲、农民相经里、农业技术员高基芝等的典型形象,它是绝对不会有这样感人的艺术效果的。

对"希望"的希望

——谈《田野的希望》的成功与不足

最近,我看了《田野的希望》,感到很振奋。看得出我们新闻纪录电影队伍中,一些较年轻的同志们正在逐步成熟。在创作的道路上富于探索精神。

在过去,我们构思一部长纪录片,如概述一个战役,一段历史,或某一个伟人的传略,往往是罗列文件、堆砌资料,多数是靠解说词串联起来,影片的节奏感就比较生硬。

《田野的希望》勇敢地突破了框框,大胆地选择了现实生活中的一些平凡而又闪光的典型人物,通过艺术手段把这些典型人物的典型性格描绘出来。不靠轰轰烈烈的场景,不靠大声疾呼的说教,而是靠典型的艺术形象让观念得到感染与启迪。

影片中的知识青年刘家华,是个主管芦苇荡的人。人们常说:"牛怕进榨场,人怕进苇洲"。因为苇洲艰苦,冬迎寒风,夏顶酷暑,生活单调。影片告诉我们,刘家华这位年轻人以惊人的毅力和乐观精神,不但在苇湖中苦干了十几个春秋,而且,他干得非常出色,他用勤劳和智慧改造了苇洲,并创造了自己欢乐的天地,充实了自己,改善了生活。使观众一下子就联想起"有志者,事竟成"的道理。

在《田野的希望》的构思中,当代青年英雄谱的形式是明显的,但它描绘英雄人物时,又是有严格取舍的。影片整体的节奏和韵律层次分明。农村姑娘乐翠芳,以百折不挠的精神学科学、用科学、顶歪风、战恶浪,不断钻研,奋勇前进。经过苦学苦练,她在学历上达到大专毕业水平，在政治上也成了团中央的候补委员。影片用了相当多的篇幅去展现了一个政治方向坚定、性格坚韧不拔、不图个人名利、不怕风浪打击，心地纯良、一心为革命事业做贡献的青年农民的典型形象。

为了真实具体地表现青年农民乐翠芳的感人形象，影片作者采用了某些补拍的方法。有成功，也有失败，这一点本文后面还要谈到。还有如捅马蜂窝的姑娘和钻研以虫治虫的小伙子，他们的事迹和形象也非常动人，在影片中，放在从属的地位，从而形成影片的整体节奏和韵律。

总之，我认为《田野的希望》的构思方面是不错的，它以表现我们农业战线上的时代特征为主线，把一些身在农村默默无闻却又闪闪发光的青年形象巧妙地编织在一部影片之中，通过对这些青年的描述，以点代面地向广大观众宣扬我们的农村在党的三中全会政策照耀下，面貌在突变，新人在成长。影片很有说服力地表明：我们农村年青的一代，是靠得住的一代，是社会主义祖国极有希望的一代！

《田野的希望》在摄影方面的成功，是此片另一特色。看得出，影片中的很多感人的场景，都是摄影师在深入生活、抓取典型的基础上，又经过反复雕琢后拍成的。例如，捅马蜂窝的小姑娘上树、钻林、下水塘捉马蜂和棉田上放蜂灭害虫的场面，尽管只有几个镜头，但由于摄影师把镜头拍得环境清楚、人物形象鲜明、距离远近得当，给人的印象深刻、逼真、感人。

拍摄刘家华在苇洲中出没，头上有汗水，臂上有苇叶划破的伤痕，但是他面带微笑，勤奋劳动，把一行又一行的脚印留在苇洲的淤泥之中，这些形象本身就很说明问题。解说词"画龙点睛"，给人的印象非常深刻。《田野的希望》不但是在刻画人物方面，就是那田间小路、林间晨雾，甚至是几朵小小的山花，也都可以看到摄影师的匠心独运。这使我再次体会到"画面是影片基础"的道理，再一次感到了编导、摄影师及其他同志的通力合作，各尽职责，是产生优秀影片的最基本保证。一部影片的成功与否，在选定要拍的内容之后，摄影技巧发挥得如何，就成了决定性的因素。我认为《田野的希望》在摄影方面是成功的。

我认为在《田野的希望》创作工作中，有些问题也值得提出来商榷。例如，我在前边提到的，为了追求某种艺术效果而补拍某些历史性生活片段的方法和补拍表现人物内心世界的一些镜头，使人看了不可信。我认为这种创作方法，不是一般的拍摄手法问题，而是对新闻电影的生命——真实性如何理解的问题。

如知识青年乐翠芳为坚持学习，年三十晚上都不回家过年，全家人摆好年夜饭，焦急地等待她回家过年的情节；乐翠芳为避免闲言碎语跟男老师夜晚学习时还得邀一位女同志在旁边陪伴的情节，以及某些厌恶艰苦生活的农村青年躺在田边表示失望的镜头，等等，这些看起来都不真实。

有同志说，只要是现实生活中有过的就行。我觉得这种说法不全面。生活的真实和艺术的真实，终究是有区别的。尤其是对作为宣传工具的新闻纪录电影，它的真实性尤为重要。

在生活中，确实存在着各种各样的真实场景，但新闻纪录电影的创作者，必须加以选择。在选择的过程中，又必须掌握新闻纪录电影的特点，在生活的进程中拍摄，使我们所要表现的人物和事件，既符合党的宣传政策的要求，又有强烈的艺术感染力和真实可信。否则，材料再生动，也应舍弃。例如，影片中有五保户老大爷，为资助乐翠芳学习，自己攒钱的镜头。很显然，补拍这样的镜头不真实可信，也不符合我们的宣传政策。因为，五保户老大爷在没有资助乐翠芳之前，此事当无人知晓，怎么能拍成电影？如果已资助完毕，也不可能再拍到现场的镜头。再者，当前我们党多方鼓励青年自学成才，因此，从上到下鼓励青年自学，关心青年成长是生活的主流。个别总是个别的。如今《田野的希望》为突出乐翠芳自学成才所处的困境，如此突出一个五保户的资助，这在宣传工作中是不适宜的。

补拍的办法在新闻纪录片中，是允许的，但是一定要看补拍什么样的内容和它在全片中所占的比例如何。如果一部新闻纪录片所拍的内容都已成了过去,尽管是真人重演真事,那此片也失去了新闻价值。

新闻纪录电影的特性,有及时性也有文献性。这个特性就规定我们所选拍的人物和事件除真人真事外,还必须在事件进程中拍摄,否则,会失去新闻纪录片的真实价值。补拍某些内容,也应该遵循这种原则。这追求艺术感染力,让真人去表演过去的内心活动,甚至不管客观条件如何,去补拍某些内容,其宣传效果往往适得其反。

我认为:《田野的希望》的作者从《凌波仙子》《闪光的青春》到《田野的希望》这整个创作实践的过程中,付出了不少心血,探索了新闻电影的创作之路,取得了明显的成就,但也还存在一些问题。希望这些年轻有为和富有探索精神的同志们,百尺竿头更进一步,创作更多更新的艺术作品,为我们新闻纪录电影的百花园增添更加绚丽多彩的艺术花朵。

采自丛林的花朵
——简评《为民族生存而战》

新闻纪录片不是有闻必录,而是经过创作人员深入生活、了解事件、认识人物、抓取典型,再经过细致加工之后,才能产生一部优秀的新闻纪录片。《为民族生存而战》在这方面给我留下的印象非常深刻。

在这部纪录片中,使我深深感动的是影片的创作人员,特别是编导、摄影等同志的勇于探索、深入生活、不畏艰险、狠抓典型的认真精神。今日的柬埔寨是世界上斗争最尖锐、情况最复杂、生活最艰苦,同时也是世人最关注的地区之一。它不但是战火纷飞、九死一生的战场,而且处在热带丛林之中,别说是现代化的交通工具通不过,一般人步行也难以越过那些密林、刺树和厚厚的没完没了的藤蔓植物,再加上那些毒蛇、巨蟒、猛兽、毒蜂……可以想象,在这样的地区和柬埔寨战士共同生活,拍摄电影,困难的程度是不堪设想的。然而,姜英杰等同志不但勇敢地进入了丛林,而且拍到了战士们手舞砍刀劈路前进、在丛林中砍水藤喝,以及与侵略者作战等珍贵镜头,充分体现了创作者的胆量和忠于职守的精神。

影片给我第二点深刻的印象是:主题鲜明和素材的巧用。影片从头到尾紧紧地抓住了"为民族生存而战"的主题,塑造了柬埔寨人民不屈不挠的英雄群像。在这里,不管是战士、僧侣,还是西哈努克亲王,甚至连韩桑林的被俘伪军都一致表示:不打败侵略者,柬埔寨民族就不能生存。影片把所有素材都纳入了这个主题的轨道。有些本来是很普遍的素材,例如给小孩看病、妇女抱孩子行军、炮口喷出火舌等,人们早已司空见惯，可是当它们和侵略暴行联系起来时，就给这些普遍镜头赋予了全新的生命。

又如妇女运输团那一段，单从画面看无非都是些柬埔寨女战士的一些生活场景，并没有特别动人之处。女兵各国军队中都有，柬埔寨的女战士无非更艰苦一些。可是，影片作者在这些材料的前面以孤儿们的苦难铺垫，后面以女战士们在战友墓前的默哀托底，把她们的艰苦劳动、勇敢战斗和喜怒哀乐都紧紧地和"为民族生存而战"的崇高事业联系起来，既突出了女战士们的英雄形象，也扣紧了影片的主题。

巧用素材突出主题的最明显的实例是残废军人结婚的那一段。我相信，谁看到这里都会激动。影片介绍了一个残废军人村的生活场景，他们大多是抗击侵略者的英雄，影片把一场欢乐的婚礼选择到这里来拍摄，看来有特殊的意义。这样既可展现柬埔寨军民在反抗侵略斗争中的欢乐生活，更可突出柬埔寨人民为民族生存而特有的顽强意志。这样使人相信任何力量也打不垮柬埔寨人民的抗越决心，任何力量也不能阻止柬埔寨民族的繁衍和生存。素材是普通的，但运用得当，就会产生出震撼人的力量。影片给我的第三点深刻印象是，抓取塑造了一大批典型人物，而这些人物是有血有肉的。

描写典型环境中的典型人物是艺术的宗旨，新闻纪录片也不例外。我认为《为民族生存而战》在这方面的探索也比较成功。例如国民军的师长尼刚，影片除介绍他是原外交部的礼宾司司长、国民军的高级指挥员之外，还用相当多的典型镜头描述了他是国民军的坚强战士。他在战火中身先士卒，在训练中不怕艰苦，在行军中披荆开路……既平凡而又崇高的英雄形象实在是鲜明突出。影片让观众相信：由于柬埔寨的军队是在尼刚这样的指挥员带领下，任何力量也不能把他们摧垮。

柬埔寨军队的老战士秀臣是国际知名的医学博士，担任民柬联合政府的卫生部长，年逾花甲，白发苍苍。按他的声望和地位，本来可以在更安全的地方，做更轻松的工作。但影片却抓住了他在战火纷飞的战场上；在丛林中看望伤员，在战斗的现场为伤员动手术，为战场中的难民治病……他给人的感觉是一位为民族生存而战斗不息的无私无畏的老人，而不是一个养尊处优的官僚。

西哈努克这位柬埔寨的领导人对我们中国人来说是相当熟悉了，尤其是我们"新影"厂。如何再把他拍出特点和新意，真是成了难题。

《为民族生存而战》确实有其独到之处。它把西哈努克当成一名受群众欢迎爱戴的老战士来描写，使西哈努克置于群众之中，更多地通过如痴如狂的群众情绪来突出西哈努克，使西哈努克这个典型人物的形象更加鲜明。

类似的典型人物还有很多，不再赘述。总之，着力描写典型环境中的典型人物，并把他们有机地贯串在特定的主题之中，是《为民族生存而战》的另一个显著特点。

至于说到这部影片的不足，据我看还是有的。例如影片篇幅偏长，有些地方选材还不够精练，像大使递交国书、小学生上课、文工团表演等，在我看来都可删减。要知道，任何艺术作品都不可能做到既突出主题又包罗万象！

姑娘们的心

在新影厂审查大型彩色纪录片《拼搏》双片的时候，我正巧和我国女排健将陈招娣同志坐在一起。当看到中日女排决战的关键时刻，陈招娣带伤坚持拼搏的镜头时，我问她："听说你在这场球赛中腰部严重扭伤，你仍忍痛坚持，下场后上下车都是由别人背着的，当时你为什么不要求教练换人？"陈招娣笑着回答说："换人可不行！那是什么时候？怎么能由于我去影响全队的士气、教练的部署和祖国的尊严呢？"她刚说完这几句话，银幕上的解说词却以极其敬佩的心情说："陈招娣同志说过有些人的青春是在花前月下度过的，而我们的青春是在球场上流血流汗中度过的。不过，我们的血汗可没有白流，它换来了祖国的荣誉！"想想吧，一个把青春和祖国紧密联系起来，并为祖国做出了巨大贡献的年轻姑娘，她的情操该是多么高洁而值得钦佩的！

事有凑巧，1月16日上午，文化部电影局在民族文化宫为纪录片《拼搏》举行招待会，在放映之前，我又见到了我国女排名将——曹慧英、郎平和张蓉芳等同志，这些在国际排坛上叱咤风云的姑娘，在放映厅内是那样和蔼可亲，谦虚娴静。我问曹慧英："你是我国女排的老将啦，听说你的腿骨上还钉着不锈钢丝，这次你已拿到了世界冠军，你今后还有什么想法？"素以坚毅沉着敢打敢冲闻名并有虎将之称的曹慧英，这时竟腼腆地低下头，轻声说："冠军是大家得的，我只是个替补队员，今后也没有什么想法，我服从国家的需要。"

啊，多么简练的语言！多么谦虚的态度！"我只是个替补队员。"可是，谁能忘记在中苏女排之战中，我队以0比9落后，眼看就要输掉一局的关键时刻，是曹慧英上场与大家一起力挽狂澜，反败为胜的情景呢！

"我服从国家的需要"这个斩钉截铁、掷地有声的回答，充满了姑娘对祖国热爱和信任之情。这时我想起四年前，也是在日本大阪体育馆里，中国女排获得世界第四名，姑娘们的心是沉重的，她们看着前三名走上高高的领奖台，听着别国的国歌，看着升起别国的国旗，她们简直要哭出声来，当时就发出"中国人不该站在地板上"的誓言。她们曾为从地板上奔向领奖台，进行了四年奋战，有的整整四年没有回过一次家，有的多次劝说自己心爱的人推迟婚期……而今天，曹慧英已是排坛老将了，她周身又有伤，理应载誉退休结婚了，可是她想的却不是自己，而是服从国家需要。从这简短的对话里，我们看到了姑娘们的心是和祖国的脉搏一起跳动的，而且跳动得那么和谐一致。

为老故事频道叫好

主持人郝运同志先让我看了我厂几十年前拍的反映河南林县石板岩供销社用扁担在深山中送货上门、方便群众的主题。几个镜头，不超过三分钟，然后主持人问我："姜老师，听说您是咱厂的老编辑、老前辈，又多次去河南林县，拍了《红旗渠》等影片，一定也了解林县石板岩供销社的'扁担精神'，请给我们讲讲好吗？"

姜云川："我确实是多次去过河南林县，远在1941年秋天，我就随八路军总政记者团到过林县的任村及石板岩地区，当时那里是属于晋冀鲁豫边区的第七军分区。我记得当时的分区司令是后来在福建军区任司令员的皮定均将军。我跟随的八路军总政记者团的那些人，都很不简单，有著名作家杨朔、周而复，诗人鲁梨，记者侯亢。这个记者团在八路军各抗日根据地都很有名，到处受欢迎，到处受优待。我是这个'记者团'的通讯员兼警卫员，负责他们的通讯联络和照顾他们的生活与安全。"

主持人："姜老师，您跟记者团行动采访一定了解当时林县的卫生情况，给我们讲讲好吗？"

姜云川："好，当时我对林县最深刻的印象有两条：一是缺水；二是贫穷。缺水缺到什么程度？1941年正赶上河南大旱，多条河断流，深山石质坚硬，难以打井。有的深井也无水可求。我亲眼见过老百姓在深山洞中取水的艰难场景：洞中的泉水呼细如丝。等流一桶水要守上一两个钟头。可是洞外等水人还排着长队。所以说有人从几十里外来担水，等上一天半夜还挑不到一担水回家。因此，河南林县有句名言：'宁给您三个窝头吃，也不给你一碗水喝。'说水比油贵，并不为过。我自己就碰到过这么件事情：我们在林县住在一个堡垒户家中，老大娘是有名的拥军模范，对抗日战士都爱如亲人。有一天我们记者团五个人采访回来，老大娘看我们都是泥头土脸的，就端来一小铁盆水给我们洗脸。说是一铁盆，实际上那个铁盆比个大茶缸也大不了多少。五个人没有一个敢伸手在盆中洗，只把手绢弄湿擦擦眼睛、嘴巴了事。就这样，五个人擦完小盆内的水已是半盆泥啦。我是通讯员，是最后一个擦的。擦完后很自然地就把有半盆泥的水倒在了墙脚下。大娘当时没说什么，可第二天我们再采访回来，她仍端来一小盆洗脸水，一盆内却放了两个鸡蛋，我不知为什么，就问大娘：'大娘，洗脸水放两个鸡蛋干什么？'大娘语重心长地对我说：'孩子，咱们这个地方水比油贵，你们洗完的水，还可以煮食喂猪、浇地种菜，不要把它随意倒掉。别看这点水，在我们这弄点水可不容易。'接着大娘还给我们讲了一个使我们终生难忘的故事。大娘说：'离咱们这不远的地方有个叫桑尔庄的小村子，桑尔庄有位叫桑林茂的老长工。儿子是个石匠，年三十啦，外出打工还未回来。为大年初一能吃上一顿饺子，老人家天不亮就出去到三十多里地外去担水。天已黑下来啦，老人还未回来。刚过门不久的孝顺的儿媳妇怕把老人累坏，就下山去接公公。在离家约三里地的时候，儿媳接过了老公公的水担，公公高兴，儿媳的心情也愉快。儿媳年轻，又是刚过门不久，想在公公面前表现表现，就加快了脚步，轻松地往家走。可没有想到，就要快到家门的时候，儿媳脚下踏上了一个小石子，脚下一滑，扑通一声，儿媳摔倒啦，两桶水全洒在了门前。公公倒没说什么，还劝儿媳不用着急，说咱们到邻居家借点水，也能吃上饺子。婆婆却唠叨了儿媳几句：说儿媳年轻，把花费了一天时间才挑来的水全洒了，多可惜，等等。儿媳收拾了水桶就进了自己的卧室，好半天没有出来。听不到她的声音，公公有些不放心，就让老太太去儿媳房间看看，再劝劝儿媳，别让刚进门不久的儿媳为洒了水不痛快。老太太掀帘进门一看，啊了一声就瘫软在地上啦。原来儿媳已上吊身亡啦。就为这么一担水，送了一个大活人的命！公公把儿媳的丧事办完，大年初五就带着老太太，给儿子在邻居家留封信就到山西孩子的姑母家逃水荒啦……'

这个故事和老大娘在水盆中放鸡蛋的事是我终生难忘的。

为林县老百姓缺水，远在抗战争时期，彭德怀、皮定均等抗日将领就领导林县军民在任村一带修建了一条小水渠，解决了几个乡民众的吃水问题，此渠就叫'抗日渠'，至今还在。这个小小的'抗日渠'，林县老百姓都说是救命渠、幸福渠！"

主持人："姜老师，那您再谈谈石板岩一带群众当时的穷困情况吧。"

姜云川："当时林县人民大多数人穷得可怕。由于山高土薄，产量很低，再加上地主奸商的压迫剥削和盘剥，普通老百姓穷得很。石板岩乡有个小寨村，小寨村有个叫赵贵成的农民，全家六口人只有一条破棉被。许多人都是一件破棉袄，冬天塞棉，夏天改单。衣服上的补丁是补了又补。有个叫秦志山的农民，一件棉袄竟穿了16年。一句话，当时的广大农民是缺吃少穿，甚至连针线、火柴都没有。有十七八岁的大姑娘因没有裤子穿不敢出门，白天男人穿衣下地干活，不少妇女就围着破被坐在炕上。所以当时这里八路军有条特别的纪律就是：凡要到老百姓家办事，都得在门外大喊一声：'老乡有人在家吗？'有人答应，让进屋，才敢进屋。没有声音就得往回走。不然，就是犯纪律，要受处分！

那时因这里的地租贵，奸商狠，群众说：由于这里交通不便，奸商来山里做买卖，三斤粮换不了一根针，十斤粮换不了一包火柴。所以，我们在那里看到家家用的是火石火镰，家家吃的是棉籽油，晚上不点灯，点灯用的也是一个小破碗加点棉籽油，再泡根棉条的棉油灯……

其实，当时的林县资源并不那么贫乏，就拿石板岩来说吧，山中有的是珍贵药材，满山遍野的各种树，还有各种野生动物的皮毛。可惜的是这些货物由于山高坡陡，交通不便，群众只能受奸商的盘剥，只能受地主的压迫。因此，为了解决广大群众的燃眉之急，抗日政府在这里实行了减租、减息和组织农民互助组，提高农民的生活；还组织农村供销社，为群众送货上门，帮群众销售山货，打击奸商，方便群众。石板岩后来出现的六个共产党员，一间房，几百元边区票，几条扁担起家的石板岩供销社，就是在这种背景下成立的。由于他们在太行山的羊肠小道上多年为群众辛勤奔走，不怕艰苦、不怕死地为群众送货、卖货，所以人民群众称赞石板岩供销社是为人民群众服务的扁担精神财富。这种扁担精神实际上就是毛主席在延安大生产运动中所提倡的'自力更生，艰苦奋斗，全心全意为人民服务的革命精神'。我厂为他们拍了'新闻简报'，珠江电影制片厂还专门为他们拍了专题纪录片，在全国上映！"

主持人："姜老师，听说后来您又多次去过林县，还在那里拍过长纪录片《红旗渠》，据您了解石板岩供销社已是个什么样子？"

我说："据我了解，现在的石板岩供销社可不简单啦，他们从一间房、几百元边区票和六条扁担起家，现在可能是翻了几百倍、几万倍。1989年我们重返'红旗渠'时，又去过石板岩，1969年我们拍摄《红旗渠》影片时，由县城到石板岩，得花一天多时间。而到1989年，我们再去石板岩时，石板岩已大变样啦。首先石板岩的许多羊肠小路，都变成了能跑汽车的公路。石板岩供销社的售货员们由用扁担变成了用驴马拉货，最近又变成了用汽车运送。尤其是石板岩乡大村党支部书记许存山同志率领石板岩乡的十几个自然村的近五万个劳动力，费了2600个日日夜夜，在坚硬的太行山上钻出了一个能对开卡车的大洞，起名叫'太行隧道'，使从石板岩到县城，由原来得走一天多的时间，变成了只要四十分钟就可到达。把山外的生活用品大量的运进山区，再把山里的果木、药材等珍贵产品运出山去，极端方便啦。石板岩由著名的穷山窝，变成了远近闻名的、充满魅力的幸福区！

石板岩的环境有了极大变化，但石板岩的精神却没有变化。还盖起了大楼，又多开了五十多个网点，并把偏僻的穷山乡变成了十里杏花红，变成了有许多文物古迹，有天梯，有高山餐厅、娱乐厅、射箭靶场等旅游胜地。用现任石板供销社主任石全昌同志的话说：'有一天我们的扁担，进了历史博物馆，但我们的扁担精神却要永远挂在墙上，记在心中，并要世世代代地传下去！'

是的，我完全相信，河南林县（现已改为林州市）的扁担精神、红旗渠精神，实际上就是伟大领袖毛主席在延安大生产运动中所提倡的'自力更生、艰苦奋斗、全心全意为人民服务的延安精神。这种精神，不但在河南林县要世世代代的传下去，就是在我们全国，也应该世世代代地传下去！"

主持人："好啦，姜老师，今天我们就先谈到这吧，谢谢您！"

老故事频道，为我们影视工作者提供了摄制纪录影片背后故事的平台，我极为高兴。试想想在我国众多人口中，有多少人能在战争年代紧随部队，穿枪林、冒弹雨、冲锋陷阵为我军的伟大胜利留下了形象化的历史纪录！在和平建设时期，又有多少人与党和国家的脉搏同时跳动，上高山、下大海，在我们的各条战士线留下了形象化的历史！是党和国家为我们新闻纪录片从业者，提供了这种既艰辛又幸福的机会，我们该有多少动人的、脍炙人口的屏幕背后的故事可和观众谈谈呢。因此，我为厂设立老故事频道感动，为老故事频道叫好！

老师民野先生

◎姜云川口述，谭琦执笔

初秋时节，我如约来到新影厂宿舍姜云川先生的家中，老先生取出珍藏的图片簿与我聊起了往事。

六十四年前，在我党的组织与领导下，东北电影制片厂在兴山成立了（今长春电影制片厂前身）。建厂之初正逢战火纷飞的年代，虽然困难重重，但全厂职工团结一致，努力工作。在这个集体里，还包括了一些外籍工作人员，姜云川说："我的老师民野先生就是其中之一。"

姜云川与民野相识是在1946年。那一年，姜云川随"延安电影团"从延安出发后几经辗转，再绕道朝鲜进入祖国东北，来到了位于兴山的东北电影制片厂。出于工作与学习的需要，厂制作部领导钱筱璋安排他向民野先生学习电影剪辑工作。姜先生指着图片说，民野全称民野吉太郎，出生在日本一户贫苦的人家，很小时就离家外出，边学习边做工，后在一所不出名的映画社做编辑、剪辑工作。1941年他被强征入伍来到中国东北长春。

打心底就厌恶、反感日本法西斯的民野，凭借着一门手艺离开军队进入了"满映"，先后任职剪辑技师与剪辑股长。1945年日本投降后，我党在与国民党特务及法西斯残余分子之间一系列曲折、复杂、惊险的斗争后，胜利接管了"满映"。不久后，又在敌人的炮火下抢运了几乎所有的器材与设备来到了兴山。

在对待"满映"的外籍工作人员这一点上，我们的政策是来去自由，留下工作的，真诚欢迎！民野在经过慎重考虑后，做出了留下的决定。他说：我看到，八路军不抢财物，不祸害百姓，甚至在马路上宿夜……和共产党在一起是正确的，我和我的家庭留下来，和你们来兴山。

建厂初期，条件异常艰苦。民野原以为，不管怎样讲，自己都是发动侵略战争战败国的国民，在生活与人际关系上不能心存奢望。然而现实里他看到的却是，中方工作人员一律都住在草棚里，伙食也很简陋；而有限的、相对好些的砖坯房则让给了他们这些有家小的外籍人员，同时生活上还给予他们尽可能的照顾。姜云川作为自己的学生，每天早早地就来到剪辑科把屋子打扫干净，把机器、桌椅擦拭得一尘不染，再倒上开水等待他来授课。这番"诚心诚意"打消了民野心中原有的顾虑。由此这两人，为师的认真传授毫无保留，且要求严格一丝不苟。而为徒的更学习认真、谦虚，并尽着传统上的那份徒弟对待师傅的情分与敬重，这使民野非常感动。

在学习了不到一年的时间后，姜云川就开始实际操作剪辑影片了。在平日的学习与工作里，民野是名副其实的严师，而生活上，他会和姜云川他们这些年轻人打篮球，有时还把他请到家里品尝夫人用粗粮制作的小点心，有时还会端上一小碟放有几片猪肉的炖干豆角让自己的徒弟打打牙祭。要知道，当时的食品供应是非常困难和紧张的。

1947年民野遵照厂里的嘱托，又收下了女"徒弟"张晶波。共同学习与工作的时间一长，姜云川与张晶波两个年轻人之间好感互生，民野看在眼里，喜在心头，他总说晶波像自己的女儿。此后，他常为两个年轻人创造在工作或是学习中彼此进一步了解，并加深感情的机会。

解放战争的形势发展得很快，1948年我军收复长春，"东影"从兴山迁回长春后，又有些外籍人员陆续回国，而民野再次做出了留下来的决定。1949年8月中华人民共和国成立前夕，姜云川奉命去北京电影制片厂工作。临行前，他在给厂里的报告中正式建议：可以放心地将剪辑科交给民野先生（厂领导通过了这个建议）。1950年2月16日姜云川和张晶波在北京结婚时，民野写来热情洋溢的贺信。此后每当姜云川在北京编辑、拍摄新片后，民野都会从长春捎信祝贺。到1953年时，民野也要回日本了，他在写给姜云川的信里表达了依依惜别的离情与惆怅。此后，由于中日关系在很长的一段时间里都处在不正常的状态下，两人的联系也就远不如在国内那样方便。但只要身边有人去日本，姜云川都会给民野捎去些物品。

1986年，长春电影制片厂迎来了40周年华诞，民野等外籍人士应邀来华参加庆祝活动。姜云川、张晶波再邀民野去北京，相见时三人激动地拥抱在一起。

在北京，姜云川夫妇带着民野登长城、游颐和园，参观故宫……民野每天都高兴地对他们讲述内心的感受。临回国前民野要了他俩的结婚照以作纪念，姜云川还为他准备了很多食、用物品。分手时，民野拉着姜云川的手动情地说："没想到我80岁了还能来中国、来北京，你们的生活、工作都好，我欣慰。我的两个中国学生独立创作并领导拍摄了这么多部纪录片！有这样的学生，这样的成绩，我自豪！"

1989年，民野先生猝然离世的消息传来，悲痛中的姜云川夫妇给民野的家人发去了唁电。

不该被遗忘的人
——回忆电影教育家白大方同志

最近我翻阅了一些电影史书刊，特别是一些有关电影教育的刊物，对电影教育问题说法很不全面。例如：在新中国成立前某大学教授曾办过一个电影教研组培训了几个电影工作者；香港回归前，香港电影某公司办过一期电影培训班，培养了几个知名演员；这是对中国电影大发展的巨大贡献，他们却不提在战火纷飞的年代，我解放区的东北电影制片厂连续开办了四期电影训练班，再加上北平解放后，北京电影学院的前身——北京电影学校培训的一期电影学习团，培养的电影人才不下千人，正是这些人奠定了新中国电影电视事业大发展的基础。而培养这些人的总带头人就是电影史上的大功臣——白大方同志！

我们知道，白大方同志在极端困难的条件下，担任"东影"第一期到第四期电影训练班的主任。北京电影学校成立后，他又是第一任校长，在培养这些电影骨干时，他主动担当最主要的课程——政治课。他常用他几十年革命的经历，列举鲜明的事实讲解国民党是如何盘剥工农大众的血汗，养肥了四大家族；如何残酷地镇压人民、反对革命、崇洋媚外、卖国求荣；而共产党从她诞生的第一天起，就是提倡全心全意为广大工农群众服务，就是要团结一切可以团结的力量推翻压在中国人民头上的三座大山，建立独立不再受世界列强欺侮的自由的中国！他用许多中共党员坚贞不屈、前赴后继的革命事实，告诉学生们要建立紧跟共产党革命到底的人生观！

白大方同志讲这种课程是有充分条件的，他是山东人，有认真豪爽、待人宽厚的特性。他从幼年就投身革命，20世纪30年代在上海，他就是左翼革命文艺工作者成员，后受党的委派随无产阶级革命家——毛泽民、陈潭秋去新疆宣传革命，争取在新疆创建红色根据地，迎接爬雪山、过草地的西路工农红军，一度形势很好。不想后来蒋介石用重金收买了新疆军阀盛世才，叛变革命，在新疆实行白色恐怖，把毛泽民、陈潭秋等革命家迫害致死。白大方等同志则被投入牢狱，煎熬了将近十年！幸亏1945年10月毛主席在重庆和蒋介石签订了著名的《双十协定》，迫使蒋介石宣布停止内战，释放政治犯，白大方等同志才逃出魔掌，返回延安。在延安，本来党安排他们好好休养身体，但白大方同志革命心切，他只身独闯了几个战火纷飞的战场，通过敌人几道封锁线，经过千辛万苦，于1946年底到达东北解放区的兴山"东影"。他投奔"东影"本想从事电影创作，可是他到兴山后看到"东影"的主要制片技术手段都还是掌握在日本人、朝鲜人和日本技师培养的少数中国人手中。当时这些人的思想还很不安定，要想使"东影"真正成为人民电影的基地，必须大力培养新的电影工作者，培养自己的接班人，才能使"东影"牢牢地掌握在党的手中。于是他放弃搞创作的想法，主动请缨开办电影训练班，培训人民电影的骨干。他在"东影"一连气办了四期电影训练班。北平解放后他又和电影大师吴印咸一起创办了中国电影学院的前身北京电影学校，希望继续培养更多的电影人才！后来由于工作需要，他被调入中共中央高级党校的校党委和教研室工作，在"大跃进"期间，他又被调到辽宁省沈阳市任沈阳艺术学院院长，仍然是做培育革命艺术人才的工作。

不幸的是：他在任艺术学院院长期间遇上了"文化大革命"。他在十年牢狱中坚贞不屈，最后逃出了魔掌，而在自己的艺术学院院长的岗位上却献出了自己的生命。现在想来真是万分可惜！白大方同志生性憨直，对人诚恳，特别是对下级和学生，遇事总是像位慈爱的老妈妈一样耐心讲解，对人对事总是认真可亲。因此，他的大名永远刻在我们心中。我相信凡是和他共过事，受过他教诲和帮助的人，也绝不会忘记他的大名！

现在我把他任主任和校长期间培养过的人的名单，不完整地作为史料存后。

（一）1948年1月开学　主任：白大方　指导员：于蓝
"东影"第一期训练班学员录[①]

姓名	工作单位	姓名	工作单位
聂世昌	长影制片室	于季芳	新影剪辑间
杜立书	长影人事科	刘淑菊	农影技术办公室
胡守云	文化部电影局	葛同五	河北发行公司
郭 栾	（已故）	艾朝序	安徽省某厂
吕晓秋	长影乐团	于 芳	北影技术办公室
祖述志	长影剪辑间	张静波	新影剪辑间
王 林	长影录音间	黄××	潇湘电影制片厂
孙莲清	沈阳发行公司	王志祥	某影片发行公司
李玉芳	（已故）	杨凤英	北京电影制片厂
刘晶颖	长影服化间	傅殿君	西藏发行公司
王振环	长影录音间	娄 明	北京电影制片厂
张青山	北京儿童电影厂	周景学	南京电影机械厂
李居山	北京电影学院	马文学	内蒙古文化局
宋 洁	北影导演室	张朴实	天津溏古发行公司
张乐堂	不详	王雨廷	依兰
王云才	西藏发行公司	卢锡鹏	佳木斯博物馆
郎增远	依兰	陈锦华	北京发行公司
		白达奎	不详

[①] 本文所附第一至第四期训练班学员名单引自苏云主编：《忆东影》，吉林文史出版社1986年版。

（二）1948年3月开学　主任：白大方　指导员：姜云川
"东影"第二期训练班学员录

姓名	工作单位	姓名	工作单位
陈　凤	新影摄影间	刘　欣	电影科研所
庄　盛	北京电影学院	崔永泉	长影美术室
耕　野	农业电影制片厂	舒　畅	（已故）
牟　森	新影摄影间	周莹箴	峨影剪辑间
李　华	新影摄影间	李惠颖	电影学院表演系
龙庆云	新影摄影间	周　华	长影剪辑间
马守清	电影局科研所	隋凤英	长影乐团
江　浩	北科影编导室	刘　顺	云南电影制片厂
杨　柯	电影局党委	李文化	北影导演室
郝伟光	峨影导演室	梁娴彬	上影乐团
张凤侣	长影录音间	陈　新	不详
傅英杰	北影录音间	杨　丛	天津电影制片厂
董志国	长春电影制片厂	徐晓朝	长影生产力公室
武　恩	长影企管处	李　捷	长影乐团
李延江	西影照明间	孔繁荣	不详
杨明文	西影录音间	孔敬忠	新影摄影间
梁向阳	长影乐团	赵莉秋	长影乐团
柳　塘	西影制片室	钟　力	原长影洗印间
尹作仁	不详	孟　爽	中影乐团

（三）1948年7月开学　主任：白大方　指导员：高维进
"东影"第三期训练班学员录

姓名	工作单位	姓名	工作单位
张光元	不详	王　崇	长影美术室
温良遇	长影录音间	尹　志	（已故）
李艳君	西影剪辑间	卢凤仪	黑龙江省绥化
王　联	西影剪辑间	李怀禄	长影摄影室

续表

姓名	工作单位	姓名	工作单位
于　干	长影基建科	张　磊	长影党委组织部
李振忠	长影素材库	孟宪弟	长影摄影室
韩涵侠	长影摄影室	唐　克	长影照明间
宋恩光	长影企管处	李俊杰	长影美术室
隋运秋	大连合作总社	杜春荣	长影会计科
杨　群	北京科教片厂	张景禹	厦门感光材料厂
蔡　光	长影特技间	周振声	北京农影摄影间
孙英男	长影技术科	阚国政	长影录音间
王云霞	北京故宫博物院	李继先	长影录音间
常德荣	长影洗印厂	姜　欣	（已故）
王　雷	长影摄影室	王云辉	珠影摄影间
汪维国	长影录音间	张　杰	新影摄影间
李荣霞	长影总编室	孙树相	新影摄影间
贾文锦	北影剪辑间	庞　贵	（已故）
吕翠兰	北影剪辑间	王世吉	珠影摄影间
简　超	峨影剪辑间	顾　忠	新影摄影间
段孝萱	上海美术厂	刘洪明	珠影摄影间
范秀兰	不详	贺　申	辽宁影片发行公司
张　岩	长春市文化局	苏连芳	（已故）
吴凤翔	长影洗印厂	王春英	不详
刘国山	长影洗印厂	阎宝玉	长春市
袁　伦	北影技术办公室	孟福印	湖南厂录音间
王兆林	北影摄影间	孔令铎	中央电视台
安　琪	八一厂演员剧团	李玉英	中央电视台
郑国恩	北京电影学院	李玉杰	北影剪辑间
孟庆鹏	北京电影学院	吕厚明	中国摄影家协会
韩建文	北京电影学院	靳树武	不详
金雅夫	银川影片发行公司	王甲辰	北京市影片发行公司
任福堂	新影摄影间	景瑞武	长春第一汽车制造厂

续表

姓名	工作单位	姓名	工作单位
焦菊生	甘肃光学总厂	王桂兰	不详
王邦隆	甘肃光学总厂	韩刚振	上海电影机械厂
张文瑞	甘肃光学总厂	吴子华	北京公安部
杨 平	南京无线电厂	张 伟	南京灯泡厂
吴殿芳	西安厂字幕摄影	刘 枫	天津感光材料厂
游 涌	上海美术电影厂	张树元	不详
唐文强	黑龙江安达展览馆	宫建新	中国音乐学院
王玉兰	上海美术电影厂	秦树森	大庆工程队
舒笑言	长影摄影室	秦树莲	农影剪辑间
张淑千	北京市电影发行公司	关志俭	（已故）
苏中义	中国新闻社	张振嫒	原在新华社
刘 力	长影制片室	刘汉章	江苏省南京市
赵 化	新影摄影间	王成钧	甘肃光学总厂
王玉东	新影摄影间	张庆喜	新疆发行公司
梁十千	上海电视台	毕洪才	吉林艺术学院
杨树才	（已故）	赵德忠	鸡西市
经永志	昆明影片发行公司	穆秀峰	上海市发行公司
杜荣茂	齐齐哈尔市话剧团	段文印	（已故）
李庆春	北影特技间	崔仁杰	内蒙古电影制片厂
段文喜	新影摄影间	任 雨	北京舞蹈学院

（四）1949年2月开学 主任：白大方 副主任：苏灵、莒炎

"东影"第四期训练班学员录

姓名	工作单位	姓名	工作单位
董振声	长影特技间	孙昌邦	长影录音间
刘 辉	长影特技间	唐瑞新	长影录音间
陶世恭	长影特技间	乔凯春	长影特技间

续表

姓名	工作单位	姓名	工作单位
陈秉中	长影特技间	周广玉	长影制片间
彭守仁	长影特技间	李守仁	长影服化间
李兴文	北京电影科研所	徐家昌	辽宁鲁迅美术学院
张 亭	长影制作室	马成岩	保定第一胶片厂
孟 羽	长影导演室	侯野萍	长影总编室
刘永臻	长影摄影室	韩维钧	长影录音间
赵永顺	长影道具间	于开章	长影录音间
李荣伟	长影服化间	吴国疆	长影摄影室
胡殿国	长影制作室	李振铎	长影录音间
李文贵	长影字幕组	佟宗德	长影录音间
路鹏升	长影录音间	顾国忠	长影录音间
李玉恒	长影洗印厂	岳中华	长影离退休管科
王乃儒	长影洗印厂	李跃亭	西安电影制片厂
赵凤仁	长影摄影室	李世佳	上海剪辑间
牛景纯	长影制片室	高中伟	河南厂剪辑间
张信忠	长影总务科	刘兴福	长影录音间
阮复山	长影剪辑间	李朝仁	长影摄影间
汪大儒	长影剪辑间	王士儒	长影服化间
关 航	长影剪辑间	李景文	长影服华间
吴佩芳	长影洗印厂	张立棠	长影服化间
崔庚苏	长春市	唐国钦	长影总工程师办公室
李延瑞	长影字幕组	刘金乃	长影美术室
杜凤霞	长影演员剧团	王兴文	长影美术室
孙忠志	长影演员剧团	刘文余	长影导演室
陈玉梅	长影录音间	赵子明	长影《电影世界》
边金剑	长影工会	孟小辉	中国新闻社
肖 南	长影译制片厂	张尔瓒	北京电影制片厂
张振瀛	长影导演室	吕喜林	长春电影发行公司
杨恩惠	长影导演室	王 珉	辽宁省发行公司

续表

姓名	工作单位	姓名	工作单位
戴九章	长影计划科	赵丙辉	大连影片发行公司
李世敏	长影行政处	曹庆余	辽宁影片发行公司
王庆功	长影总工程师办公室	曹作斌	北京电影学院
史维钧	长影美术室	李 良	新闻纪录电影制片厂
赵吉顺	长影总工办公室	孙 焰	河南电影制片厂
张 镛	长影宣传发行处	王忠礼	河南电影制片厂
阎崇生	长影洗印厂	李 亚	新影洗印间
白 帆	长影总编室	王锡忠	北影化妆间
何洪斌	长影录音间	孙月梅	北影化妆间
王 颖	长影剪辑间	孙洪魁	北影化妆间
曲六合	（已故）	孟孝岩	原保定第一胶片厂
刘文华	（已故）	陈秀清	长影会计科
刘文福	四川电影机械厂	冯 竞	甘肃话剧团
胡永洲	成都电影发行公司	程志舆	北科影剪辑间
张庆镐	上影特技间	于洪典	不详
邵旭中	上影特技间	李之春	北科影录音间
尚士顺	上海美术电影厂	张存勋	新闻纪录电影制片厂
宋国毅	西安厂特技间	郭凤阁	长影基建科
郭甲东	（已故）	王亚彪	长影导演室
苏 平	新影美工间	栗 志	长影导演室
张 萍	新闻纪录电影制片厂	张明远	不详
郑德鸿	北京市城市规划局	韩笑竹	辽宁人民艺术剧院
谭文华	长春光机学院	毕 影	辽宁人民艺术剧院
张东升	化工部电影组	赵大鹏	不详
杨凤山	西安电影制片厂	关明国	新闻纪录电影制片厂
张超相	不详	杨 洁	峨眉电影制片厂
郭镇铤	（已故）	解宝珍	北京电影学院
肖 岩	北京洗印厂	解宝琴	甘肃话剧团
贾士诘	北京洗印厂	张永生	（已故）

续表

姓名	工作单位	姓名	工作单位
赵 葳	不详	郑秀珍	长影乐团
张友慧	不详	郑汝珍	济南洗印厂
祝瑞云	不详	吴健民	西安电影制片厂
阎 一	长影人事处	华永庄	潇湘电影制片厂
白 朗	不详	潘士濂	上影乐团
袁维训	吉林市	王 玲	（已故）
唐绍峰	北影服道车间	戚慎之	新闻纪录电影制片厂
赵宏伟	长影洗印厂	刘武县	原长影剧团
赵若愚	上影宣传科	施让德	辽宁影片发行公司
薛彦东	长影导演室	龙喜林	中国新闻社
王德安	长影剪辑间	李光侠	（已故）
马文学	内蒙古自治区文化局电影处	赵翰桥	北影技术办公室
史春生	辽宁文化厅电影处	石玉昆	长影电视部
李先觉	西安电影制片厂	赵瑞起	长影导演室
孙 军	长春市公安局	傅长辉	原辽宁省电影公司
王 惠	西安电影制片厂	李德润	新影摄影间
吕万莹	西安电影制片厂	阎 冀	潇湘厂录音间
李恩德	西安电影制片厂	金英林	不详
牛健民	中国电影家协会	胡宝玉	解放军出版社
王恩春	长影驻大连办事处	王培清	上海市影片发行公司
迈 新	北影化妆间	许金元	（已故）
杨 惠	北影摄影间	迟宝珍	部队
郭守春	新影摄影间	孟瑰琦	北京市
沙中克	新闻纪录电影制片厂	宋成彬	内蒙古自治区发行公司
孙明珠	（已故）	苏 超	黑龙江省
侯凤林	（已故）	高洪印	原第一胶片厂
姜明封	广州军区摄影		
赵振才	齐齐哈尔发行公司	王福广	新闻纪录电影制片厂
范 真	北京市发行公司	胡继仁	辽宁影片发行公司
田 枫	（已故）	原 野	潇湘电影制片厂

续表

姓名	工作单位	姓名	工作单位
于恭初	云南省发行公司	金铎	原辽宁美术出版社
李丰年	原在空军	陈新之	八一电影制片厂
苗可德	辽宁省影片发行公司	任子华	西安电影制片厂
韩庆春	四川影片发行公司	金亚夫	银川影片发行公司
赵汉刚	（已故）	赵燕	沈阳市
吴群	辽宁影片发行公司	孟继发	吉林省发行公司
丁兆南	内蒙古电视台	王畅和	新闻纪录电影制片厂
陈恩满	长春市公安局	程志明	新闻纪录电影制片厂
王怡臣	兰州影片发行公司	韩统正	北京科影
张锡成	新疆电影制片厂	王奎家	北京科影
项洪德	新影剪辑间	沙钟科	（已故）
王斌	新影摄影间	张文	不详
李晶益	参军		

1949年11月中旬，从河北正定华北大学调来51名刚结业的青年学生到北影厂，参加短期培训班。由于全体学员都是新民主主义青年团团员，所以，这个培训班被命名为"学习团"。他们是：

文朴新、王大中、王兴鹏、王伟、王映东、王嘉耀、牛汉、田树榕、付月华、刘月娉、刘涛、刘清棠、吕浣杰、汪连生、杨贵勤、杨辅权、李刚、李坤钱、李荣普、李寄凡、吴钟明、何钟辛、张德魁、陈光忠、陈奇、陈锦俶、陈德禹、林钰、洪涛、祖友义、赵国鸿、高仲明、袁桂臣、徐涉、康英琪、黄志坚、曹炳山、游永铭、韩大裎、舒世俊、雷震霖、靳敬一、王树森、宋志坚、杜宗棣、谷学庆、陆继垄、张云哲、张凤梧、张树人、陈策斌。

注：学习团员虽然不叫电影训练班，主任也是吴国英。但他们也是在白大方任学校校长的北京电影学校中培训的。

"十月一日"随想

1946年10月1日,是延安电影团从革命圣地延安,经过近一年的长途行军到达东北后,和一部分在东北的文艺工作者会合,建成人民电影第一个制片基地——东北电影制片厂的日子。

这天上午,我们延安电影团的同志们和先期到达东北的部分文艺工作者及刚从长春撤出的一部分伪满映的工程技术人员,在东北医科大学的餐厅里,召开庆祝"东北电影制片厂"成立大会。当时,上级领导的代表祝贺"东北电影制片厂"的建立,并宣布了"东北电影制片厂"的主要负责人:厂长是东北著名作家舒群;副厂长袁牧之,主管艺术创作;副厂长吴印咸,主管生产技术;副厂长张新实,主管行政事务;陈波儿同志说是协助袁牧之管理创作,实际上是"东北电影制片厂"的党委书记。(当时党是保密的,不便直接宣布。)

会后,进行了热烈的联欢会,在那一天我的日记里曾这样写道:

……"东北电影制片厂"成立,我们真欢喜。中国人、日本人、朝鲜人欢聚在一起,举杯敬酒,猜拳,欢笑,消除了语言的隔阂,就像一个大家庭中的兄弟。中国人讲话了,为了共同的事业,团结起来!日本人讲话了,为了共同的事业,团结起来!朝鲜人讲话了,为了共同的事业,团结起来!大家流着热泪拥抱在一起。

1952年10月1日我厂开拍了我国的第一部大型彩色纪录片《新中国的诞生》。

同志们也许会说："拍一部彩色纪录片，有什么值得记忆的？"对我们厂来说，这部影片的拍摄是划时代的，因为它是我们自己拍摄的第一部彩色片。

拍彩色片，现在是很普遍了，可是在1952年拍彩色片是非常新鲜的事。不少同志都还记得，中华人民共和国成立后，苏联派摄影队来中国"合作"拍摄《中国人民的胜利》和《解放了的中国》影片时。对苏联派来的人，我们不叫苏联摄制组，也不叫苏联电影队，而是叫五彩队，意思是强调他们拍的是彩色片。当时的影院里，凡是放映彩色片时，都冠以"天然色"字样，以吸引观众。

我们拍彩色片的目的，当然是为了更好地反映生活。同时，拍彩色片也意味着我们在摄影和制片技术上前进了一大步，甚至是非常关键的一步。

中国境外的"中国"

从题目看，您肯定会说我是胡说八道。因为中国的境外，哪还有个中国？先别急，我说有，就是有。在国外，不但有一个以中国为名称的地方，而且，至少有三个。这三个地方，虽然以中国为名称，它们既不是中国以武力强占的别国的"飞地"，也不是由于古代中国移民太多的聚居区被称为的"中国区"或"唐人街"等，而是地地道道的由于外国人推崇中国、敬仰中国而亲切地称其为中国宫、中国山和中国城的。外国人对这些以"中国"命名的地方，不但毫无抵触心理，而且还感到非常自豪，尤其是见到中国人时，他们会非常亲切自豪地让您去参观游览。在他们看来是非常珍贵的文物！

这三个国外以"中国"命名的地方，具体就是：一、西欧瑞典的中国皇宫；二、马来西亚马六甲市郊的中国山及山上全部中国式建筑物；三、俄罗斯首都莫斯科城内的中国城。

这三个地方，有的我去参观过，是我亲眼所见，有真实的印象、感慨。有的地方是别的同志去参观过说的所见所闻，我感到很有意思，把它记下来供同志们欣赏。例如，西欧瑞典国的中国皇宫，就是听我们同志借拍片之际参观后讲到的。据说，在十七八世纪，西欧很多国家都推崇中国的文化建筑。18世纪的瑞典国王——阿尔夫·福雷德里克，为讨好他的新婚王后，在他的宫殿旁边专门为皇后修建了一座全新的中国式宫殿。宫殿分前后两层，殿基是雕梁画栋，殿顶为飞檐斗拱，殿前有喷水池、荷花池、养鱼池，房墙有云龙壁画。殿顶上有二龙喷珠、老寿星、朱雀像等装饰。殿后则是假山园林，各种各样的中国林木花卉，四季留香。殿内更是一色中国式红木家具，不管是桌、椅、条几，都刻有中国式的云龙纹画，摆设都是中国古瓷书画。中国式的窗户还贴有中国式的剪纸花卉，还有一幅巨大的壁画，画的是一个大胖娃娃抱一条大鱼，色彩鲜艳，人物活泼可爱。讲解员介绍说，这张画是按中国传统年画，叫"年年有鱼"，说是整个宫殿中的瑰宝！

这座宫殿除华丽的建筑和大量珍贵的装饰品外，还有一处很大的收藏室。收藏室内除收藏有中国古代的罗盘、太极图、陶瓷器皿、弓箭武器外，还有不久前还在用的算盘、斗、秤，以及泥人、面人、京戏服装等。可以说是有关中国的东西，应有尽有！

瑞典王后非常珍视她的这座中国宫殿，几次下旨要后人爱惜保护。因此，几百年来这座中国宫虽经几次风吹雨打、地震雷击，后人都是按原样修复保存。这座中国宫殿，不但被完好地保存下来，而且成了瑞典，甚至整个欧洲的著名文物珍品！

第二个中国境外的文物珍品在马来西亚马六甲市郊区的一座山上，它的名字就叫"中国山"。

相传15世纪60年代，中国明朝皇帝把汉丽宝公主下嫁给马六甲苏丹曼斯都沙为皇后。苏丹特别感激中国的皇帝，也非常爱汉丽宝公主，就在马六甲市郊区的一座小山上为公主盖起了大片的宫殿，送给公主做迎亲礼物。殿堂非常宏伟，占地足有65公顷，楼台殿阁俱全，全部为中国式建筑。雕梁画栋，飞檐斗拱，龙云福兽，装饰俱全，再加上许多北方的假山林木和南方热带花卉，公主府成了全马来西亚最尊贵、最秀丽、最有气魄的建筑群。一般人都不准进内，因它宛若中国的宫殿，马亚苏丹干脆下令把这里划为禁区，起名为中国山！

当然，公主下嫁苏丹，不仅是因出身中国皇族，也不仅是因公主聪慧，容貌俊美，而是因为公主带去了中国先进的生产方式，教马来人养蚕抽丝、种棉织布、深耕细作的种植技术及造大船舶捕鱼等，使当时还是蛮荒之地的马六甲王国，一下子变成了东南亚的先进富饶的国度。所以汉丽宝公主不但获得了马来苏丹的爱情，而且受到了全马六甲人民的爱戴！在中国山上，不但有汉丽宝公主的宫殿苑林，还有马来西亚人民为她修建的神灵庙宇。

后来明朝的三保大将军——郑和，率当时中国最大的海军船队到达马六甲，并进驻中国山。当时中国虽然是个海上强国，但实行的是睦邻政策，郑和的船队在进入马六甲后，下令不准骚扰马六甲的人民和政府，不但要公买公卖，而且，还以银两米粮救济马来西亚百姓。在驻防期间既帮马来国王训练军队，还帮助百姓耕种捕鱼，增加生产，改善生活，马六甲的军民、政府非常感谢郑和船队的帮助。因此，在中国山上又增建了一座巨大的"郑公庙"，把郑和及他的副将都塑成神像供奉。有人去拜访过马来西亚的中国山，据说山上主要建筑物虽经多年的风吹雨打、雷击腐蚀，但马六甲人民视中国山为国宝，曾多次修缮，所以至今中国山及其文物，保存完好。凡到马六甲市旅游的人们，马六甲人必推崇人们去中国山参观访问，中国山成了马来西亚的必游之地。

再一座中国城则是俄罗斯首都莫斯科的极重要的一部分，它紧靠莫斯科的心脏地区克里姆林宫，它在著名的红场以北的马克思大街，南临莫斯科河，是莫斯科很有名的一条中国大街。这条大街四面都有城墙，城墙还有四座城门，所以人们称中国城是莫斯科的城中城。自古以来中国城就是莫斯科的一个很特别的地方，若从历史上论，大概中国城和克里姆林宫的年代不相上下。14世纪就有中国城的记载。据说"中国城"名字的来源，并不是因为这里居住的中国人多，而是因为"契丹"一词转化而来。中国城远在十四五世纪就曾遭到过外族军队的入侵，特别是法国拿破仑大举入侵时，他恨莫斯科中国城军民的奋力反抗，曾用大火焚烧莫斯科和中国城三天三夜，拿破仑失败后，莫斯科人民不但保留了中国城的名称，而且还把原来的木砖城改建为石头城，并把大街改称中国街，石城改名为中国石头城。城设四座大门，很多工业商店都纷纷在中国城中建立，甚至连莫斯科的市政府也建在了中国城。一时间中国城的名望甚至超过了克里姆林宫。在苏联十月革命时期，列宁和斯大林等从圣彼得堡迁入莫斯科时，因白俄军队占领着克里姆林宫，列宁和斯大林的革命红军就驻在中国城，最后从中国城发动进攻克里姆林宫。因此，可以说中国城对苏联革命的伟大事业，也做出过巨大的贡献！

1954年8月，我和诗人郭小川等曾去中国城参观过。那时的中国城是相当繁荣，城墙坚固，街道整齐，大多数建筑都具有中国的特色。那时的中国城房舍较矮，商店林立，银行、交易所、娱乐场所不少，来往行人熙熙攘攘，特别是书市、印刷厂不少，据说这是受中国发明印刷术的影响。

中国城内的教堂、寺院也不少。俄罗斯古老的尼古拉斯基大寺院、博格亚夫连斯基大寺院、尼基特寺院等，都建在这座中国城内。当时陪同我们参观的苏联同志库兹涅佐夫等，非常骄傲地向我们介绍：这座中国城，从历史的久远来说，它并不亚于克里姆林宫。从对俄罗斯的贡献说，它也是异常巨大的。它抵抗过拿破仑的入侵，它打退过波兰人的骚扰。在抗击希特勒的莫斯科保卫战中，它也发挥了巨大作用，和莫斯科人一起战胜了德国法西斯。而今，中国城更成了苏联和中国的友谊纽带，更进一步就会成为中苏友谊的伟大象征！

我们当时听着苏联同志的介绍，心里却奇怪地想着："真奇怪，在我们中国境外，我国从来就没有过'飞地'或殖民地，怎么会有中国境外的中国？"

附　录

姜云川简介

姜云川，纪录片编导，中央新闻纪录电影制片厂副总编辑。1923年生于河北省雄县一个贫农家庭。为了生计，五六岁时就随父辈到财主家做短工。由于家庭生活困难，到了十岁还没有入学读书。

抗日战争爆发后。1938年春，年仅十五岁的姜云川，怀着对地主阶级和帝国主义的仇恨，毅然参加了革命，成了一名抗日战士，开始了新的生活。他先后在吼声宣传队和八路军冀中军区的火线剧社受过教育，这使他对文艺产生了浓厚的兴趣。在此期间他抓紧时间学习跳舞、唱歌，并积极参加一些街头小戏的演出。

1940年，姜云川被调到八路军总政治部记者团工作。当时在这个记者团工作的有侯亢、鲁黎、周而复等同志，和记者团同行的还有著名作家杨朔。他有幸受到侯亢、杨朔、周而复等人的教育、鼓励，在他们的帮助下，学文化，学写文章，有些文章还在报刊上发表。从那时起，姜云川才真正接触了文艺工作，对他后来的发展起到了重要的作用。

姜云川随记者团转战平西、晋察冀、晋东南、晋西北等抗日根据地，最后于1942年2月回到革命圣地延安。在那里他先是做了一个时期的警卫工作，后来在延安电影团工作。姜云川从小在农村长大，电影是怎么拍摄的、摄影机是啥样子，不但没有见过，而且连听都没听说过。面对新的事物，新的困难，他没有退缩，他有战胜困难的精神，特别是他加入了中国共产党之后，使他下决心干好党交给他的光荣任务。他虚心向老一辈的电影工作者学习业务和理论知识。1945年10月，他随吴印咸等几经周折，长途跋涉，到达黑龙江省的兴山市，在那里参加了人民电影的制片基地——东北电影制片厂的初创工作。

在建设东北电影制片厂的过程中，姜云川工作积极，他除担任电影训练班的指导员、剪辑科长、新闻片编辑、俱乐部主任外，同时还兼任青年团总支书记和警卫队长。为了找寻建设东北电影制片厂的建筑材料，他曾和同志们多次冒着踏响地雷的危险，到敌人留下的防御工事等地方找原料、运器材，保证了新厂的建设。

1946年10月，东北电影制片厂正式建成后，解放战争形势深入发展，姜云川开始从事编辑新闻纪录电影的创作活动。

在袁牧之、陈波儿、钱筱璋等富有经验的老同志指导下，他先后编辑了《攻克四平》《解放东北的最后战役》和《东北三年解放战争》等影片。除《攻克四平》是短片，其余两部均是长纪录片。尤其是长纪录片《东北三年解放战争》，较系统地表现了我军战士冒着敌人的猛烈炮火，攻克一座又一座城市，摧毁一个又一个敌堡，反映了战士们"一不怕苦，二不怕死"的崇高革命品质。影片形象生动、鲜明，对鼓舞全军广大指战员的士气，对团结人民，打击敌人，激励我军解放华北、打过长江和解放全国都起了一定的宣传鼓舞作用。这部影片在1950年7月获得捷克斯洛伐克第五届卡罗维发利国际电影节纪录片名誉奖。

1949年中华人民共和国成立后，姜云川从东北电影制片厂调到北京电影制片厂，担任创作科长和新闻纪录片编导。

从1949年到1958年，姜云川除担任创作领导工作外，还先后编辑了《红旗漫卷西风》《大西南凯歌》《领袖和我们同劳动》《伊拉克曙光》等影片。

其中《伟大的土地改革》获得文化部颁发的1949年优秀影片银牌奖；《领袖和我们同劳动》被评为1958年最受欢迎的纪录影片；《红旗漫卷西风》和《大西南凯歌》获得文化部优秀影片奖和卡罗维发利国际电影节纪录片名誉奖。

1960年，姜云川调到中央新闻纪录电影制片厂编辑部担任主编工作，指导和帮助一些年轻创作干部提高业务水平。粉碎"四人帮"以后，调任总编辑部担任副总编辑。这期间他还编导了纪录片《红旗渠》《黄河万里行》《新的长征》。其中《红旗渠》这部影片在国内外产生了较大的反响，得到观众的好评。

姜云川在纪录片的艺术创作上，有其独到之处，长期的实践基本上形成了自己的艺术风格，例如《黄河万里行》是歌颂党、歌颂我国成就的大型彩色纪录片，反映黄河两岸新中国成立前后翻天覆地的变化。影片开头是一组雄伟、气势磅礴的黄河空拍镜头，配上高昂深沉的《黄河颂》乐曲，激动人心，富有很强的感染力。从影片的整体来说，采用的是游记形式，把黄河的特点、变迁和两岸人民改造黄河的事迹展示给观众，使观众从中受到启迪和美的享受。尤其是影片把黄河比作一名少女，以拟人化的手法进行编辑，亲切、生动。影片将青海、四川部分比成黄河少女的头部，拍得清新、神奇、俊俏；甘肃、宁夏部分是少女的两肩、两臂，表现出端庄秀丽；内蒙古、陕西、山西部分是黄河少女的腰，镜头拍摄得既灵活又扎实；河南、山东是少女的双腿、两脚，在画面上表现出来的意境是使人觉得修长、健壮而富有弹力。这种拟人化的构思和拍摄法，使观众感到亲切、生动。面对黄河这个"上下五千年，方圆一万里"的庞杂繁乱的局面，作者清醒地挑选了黄河的不同地段的不同特点，把黄河拍摄得既有雄伟壮丽的全貌，又有不同地区的不同性格，充分表现出作者的艺术才华。

姜云川精力旺盛，他不但对纪录片的创作抓得紧，同时还把从实践中积累的经验传授给青年同志，多年来他曾先后被请到北京电影学院、北京大学、中央民族大学新闻系研究生班、中央人民广播电台等有关单位，给学生及工作人员讲课。姜云川是一个连初小都没有读完的人，今天能够走上最高学府的讲台，给大学生讲课，这主要是党和国家大力培养的结果。1955年到1957年间，姜云川被送往中共中央高级党校新闻专业学习三年，1954年到1980年间，党和国家又多次为姜云川提供出国工作和学习的机会，使他的阅历更丰富，工作经验也更加成熟。他曾是中国电影家协会理事和中国新闻工作者协会理事。

姜云川除继续参与新闻纪录片的领导工作外，还利用业余时间，将多年来在国内外各地拍片和参观考察所积累的生活素材，给报纸、杂志写了数十篇游记，发表后在读者中产生着良好的影响，并广受好评。

终生难忘的往事
——记参加大型军事纪录片《解放东北的最后战役》剪接工作

◎张晶波

1948年10月29日下午，我们刚刚参加完张绍柯、王静安、杨荫萱三位烈士的追悼会，悲痛的心情尚未散去，就含着眼泪被叫到厂长袁牧之同志的办公室。在场的有党委书记兼艺术处处长陈波儿、制作处副处长兼新闻组组长钱筱璋、编辑姜云川、剪接于季芳和我。

袁牧之同志首先宣布："为满足解放区军民热切希望早日看到我军在辽沈战役取得伟大胜利的愿望，也是为了继承烈士们的遗志，厂决定用最快的速度和最好的质量，突击制作完成大型军事纪录片《解放东北的最后战役》的任务。"袁牧之同志同时宣布此片的编辑是姜云川，剪接是我和于季芳。

当时我是刚刚参加电影工作的新手，没有一点儿工作经验，马上接受如此艰巨而重大的任务，心中一点儿底也没有。因此，我和其他两位同志一样都不敢马上表态。

陈波儿同志看我们有些为难，就笑着鼓励我们说："同志们不用怕。工作能力和工作经验都是在实干中得来的。只要大家努力地干了，干不好也没关系。我们都会作你们的后盾。必要时我们会亲自上阵去帮助你们的。"钱筱璋同志也鼓励我们说："有牧之和波儿给我们顶着，我们还怕什么？我和你们一起干，有什么困难我接着！"

领导的鼓励,给了我们极大的信心和勇气,我们二话没说,当天晚上就投入了突击制作影片的战斗。

不过,热情归热情,干劲归干劲。由于我们都没有工作经验,实干起来简直是困难重重。首先是整理素材。几十位摄影师在前线的战争环境下拍的材料,有的有摄影记录,有的什么也没有,要弄清拍的内容非常困难。摄影师在厂里的还可以问问,摄影师不在厂里,就无人可问。弄不清内容的材料就无法提供给编辑。怎么办?只好去翻报纸、找战报,千方百计地弄清楚摄影素材的内容,供编辑使用。

影片素材保管也是我们剪接工作的难题。当时的东影刚刚建厂不久,人员少,技术设备差,还没有底负片的分工,更没有保管底负片的机构,整部影片的底负片素材全部都归剪接自己保管。因此,几万米素材堆在剪接室的半间屋子里,要找一个镜头就像大海捞针。可我们的任务紧急,我们必须在最短的时间内把素材整理好、弄清楚,还不能损坏任何资料。于是,我们在日本老师民野先生的帮助下,和编辑一起,一盒一盒地看样片,对底片。然后用红蓝铅笔在片盒上把样片的内容写清楚。这样做我们十分辛苦,可是给编辑提供了方便,也给将来套底片时打好了基础。

影片是突击任务。我们和编辑一干就是二十多个昼夜。在这二十多个昼夜中,我们几乎没有出过剪接室。吃饭轮流吃,有时伙房的同志们干脆把饭菜送到剪接室来。我们睡觉也不出剪接室。编辑编片时,我们就在地板上睡上一会儿。编辑睡觉时,我们就找镜头、接片子,以便编辑继续编片。

在我们编片时,钱筱璋同志从头到尾指导我们,编辑每编成一小段,他就在小放映机上看,有问题马上具体帮助修改。每编成一大本时,牧之和波儿就来审查,有问题立即提出来修改。这样不但加快了影片的编辑速度,同时也让我们这些电影战线上的新兵获得了不少教益。

说实话:在这次工作中我们都感到非常疲劳。有一次编辑让于季芳同志送一本片子给他,他们的距离只有几步远,于季芳同志只走了两步竟睡着了，等片盒掉在地上，发出了很大的响声，她才猛然惊醒。我有一次去减薄室做技巧画面（当时技术设备很差，要做一个淡出淡入都要由剪接拿底片到减薄室用药水一个格、一个格地做，稍有不慎就会造成难以挽回的后果）。我一连做好了两个，等要做第三个的时候，不知怎么的，我也趴在药液池边睡着了。右手泡在药水里，底片拿在左手里，幸亏别的同志及时把我叫醒，不然后果不堪设想。

这部片子的录音过程也使我终生难忘。当时的东影既没有专业乐队，也没有专业解说员，可领导为了提高这部片子的质量，非要作曲和乐队配音不可。这可难坏了作曲何士德。他费了九牛二虎之力，硬是从东影厂的职工中找来一些音乐爱好者，组成了一支临时业余乐队，于是出现了录音科长吕宪昌吹拉管，洗印科长文玉璞吹"沙克哨风"，洗片员李德凯吹小号，录音员袁明达吹圆号，摄影师雷可弹三弦，文印员张书琴拉提琴，音乐助理安洪林拉二胡……一句话：为了尽快出片，真是各方齐上阵，任人显奇能。作曲是看有什么乐器作什么曲，乐队员是看画片上有什么节奏，他们就怎么演奏。一卷片子的录音有时练上十遍八遍也难以录成。在实录过程中有哪位乐器出点毛病，就得前功尽弃。

解说员也是个生手——摄影师陶学谦同志。这难坏了我们作剪接的。当时还没有磁性录音设备，录音使用宝贵的胶片。那时解放区的胶片非常少，我们生怕出毛病。为了减少损失，想出了把大卷胶片剪成几十米小卷的办法。用小卷胶片录音出毛病少，遇到小毛病用具体补录的办法，把损失降到了最低程度。然而，这种办法给剪接工作带来的麻烦非常大。画面修改，有图像可看。音带修改，就非常难找剪接点。多亏民野老师有经验。他拿放大镜教我们找音带的波纹，看到相对的波纹就是剪接点。把录坏的地方抠下来，再把补录好的接上去，这样做虽然会有一点儿杂音，但总比录错的声音好得多。

就这样，我们经过几十个不眠之夜，终于完成了《解放东北的最后战役》的第一个拷贝。

拷贝完成了，全厂都为之激动。我们也松了一口气。后来听说此片在沈阳送审时，受到了东北军区党政首长们的高度赞扬。甚至有首长说："这部片子在最后摧毁蒋家王朝的大进军中可以说能顶上十个兵团！"我们听到首长的肯定都感到无比的高兴和欣慰，忘掉了一切疲劳和艰苦。从那时起，我就下定决心，好好学习，勤奋工作，做一名新闻纪录电影战线的坚强战士。

后 记

　　把这些零散的文字和图片编在一起，真使我感慨万千。我今年已95岁，回想我从一个不满15岁的农村穷孩子投身革命，参加抗日的队伍——八路军。入伍前五年，我随部队在前线参加战斗，有胜利，也有失败。胜利是在前方打胜仗的时候，例如我们在著名的百团大战中，曾攻占过日本人的重要据点——松林店和高碑店；破坏过敌人的重要交通动脉——平汉铁路；还曾攻进过北平附近的廊坊重镇，缴获过大量军用物资，享受了胜利的喜悦。我也受过几次失败的痛苦：例如我们三十二团，在房山地区转移时，曾被敌人堵在交通沟里打了伏击，一下子死了三百多同志；还有几次反扫荡战斗中，被敌人赶得吃不好饭，睡不好觉，甚至有几十天吃不到一点盐，浑身无力，还得参加战斗。你们准不相信，那时候为喝一口凉水，都能丧命。这可是我亲眼见过的真事。那是1941年秋季的一天，我们的部队要从晋察冀边区转移陕晋西北地区，路过一座山西的大山——牛道岭。我们从天不亮就爬山，天快黑才爬过山顶。人们是又渴又饿，尤其是口渴难挨。看到山下有一片清凉的水洼，人们就拼命向水洼跑去，想尽快喝上一口清水。不想跑到水边时，人们一下子就愣住了：原来在水坑边，有十五六个同志头扎在水里闷死了，情景十分凄惨。其实，当时有一个人拉他们一把也不会死的。可见当时人们行军是多么疲劳了，连抢救同志一把的力气都没有了。我想，恐怕他们的亲属至今也不会知道，这些同志是为抢喝一口凉水而丧命的啊。

1942年春天,我随八路军总政记者团到了延安,延安是我们八路军、新四军的总后方,是党中央毛主席的所在地。到了延安,我们都深深松了一口气,因为脱离了以前的战斗环境,生活有了保证,至少可以睡个安稳觉了。可到延安后才知道,我们的陕甘宁边区并不安宁。蒋介石和胡宗南以五十万大军把陕甘宁边区包围得铁桶一般,不准一支枪、一粒子弹、一寸布、一粒粮食运进边区,想把陕甘宁抗日军民困死、饿死,想从根本上消灭抗日军民的总领导——中国共产党中央和伟大领袖毛主席。

毛主席与蒋介石针锋相对,他提出陕甘宁及八路军、新四军自己动手,丰衣足食,艰苦奋斗,不怕牺牲,克服万难,去争取胜利。也许您又不相信,我们在延安的部队从1942年到1945年不但不要公家一块钱的军饷,而且每人每年还要向公家上缴两石五斗粮食和一千斤木炭,并且还要做到丰衣足食,耕三余一。

在大生产运动中,积肥成为所有人们极为重要的项目。几匹牲口在街上走动,不管是牛马、骆驼,还是别的什么动物的粪便,只要有,人们都视为珍宝,纷纷抢拾。我亲眼看见过有延安女子大学的学生,用漂亮的手帕和上衣兜拾骆驼粪,把这些粪便拾到后,倒在自己的菜地中,再到河边用野蒿当肥皂,在延河边洗刷衣物,边洗边嬉笑打闹,样子非常愉快。其实这些女大学生绝大部分都是南京、上海、重庆等大城市有钱人家的孩子,有的还是国民党高级将领的千金。他们放弃大城市的优越生活而来延安找苦吃,为的是什么?为的是投身革命,为的是推翻不合理的旧社会。

我们延安八路军总政治部警卫队是大生产大练兵中的模范单位。年年超额完成任务。大生产是模范,大练兵是尖兵。我和牟作相还被选为陕甘宁边区的纺纱突击手,受过陕甘宁边区政府的奖励和边区首长的接见。在1945年抗日战争胜利后,我们还被破格提拔为延安电影团的成员,使我们走上了从影之路。

回想起来，我在电影之路上走过了几十年，走过了不少地方，也有了一些成绩，甚至还有报刊、传记和中央电视台拍专辑报道过，也给一些大学的新闻系上过课。一个从识字班学文化开始的穷孩子，能走上北京大学、中国电影学院、中国民族大学研究生班的讲台，这本身就应该算是奇迹。当然我也清楚这些成果是哪里来的，是党和国家对我培养的结果。因此，我用我40年前载于《电影艺术》杂志上的一篇《七一感言》前边三句话做结尾，那就是：瓜儿离不开秧，婴儿离不开娘。革命的战士啊，离不开共产党！

姜云川

2017年10月15日